풀림

안호성

풀림

규장

프롤로그

1 시선을 바꿔라

PART

2 잠잠히 은혜를 구하라

PART

새롭게 행하라

계속 나아가라

철옹성 같은 문제도
하나님의 방법이면 간단하게 열린다

코로나19 팬데믹으로 인해 경제, 교육, 문화, 정치, 심지어 우리 신앙생활의 많은 영역까지 모든 것이 꽉 막히고 엉켜 버렸다. 불가능할 것이 없을 것 같고 진리처럼 숭상되고 위대해 보였던 인간의 지식과 과학 기술도, 강대국의 그 콧대 높던 정치력과 군사력도, 세계 굴지 대기업들의 기민함과 자본력도 속수무책, 무용지물처럼 무기력하다.

이렇듯 어느 날 인생에 갑자기 들이닥쳐 내 힘으로는 감당할 수 없고 어찌해야 할 줄 몰라 답답한 문제들, 두려워 눈물만 나는 문제들이 있는가? 답은 신앙 안에 있다. 언제나 그렇듯 백문(百問)의 일답(一答)은 하나님이시다.

답답하고 어려운 문제일수록 한숨 쉬며 땅을 보기 일쑤고, 다른 것들을 의지하고 싶은 유혹이 더 크다. 하지만 그럴수록 우리 주님만 바라봐야 한다. 어디서부터 풀어야 할지 모를 우리 삶의 문제들. 그 해결책을 이제 하나님의 말씀에서부터 찾고 풀어보려 한다.

우리를 치러 오는 이 큰 무리를 우리가 대적할 능력이 없고 어떻게 할 줄도 알지 못하옵고 오직 주만 바라보나이다 대하 20:12

영화에서 금고 털이범들이 경비가 삼엄한 은행의 대형 금고를 털기 위해 치밀하게 계획을 세워 며칠 밤 동안 벽을 뚫기 시작한다. 두꺼운 콘크리트 벽을 중장비 기계로 뚫고, 족히 30센티미터가 넘는 두께의 철판을 강력한 특수 중연삭 장비로 자르려고 애를 쓴다. 그러다 엄청난 노력에도 예상치 못한 문제들이 발발하고 결국 그렇듯이 경찰에 체포된다.

도둑들이 그렇게 노력해서 뚫으려 했던 그 견고하고 철옹성 같은 은행 금고문이 은행지점장의 작은 열쇠 하나에 간단하게 열려 버린다. 허무하기도 하고 은행털이범들이 애잔하기까지 하다.

우리 인생의 문제들이 그렇다. 도저히 열리지 않을 것 같은 문제들이 철문처럼 우리를 가로막고, 난공불락의 성처럼 견고하게 버티고 서있다. 하지만 철문이 아무리 두껍고 웅장해도 그 철문을 여는 열쇠는 아주 작고 단순하다. 잘못된 방법, 옳지 않은 방법으로 그 문을 열려고 할 때는 도둑들처럼 엄청난 노력과 에너지를 써야 하지만, 그 문의 열쇠처럼 합당하고 정당한 방법, 즉 하나님의 뜻대로 문제를 풀 때는 힘들이지 않고 손목 하나만 돌려도 간단하게 열린다.

이 책은 '풀림 시리즈'라는 제목으로 24주 동안 선포된 설교를 모아 정리한 것이다. 단순한 지식 전달이 아니라 읽는 이를 향한 하나님의 말씀이 강대상처럼 한 페이지 한 페이지 당신에게 선포되길 소망해본다.

문제와 상황에 비해 너무나도 간단해 보이는 해결의 열쇠. 그래서 소홀히 여기고 간과하고 있던 강가의 물맷돌 같은 24개의 하나님 말씀, 그 지혜의 열쇠가 이 책 속에 있다. 당신의 문제를 간단하게 풀어줄 그 열쇠는 과연 어떤 것일까?

나의 문제와 상황에 걸맞은 열쇠를 찾아 그 지긋지긋했던 삶의 문제, 포기하고 싶었던 관계와 갈등을 아주 간단하게 풀어버리는 기적 같은 '풀림'의 역사가 임하길 소망해본다.

대저 의인은 일곱 번 넘어질지라도 다시 일어나려니와 악인은 재앙으로 말미암아 엎드러지느니라 잠 24:16

하나님은 하나님의 백성들에게 일곱 번 넘어져도 다시 일어날 힘과 길을 열어주신다. 악인은 형통하고 잘나가는 듯해도 찾아온 재앙에 넘어지고 회복하지 못하지만, 의인은 아무리 힘들고 어렵고 실패해도 다시 회복하고 역전하고 부활하는 능력이 있다. 그것이 바로 기독교 신앙의 하이라이트다.

모두가 힘들어 지쳐 포기하고 절망할 때, 한국 교회와 성도들이 다시 일어서는 부흥과 회복의 신앙의 증거가 되고, 어두운 시대적 절망의 터널 속에서 빛과 같은 희망의 모델이 되길 소망한다.

말씀을 선포하고 책을 써 내려갈 수 있게 무지한 종에게 영성을 허락하신 하나님께 모든 영광 돌리며, 이 책을 집필하는 동안 내내 기도로 든든히 함께해준 중보기도 팀과 모든 성도님께 감사의 인사를 드립니다. 늘 믿어주시고 부족한 종에게 주신 말씀을 세상에 마음껏 선포할 수 있도록 확성기가 되어주시는 규장과 편집팀 식구들에게도 감사드립니다.

곁에서 응원해주는 가족들과 늘 행복 가득한 눈으로 새로 나올 책을 기대하는 우리 물맷돌 리더학교(SCLA) 모든 학생들에게 지면을 빌어 사랑한다는 말을 전합니다.

이 책을 읽는 모든 이들의 복잡하게 엉켜있는
문제들이 기적처럼 '풀림'을 소망하며

세상에서 가장 행복한 시골 목사
안호성

PART 1

시선을 바꿔라

예수께서 이르시되 네 마음을 다하고 목숨을 다하

고 뜻을 다하여
주 너의 하나님을 사
랑하라 하셨으니 이것이 크
고 첫째 되는 계명이요 둘째도
그와 같으니 네 이웃을 네 자신같이
사랑하라 하셨으니 이 두 계명이 온 율법
과 선지자의 강령이니라 요셉이 형들에게 이르
되 내게로 가까이 오소서 그들이 가까이 가니 이르
되 나는 당신들의 아우 요셉이니 당신들이 애굽에 판 자
라 당신들이 나를 이 곳에 팔았다고 해서 근심하지 마소서 한
탄하지 마소서 하나님이 생명을 구원하시려고 나를 당신들보다 먼
저 보내셨나이다 우리를 치러 오는 이 큰 무리를 우리가 대적할 능력이
없고 어떻게 할 줄도 알지 못하옵고 오직 주만 바라보나이다 성문 어귀에
병환자 네 사람이 있더니 그 친구에게 서로 말하되 우리가 어찌하여 여기
서 죽기를 기다리랴 만일 우리가 성읍으로 가자고 말한다면 성읍에는
이 있으니 우리가 거기서 죽을 것이요 만일 우리가 여기서 머무르면
리가 죽을 것이라 그런즉 우리가 가서 아람 군대에게 항복하자 그들
를 살려 두면 살 것이요 우리를 죽이면 죽을 것이라 하고 아람 진으로
하여 해 질 무렵에 일어나 아람 진영에 이르러서 본즉 그 곳에 한
도 없으니 예수께서 다시 회당에 들어 가시니 한쪽 손 마른 사람이
는지라 사람들이 예수를 고발하려 하여 안식일에 그 사람을 고치
주시하고 있거늘 예수께서 손 마른 사람에게 이르시되 한 가운데
어서라 하시고 그들에게 이르시되 안식일에 선을 행하는 것과
하는 것, 생명을 구하는 것과 죽이는 것, 어느 것이 옳으냐 하시
들이 잠잠하거늘 그들의 마음이 완악함을 탄식하사 노하심으로
을 둘러 보시고 그 사람에게 이르시되 네 손을 내밀라 하시니
매 그 손이 회복되었더라 악한 자들에게 내가 악한 자와 같이
은 약한 자들을 얻고자 함이요 내가 여러 사람에게 여러 모습
것은 아무쪼록 몇 사람이라도 구원하고자 함이니 내가 복음
하여 모든 것을 행함은 복음에 참여하고자 함이라 다윗이
셋 사람에게 이르되 너는 칼과 창과 단창으로 내게 나아
와 나는 만군의 여호와의 이름 곧 네가 모욕하는 이스라
대의 하나님의 이름으로 네게 나아가노라 오늘 여호와
를 내 손에 넘기시리니 내가 너를 쳐서 네 목을 베고
군대의 시체를 오늘 공중의 새와 땅의 들짐승에게
땅으로 이스라엘에 하나님이 계신 줄 알게 하겠으
와의 구원하심이 칼과 창에 있지 아니함을 이 무리에
게 하리라 전쟁은 여호와께 속한 것인즉 그가 너희
리 손에 넘기시리라 아브람이 롯에게 이르되 우리
친족이라 나나 너나 내 목자나 네 목자나 서로
하지 말자 네 앞에 온 땅이 있지 아니하냐 나를
가라 네가 좌하면 나는 우하고 네가 우하면
하리라 하나님이 아브라함에게 약속하실 때에
커 맹세할 자가 자기보다 더 큰 이가 없으므로
를 가리켜 맹세하여 이르시되 내가 반드시
복 주고 복 주며 너를 번성하게 하고 번성하
리라 하셨더니 그가 이같이 오래 참아 약속
있느니라 여호와께서 기드온에게 이르시
를 따르는 백성이 너무 많은즉 내가 그들
에 미디안 사람을 넘겨 주지 아니하리라
이스라엘이 나를 거슬러 스스로 자랑
내 손이 나를 구원하였다 할까 함이

01

뒤집어서 보라

당신들이 나를 이곳에 팔았다고 해서 근심하지 마소서

한탄하지 마소서 하나님이 생명을 구원하시려고

나를 당신들보다 먼저 보내셨나이다

창 45:5

뒤집는 순간 달라 보이는 것들

몇 해 전, 절친한 극동방송 한기붕 사장님이 다음과 같은 숫자를 보내며
이 사람의 이름과 직업을 맞춰보라고 하셨다.

5663.57735.345
334.05.337

장로님이 목사에게 내신 문제인 만큼 뭔가 영적인 문제일 것 같아서
성경에 나오는 숫자 관련 구절들을 다 찾아가면서 몇 시간을 고민하고
애썼지만 아무리 해도 알 길이 없었다. 결국 모르겠다고 문자를 보냈더
니 답이 이렇게 왔다.

"뒤집어보세요! 이소희 계란 장수"

뒤집어보라니 이건 또 무슨 말인가 하다가 핸드폰을 뒤집어봤더니 이
숫자들이 다르게 보이는 것이었다.

LEE.50.hEE
ShE.SELLS.EGGS

이름은 이소희(LEE.SO.hEE), 그녀는 계란을 판다(ShE.SELLS.EggS). 그래서 직업은 계란 장수라는 것이다. 아주 복잡하고 대단한 문제인 줄 알았는데 뒤집어보니까 간단하게 풀려버렸다.

이렇듯 뒤집어보면 간단하게 이해되고 풀리는 문제들이 많다. 혹시 당신의 인생에도 지긋지긋하게 풀리지 않는 문제가 있는가? 관계, 재정, 진로, 신앙과 자녀 문제 등이 꼬이고 응답도 없이 꽉 막혀서 답답하고 암울한 상황에 놓여 있는가? 이상하리만큼 지긋지긋하게 안 풀리는 문제들이 있다. 그런데 나처럼 몇 시간, 아니 몇 날 며칠을 매달려 끙끙 앓아도 안 풀리는 그 답답하고 근심된 문제가 때로는 뒤집어보면 아주 간단하게 풀리는 문제일 때가 많다. 내가 핸드폰을 뒤집듯 여러분도 그 문제들을 한번 거꾸로 뒤집어서 보시길 바란다.

내 관점에서 하나님의 관점으로 바꾸어 문제를 보라

요셉과 형들의 관계는 도저히 풀릴 수 없는 문제다. 죄 없는 동생을 시기해서 죽이려 하다가 돈 몇 푼에 애굽에 노예로 팔아버렸다. 아니, 원수나 강도 떼도 아니고 어떻게 형들이 그럴 수 있는가. 요셉으로서는 너무 억울하고 평생 가슴에 한이 되어 이를 갈며 살 수밖에 없는 일이다. 게다가 억울하게 누명을 씌워서 감옥에 가게 한 보디발의 아내는 또 어떤가. 너무 억울해서 나 같으면 애굽의 총리가 된 후 이 여인부터 잡아갔을 것 같다.

이런 일을 당했다면 당신은 이런 관계들 풀 수 있겠는가? 정말이지 인간적으로는 못 푸는 문제다. 그런데 이 문제를 하나님의 관점으로 뒤집어서 보았더니 간단하게 풀렸다. 형제들의 핍박이 인간적인 눈으로, 내 시선과 관점으로 보면 도저히 풀 수 없는 문제였지만 하나님의 관점으로 뒤집어보니까 아주 간단한 문제였다.

'아하, 형들이 뭔가에 미쳐 날뛰고 나를 해하려는 것이 아니었구나. 형들의 손을 사용하셨지만 실은 하나님께서 우리 가족과 많은 생명을 구원하시려고 나를 이곳에 먼저 보내신 거였구나'라고 깨닫게 되니 보디발의 아내로 인한 억울함도 바로 이해되고 풀렸다.

그때 내가 왜 병들었는지, 왜 내가 원하던 것들이 깨지고 그 관계들이 찢어졌는지 그때는 정말 이해도 안 되고 분노와 혈기만 치솟았는데, 시간이 지난 지금도 그런 답답한 문제들이 다 해결된 것은 아니지만, 하나님의 관점으로 그것들을 바라보고 해석해보니 간단하게 풀린다.

사람의 관점으로 보면 고난이지만 하나님의 관점으로 보면 축복으로의 안내이며 도구이다. 내 수준으로 보면 배신이고 억울함이지만 하나님 관점으로 보면 섭리이며 조력자들이다. 풀리지 않는 지긋지긋한 삶의 문제들은 내 관점으로 보면 풀리지 않지만 하나님의 관점으로 보면 간단히 풀린다.

믿음은 결국 시선을 뒤집는 '시선 싸움'이다. 오늘 우리에게는 내가 처한 상황과 형편을 내 시선이 아닌 하나님의 시선으로 보고, 내 관점 아닌 하나님의 관점으로 해석해낼 영적 해석능력이 필요한데 하나님의 시선과 기준에서의 해석능력이 바로 믿음이다. 하나님의 관점으로 뒤집어보는 작업을 잘하는 것이 믿음 좋은 것이다.

믿음이 커지고 성장한다는 것은 여러 상황 중에서 내가 하나님의 관점과 시선으로 해석해낼 수 있는 영역이 넓어지는 것이다. 어떤 사람은 교회를 20년, 30년, 평생을 다녀도 상황과 문제와 관계를 좁디좁은 내 시선으로밖에 보지 못해서 맨날 안 풀리고 답답하고 나만 억울하다고 생각하며 교회만 이리저리 떠돌아다닌다.

상황과 환경만 바꿔서 아픔을 모면하려 하지만 진정한 해결은 시선이 바뀌어야만 가능하다. 하나님의 관점과 시선으로 문제를 바라보자! 아주 간단하게 풀리는 기적이 있을 것이다.

홍해는 내 무덤이 아니라 내 문제의 무덤

출애굽기 14장의 홍해 장면을 생각해보라. 우리 삶에도 앞에서 나를 가로막는 시퍼런 홍해가 있다. 그런데 뒤에서 애굽의 철병거까지 나를 옥죄어 와서 진퇴양난에 처한 사람도 있을 것이다. 홍해는 내 힘과 능력으로는 풀 수 없는, 너무도 두렵고 힘든 난제(難題)다. 그런데 이 문제를 내 관점이 아닌 하나님의 관점으로 바라보면 아무것도 아니다.

홍해 장면의 바로 앞 장인 출애굽기 13장에서 애굽을 떠나 가나안으로 갈 때 블레셋 땅을 지나는 것이 가장 가까운 길인데 하나님은 그 길을 놔두고 광야로 돌아가도록 이끄셨다. 운전할 때 네비게이션이 가까운 길 놔두고 좀 멀리 돌아가게 할 경우는 대개 고속도로 등 더 좋은 길이거나 막히지 않는 길이다. 그런데 하나님의 인도를 따라 돌아갔더니 멀기만 한 게 아니라 시퍼런 홍해까지 만나게 되었다. 사람들은 당연히 원망하기 시작했다.

하지만 하나님의 관점으로 보면 이것은 위기가 아니라 편하고 안전한 길이었다. 만일 그들 생각에 빠르고 가까운 블레셋 길로 갔으면 어떻게 되었을까? 그 길로 가면 반드시 전쟁을 치러야 하는데, 그러면 아직 믿음이 연약한 그들이 다시 애굽으로 돌아갈까 봐(출 13:17,18 참조) 하나님께서 안전한 홍해길로 돌리신 것이다.

그뿐 아니라 사람의 관점에서 홍해는 '나의 무덤' 같았지만 하나님의 관점으로 볼 때 실상 그곳은 '철병거들의 무덤'이 되었다. 지긋지긋하게 따라다니며 나를 괴롭히던 문제들, 내 인생에서 풀리지 않고 끔찍이도 두렵고 답답했던 상황들이 종결되는 철병거들의 매장지라는 것이다.

우리 인생에도 홍해 같은 문제가 있고 애굽의 철병거같이 지긋지긋하게 나를 따라오며 놔주지 않는 삶의 문제와 과거의 상처, 그 기억들이 있다. 10년, 20년, 30년째 그 지긋지긋한 문제들이 날 놓아주지 않지만 관점을 바꾸면 이것도 간단하게 풀린다. 인간적인 관점으로는 너무나도 두렵고 내 무덤 같은 홍해는 하나님의 관점으로 보면 가장 안전한 길이요, 내 무덤이 아니라 내 문제의 무덤이다.

두려움의 홍해가 기적과 축복으로

과거부터 지긋지긋하게 나를 놔주지 않고 끔찍하게 속 썩이고 아프게 하는 문제들, 몇 년 몇십 년째 기도해도 정말 안 풀리는 기도제목들이 홍해를 만날 때 풀려버린다. 우리는 관점을 바꿔서 도리어 홍해를 감사해야 한다. 내게 가장 아프고 힘들고 두려운 그 홍해에서 영적인 문제, 물질 문제, 관계 문제, 자녀 문제 등 모든 문제가 다 해결되고 매장되어 다시는 보이지도, 기억나지도 않게 되기 때문이다.

> 자기 아들을 아끼지 아니하시고 우리 모든 사람을 위하여 내주신 이가 어찌 그 아들과 함께 모든 것을 우리에게 주시지 아니하겠느냐 롬 8:32

응답이 안 돼서 답답하고 걱정되고 짜증나는가? 뒤집어서 생각해보자. 하나님은 우리에게 아들도 주신 분인데 뭐가 아까워서 못 주시겠는가. 내가 받을 그릇이 안 되고 믿음이 안 되니까 오히려 못 주셔서 안달나셨지, 하나님 입장에서 뭐가 아까워 안 주시겠는가. 바벨론에 침략당하고 성전이 무너지고 포로로 끌려가고 노비로 팔리고 억울한 누명을 쓰는 모든 일에 대해 하나님은 말씀하신다.

"고난처럼 보이지? 애야, 이게 고난이냐? 널 세워주려고 그래. 널 회복시키려고 그래. 네 가정을 하나로 만들려고 그래. 너를 굳건하게 하고 더 큰 복을 주려고 그래. 미래에 대한 소망을 내가 갖고 있고, 그것 때문에 내가 계획을 세웠고, 그 계획은 내가 잘 알아."

> 여호와의 말씀이니라 너희를 향한 나의 생각을 내가 아나니 평안이요 재앙이 아니니라 너희에게 미래와 희망을 주는 것이니라 렘 29:11

허접한 내가 하나님의 생각을 어떻게 알겠는가마는, 계획을 세우고 이미 잘 알고 계시는 하나님을 신뢰하라. 홍해처럼 두렵고 요셉 형제들의 갈등과 불화처럼 풀리지 않을 것 같은 문제도 하나님의 관점으로 보면 아주 간단하게 풀릴 줄 믿는다.

나를 향하던 시선을 돌려 하나님을 바라보라

나를 바라보고 내 처지와 상황을 바라보던 시선을 돌려서 하나님을 바라보면 문제가 쉽게 풀린다. 앞서 말한 '내 관점이 아니라 하나님의 관점으로' 문제를 보는 것과는 조금 다른데, 하나님의 관점으로 보는 것이 '어떻게' 보느냐라면, 이것은 '무엇을' 보느냐에 관한 것이다.

나를 보면 초라하다. 상황을 보면 억울하고 문제를 보면 답답하다. 그 시간에 내 처지, 내 문제가 아니라 하나님을 바라보아야 풀릴 수 있다. 홍해를 하나님의 관점으로 바라보면 '아, 이것이 실은 더 안전한 길이었구나'라는 것을 알 수 있지만, 또 그 시퍼런 홍해만 보고 있지 말고 하나님을 보아야 한다.

> 모세가 백성에게 이르되 너희는 두려워하지 말고 가만히 서서 여호와께서 오늘 너희를 위하여 행하시는 구원을 보라 출 14:13

애굽 군대를 보고 심히 두려워하는 이스라엘 백성에게 모세가 "이제 너희는 오늘 너희를 위하여 행하실 여호와 하나님의 구원하심을 보라!" 한다. 무엇을 볼 때 두려운가? 뒤에 몰려든 애굽 군대와 홍해를 볼 때다. 무엇을 볼 때 두려움을 이길 수 있는가? 하나님의 구원을 볼 때, 하나님을 볼 때다. 그러니 '나'를 보지 말라. 나를 보면 초라해진다. 상황을 보면 짜증이 난다. 형편을 보면 답이 없어 보인다. 이제 시퍼런 홍해만 보지 말고 하나님의 역사하심, 그 놀라운 구원을 보라.

하나님의 사람들도 하나님이 부르실 때 그의 처지만 보면 정말 아무것도 할 수 없는 상태였다. 모세는 불붙은 떨기나무 앞에서 자기를 부르시는 하나님께 자기는 입이 뻣뻣하고 혀가 둔하니 보낼만한 자를 보내시라고 간청했다. 초라한 나를 바라보면 이렇게 말하게 된다. 그럴 때 하나님은 "내가 한다. 나를 보고 나를 믿고 가라" 하셨다.

이사야가 주님을 뵈었다며 "나는 입술이 부정한 사람이다. 화로다, 난 망하게 되었다"라고 벌벌 떨 때, 하나님은 제단 숯불을 그 입술에 대어 깨끗케 하시고 하나님의 도구로 사용해주셨다. 학자의 혀를 주실 하나님만 보면 아무것도 아니다.

요한복음 4장의 수가성 여인을 보라. 여섯 명째 동거를 하고 있는 그녀는 어떻게 해도 도저히 안 되는, 요즘 말로 답이 없는 '노답' 인생이었다. 너무 부끄럽고 초라해서, 다른 사람 다 쉬고 잘 때 사람들 시선을 피해 한낮의 땡볕 아래에 물 길러다니는 비참한 처지였다. 그렇게 사람을 피하고 두려워한 여인이 물동이를 집어던지고 마을로 뛰어가 사람들에게 "와서 보라"(요 4:29) 한다. 예수님을 만나니까 인생의 갈증과 문제가 싹 풀려서 "나는 그리스도를 봤다, 당신들도 나처럼 와서 이분을 봐라" 하고 외치게 되었다. 우리도 교회를 다니기만 하지 말고 예수님을 만나야 지긋지긋하게 답답한 삶의 문제들이 풀린다.

부정적 시선을 긍정의 시선으로

부정적인 시선을 긍정의 시선으로 뒤집어보아야 한다. 똑같은 상황도 관점에 따라 완전히 다르게 보인다. 다윗이 그랬다. 이스라엘 백성이 왜 골리앗을 두려워하고 못 싸웠는가? 너무 크니까 그 엄청난 크기에 쫄아서 싸우지도 못했다. 그런데 다윗의 긍정적인 관점으로 뒤집어보면 너무 커서 맞추기도 쉬운 상대였다. 어차피 돌 던질 거 과녁이 크면 맞추기 쉬우니 좋지 않은가.

사도 바울은 "나의 약함이 곧 강함"이라고 고백했다. 약함 때문에 내가 교만하거나 자고(自高)하지 않고 하나님 붙들고 살 수 있으니 하나님의 능력이 나에게 완성되고 온전해진다는 것이다. 또한 이렇게 예수 그리스도의 능력이 내게 머무는 통로가 나의 약함이니 나의 궁핍과 핍박과 이 모든 고난을 자랑하며 기뻐한다는 것이다. 부정적인 시선이 아니라 "오히려 약할 그 때에 내가 강함이라"라는 긍정적인 시선으로 바라보니까 나의 약함으로 낙심하지 않고 오히려 더 강성해지고 하나님과 더 가까워짐을 고백하게 되었다.

욥은 "내가 가는 길을 그가 아시나니 그가 나를 단련하신 후에는 내가 순금같이 되어 나오리라"(욥 23:10)라고 고백했다. 단련(鍛鍊)은 아픈 것이다. 쇠를 불에 달궜다가 꺼내서 두드리고 또 넣었다가 두드리기를 반복하는 것이다. 그러나 그 뜨거운 풀무 불에 들어갈 때 진짜 타는 것은 쇠가 아니라 쇠에 들어 있는 불순물이다. 단련은 순도 높고 더 가치 있는 순금이 되는 작업인 만큼, 거꾸로 보니 고난 때문에 나는 오히려 더 강해진다는 것을 깨닫고 고백하는 것이다.

젊은이들이 "나는 가진 것이 없어서 아무것도 할 수 없다"라고 얘기하는데 뒤집어 생각해보면 잃을 것도 없는 것이다. 진짜 도전 못 할 때는 잃을 것이 많을 때다. 나중에 40대, 50대 되면 잃을 것이 많아져 그때는 무서워서 못 하게 된다. 젊을 때는 가진 것도 없지만 실은 잃을 것도 없어서 도전하기에 가장 좋은 적기(適期)이니 지금 마음껏 도전하라!

그러니까 우리에게는 기회입니다

거꾸로 보면 긍정적으로 볼 수 있는 상황들이 우리 삶에도 널려 있다. 故 정주영 현대그룹 명예회장은 긍정의 마인드 하나는 정말 타의 추종을 불허하는 사람이었다.

1970년대 초반, 석유 파동으로 위기를 맞은 우리나라가 찾아낸 돌파구는 중동의 건설 사업에 참여하는 것이었으나 당시 기업인들은 하나같이 불가능하다고 말했다. 30도만 넘어가도 헉헉거리면서 죽을 지경인데 비 한 방울 오지 않는 55도의 뜨거운 사막에서 뭘 하겠냐는 것이었다. 그런데 중동에 가서 시장조사를 하고 온 정주영 회장은 "그러니까 우리한테는 기회"라며 박정희 대통령을 설득했다.

"1년 내내 비가 안 오니까 쉬지 않고 일해 공사 기간을 단축할 수 있습니다. 낮에는 더우니까 자고, 공사는 밤에 하면 됩니다. 공사할 땐 모래가 있어야 콘크리트 시멘트를 만드는데 지천으로 깔린 게 모래이니 좋고, 물은 유조선을 만들어 빈 탱크에 가득 실어 나르고 돌아올 때는 석유를 담으면 됩니다."

다른 외국 기업은 더위 때문에 낮에 에어컨을 틀어 냉방비만 해도 어마어마한데 우리는 시차 적응을 할 필요도 없이, 낮에는 자고 밤에는 공사장만 밝히면 된다는 것이었다. 더위도, 물도 그렇게 해결하니 간단한 문제였다. 그렇게 해서 공기(工期)를 단축시키고 돈을 어마어마하게 벌었는데 1975년 현대건설이 중동에 진출한 이후 몇 년 동안 벌어들인 돈이 무려 55억 달러에 달했다. 지금 환율로도 6조 원이나 되는 큰돈인데 그때는 정말 엄청난 돈이었다.

사람들에게는 안 된다는 이유가 정 회장에게는 더 좋은 이유가 되었고, 그러한 긍정의 마인드가 중동 신화를 이끌어 낸 힘의 원천이 된 셈이다. 부정적인 생각이 아니라 긍정의 시선으로 뒤집어보면 얼마든지 길이 있다.

바구니 하나 바꾸어 그렸을 뿐인데

밀레(Jean François Millet, 1814-1875)의 〈만종〉이라는 그림을 잘 아실 것이다. 루브르박물관에 소장 중인 이 그림은 값을 매길 수 없는, 프랑스의 국보와도 같은 작품이다. 한 젊은 농부 내외가 일을 마치고 추수한 감자 바구니를 놓고 석양 속에서 감사 기도를 드리는 모습은 보기만 해도 마음에 평안이 느껴질 정도다.

그런데 사실 이 그림은 너무나도 슬프고 불행한 그림이었다. 젊은 부부의 발치에 놓인 감자 바구니가 원래는 아기의 관으로, 죽은 아기를 묻으려는 장면이었던 것이다.

이 그림을 그릴 무렵인 1860년경, 밀레는 물감조차 살 수 없는 비천한 신세의 무명 화가여서 친구가 그림을 인수하는 조건으로 천 프랑을 빌려주어서 그림을 그릴 수 있었다. 그런데 한 친구가 그림을 보니 아기의 관을 묻기 전에 젊은 부부가 기도하는 모습이 너무 섬뜩하고 슬퍼서, 그의 요청으로 관을 지우고 감자 바구니를 그려 넣었다고 한다(이 이야기가 설로만 떠돌다가 1932년에 루브르박물관 측에서 자외선 투사를 통해서 실제로 바구니 아래 관의 모습이 있음을 확인하고 발표했다).

본래는 공포스럽고 암울한 그림인데 우리는 이 그림을 평안하고 충만한 그림으로 본다. 그림의 내용이나 톤 전체를 바꾼 것이 아니었다. 단 하나, 관을 감자 바구니로 바꾸었더니 이렇게 행복하고 아름다운 그림이 된 것이다.

우리 인생도 그렇다. 복잡해 보여도 시선 하나만 뒤집히면 간단하게 풀린다. 신앙은 이 시선 싸움이다. 단기적인 시선에선 손해지만 장기적인 시선으로 승리와 축복을 바라보자. 내 관점으로 해석하면 억울하지만 하나님의 관점로 해석해서 상황과 형편의 어려움 속에서도 찬양하자. 초라한 나와 막막한 문제 대신 나를 도우시는 능력의 하나님을 바라보자. 답이 없는 절망과 공포 속에서도 희망과 소망을 노래할 수 있는 것이 믿음이라면 이제 우리의 시선을 하나님께 드리자. 이 시선을 하나님께 드릴 때 당신의 삶에 그 답답하고 지긋지긋한 문제들이 간단하게 풀리게 될 것을 믿는다.

02

본질을 확인하라

예수께서 이르시되 네 마음을 다하고 목숨을 다하고 뜻을 다하여

주 너의 하나님을 사랑하라 하셨으니 이것이 크고 첫째 되는 계명이요

둘째도 그와 같으니 네 이웃을 네 자신같이 사랑하라 하셨으니

마 22:37-39

마라톤이 열리지 않는 나라는?

42.195킬로미터를 쉬지 않고 달리며 육체의 한계에 도전하는 마라톤은 올림픽의 꽃으로 폐회식 때 우승자가 월계관을 쓰고 그의 국가가 울려 퍼질 정도로 영광을 누리는 종목이다. 그런데 세계에서 유일하게 이 마라톤을 열지 않고 심지어 금지하는 나라가 있다. 어디일까?

이 사실을 들어본 적이 없거나 마라톤에 대해 잘 모른다고 해도 마라톤의 본질만 알면 이 문제는 쉽게 풀 수 있다. 이 경기가 어떻게 시작됐는지를 생각해보자.

마라톤은 아크로폴리스에서 약 40킬로미터 정도 떨어진 곳에 있는 평원의 이름이다. 기원전 490년에 페르시아의 다리우스가 전함 6백여 척에 10만여 명의 정예 군사를 이끌고 마라톤 평원에 이르렀다. 아테네의 병력으로 세계 최강의 무적함대를 무찌르기란 불가능해 보였지만, 아테네군은 지략과 기적으로 완벽한 승리를 거뒀다. 이 기쁜 승전보를 알릴 전령으로 급파된 페이디피데스는 아크로폴리스까지 쉬지 않고 달려 자신의 임무를 다한 후 숨을 거뒀다.

마라톤은 페이디피데스의 정신을 기리기 위한 것인데, 마라톤 전투가 끝난 후에도 기원전 393년까지 4년마다 개최된 고대올림픽에 마라톤이라는 경기는 없었고 정식종목으로 채택된 것은 1896년 제1회 근대올림픽 때다. 그리스가 올림픽의 발상지인 것과 아테네가 1회 근대올림픽의 개최지인 것은 무관하지 않을 것이다.

쉽게 말해 기원전 490년에 아테네가 페르시아 군대를 무찌른 역사를 세계가 마라톤으로 기념하는 셈이니, 페르시아의 후예인 이란으로서는 당연히 언짢을 수밖에 없다. 그래서 이란은 마라톤 경기를 열지 않고 금하고 있으며, 1974년 테헤란 아시안게임에서도 마라톤 경기는 열리지 않았다.

마라톤에 대해 잘 몰라도 그 본질을 이해하니 문제가 간단하게 풀렸다. 오늘날 우리는 본질을 잃어버려 복잡해지고, 삶 속에 본질을 놓쳐서 어렵게 살 때가 많다. 이 장을 읽어가며 내 인생과 신앙의 본질을 되찾고, 문제의 본질을 붙잡아 해결의 실마리를 얻을 수 있길 바란다.

놓치고 사는 본질들

영어는 왜 배울까? 영어는 언어다. 언어의 본질은 의사소통이니 영어를 배우는 것은 영어로 말하고 대화하자는 것이다. 그런데 우리나라는 영어를 언어로서가 아니라 대학 진학 시험의 변별성을 가리기 위한 목적으로 학습하기 때문에 12년을 넘게 배우는데도 말을 못 하는 기적이 벌어진다. 본질을 못 보니 자꾸 어려워지는 것이다.

영어 공부의 본질을 꿰뚫은 사람이 이시원 대표다. 영어는 학습하는 게 아니라 말하는 게 목적이어야 한다는 생각으로 '시원스쿨'을 시작해서 크게 성공했다. 영어가 언어라는 본질을 붙들었기 때문이다.

자녀교육은 어떤가? 자녀를 교육하는 목적은 자녀가 잘되게 하려는 것이다. 훈육과 포상, 책망과 칭찬을 하는 이유는 모두 자녀가 행복하게 잘 살기를 바라기 때문이다. 그런데 이 본질적인 목적을 잃어버린 채 자녀를 망치는 상을 주는 사람이 있고, 자녀를 망치도록 혼내는 사람이 있다. 상을 주든지 혼을 내든지 본 목적을 잃어버리면 안 된다. 사랑의 본질이 확실하면 목적이 반드시 이루어진다. 자녀를 교육할 때 혼도 내고 상도 주되 자녀에게 왜 이걸 주는지 그 이유를 잊지 말아야 한다.

지금 우리나라에서 가장 본질을 놓치고 있는 분야는 정치가 아닐까 싶다. 정치의 목적은 나라를 잘살게 만드는 것이다. 백성들이 근심 없이 살게 하는 것이 정치의 사명인데 지금은 정치 투쟁과 당선이 정치의 전부가 된 현실 때문에 오히려 백성들이 정치를 걱정하고 있다.

정말 정치의 본질을 지킨 사람의 예를 들라면 나는 제99대 뉴욕 시장을 지낸 미국의 정치인 피오렐로 헨리 라과디아(Fiorello Henry La Guardia)를 꼽고 싶다. 그는 미국의 사회과학자와 역사학자들이 미국 역사상 최고의 시장으로 뽑은 사람이며, 뉴욕 남쪽에 존 에프 케네디 대통령의 이름을 딴 JFK 공항이 있다면 북쪽에는 그의 이름을 딴 LGA(라과디아) 공항이 있을 정도로 인정받는 인물이기도 하다.

라과디아가 시장으로 당선되었을 때 뉴욕은 이탈리아계 마피아가 정치와 경제를 장악한, 범죄율이 가장 높은 도시였다. 시장이 된 그는 목숨을 걸고 범죄와의 전쟁을 벌여 마피아의 수익원이었던 슬롯머신을 다 빼앗아 불살랐다. 이탈리아계였던 라과디아는 같은 이탈리아 사람끼리 왜 그러냐며 온갖 회유와 협박을 받았으나 자신의 책무는 뉴욕 시민들이 안전하게 잘사는 것이라며 끝까지 마피아를 소탕했다.

라과디아가 더 유명해진 사건이 있다. 그는 공화당의 유력한 대선 후보였는데 당시 경제공황이 시작되어 모두가 힘들어지자 민주당의 경제정책인 뉴딜정책을 지지했다. 이로 인해 공화당에서 정치력을 잃었지만, 뉴욕 시민을 위한 그의 결정이 지금의 세계경제수도인 뉴욕을 만들었다. 자신의 정치적 이권과 상관없이 국민이 잘사는 길을 가는 것, 이것이 진정한 정치다.

신앙의 본질은 하나님사랑 이웃사랑

한 율법사가 예수님을 찾아와 꼬투리를 잡고자 질문을 했다.

"수많은 율법 중에 가장 중요한 율법이 무엇입니까?"

예수님은 한마디로 상황을 정리하신다.

"첫째는 네 마음을 다하고 목숨을 다고 뜻을 다하고 힘을 다하여 하나님을 사랑하라 하신 것이요, 둘째는 네 이웃을 네 자신처럼 사랑하라 하신 것이다."

'하나님을 사랑하라'는 수직적 사랑을 말한다. 하나님과 우리의 관계, 그리고 명령의 하달 구조 사이에 걸리는 것이 있으면 안 된다. 우선순위를 하나님께 드리고 내 권위와 권리를 주께 이양하는 것이 하나님에 대한 사랑이다. 내 삶과 마음, 교회는 하나님의 주권적 통치가 이루어지는 하나님의 영토가 되어야 한다.

그런데 우리는 내가 이해할 수 있을 때만 하나님을 따르고 사랑한다. 이것은 사랑이 아니다. 내 형편과 처지가 어떠하든, 내 감정과 관계가 어떤 상태이든 상관없이 모든 권리를 하나님께 드려야만 하나님을 마음과 뜻과 목숨 다해 사랑하는 것이다. 하나님과 나의 수직적 사랑은 무엇도 끊을 수가 없다.

'이웃을 사랑하라'는 수평적 사랑을 말한다. 수평적 사랑은 하나님께 받은 은혜와 복음의 능력을 가지고 이웃을 사랑하는 것이다. 여기서 중요한 것은 '네 자신처럼'이다. 즉, 나와 이웃의 우선순위를 동등하게 두고 사랑해야 한다는 말이다. 이웃은 우리 주변인들만이 아니라, 작은 교회와 선교지, 다음 세대와 이 시대를 말한다. 이웃에 대한 사랑은 내 선택이 아니라, 필수이고 신앙의 의무다.

하나님을 향한 수직적 사랑과 이웃에 대한 수평적 사랑이 만나면 십자가가 된다는 말이 있다. 하나님 말씀과 뜻에 따라 하나님을 사랑하고, 나와의 우선순위를 따지지 말고 동등하게 이웃을 섬기는 것은 선택의 여지가 없는 신앙인들의 당연한 책무다.

주유소 같은 교회

교회의 본질을 생각하면서 나는 "교회는 주유소 같은 교회가 되어야 한다"라고 강조한다. 그 이유는 첫째, 주유소라는 단어의 의미에 있다. 주유소를 주인 주(主), 있을 유(有), 곳 소(所)로 해석하면 '주님이 계시는 곳'이라는 뜻이 된다.

주님은 아무 데나 계시지 않는다. 그분의 통치 영역 안에 계신다. 내 마음이 하나님의 주권적 통치가 이루어지는 곳이면 내 마음에 계실 것이고, 우리 교회가 하나님의 말씀과 주권적 통치가 이루어지는 곳이면 우리 교회에 계실 것이다. 우리는 주님이 계시는 곳이 되어야 한다. 우리의 마음과 가정, 교회가 천국이 되어 하나님의 주권적 통치가 이루어지는 주유소(主有所) 같은 교회가 되어야 한다.

둘째, 교회는 목적지가 아니라 경유지가 되어야 하기 때문이다. 우리가 어떤 목적지까지 갈 기름을 차에 넣으려고 주유소에 가는 거지, 매번 주유소 가려고 차를 운전하는 것은 아니지 않은가? 그와 같이 우리는 교회에서 천국 소망의 위로와 축복을 받고 은혜를 누린 후 그것을 가지고 세상 속으로 흩어져서 가정과 이웃의 믿지 않는 자들에게 빛과 소금의 역할을 감당해야 한다. 이게 진짜 교회의 본질이다.

교회는 내 뜻을 이루고 내 삶이 잘되기 위해 나오는 곳이 아니다. 교회는 이미 은혜받은 자들의 모임이다. 은혜를 받은 내 삶의 궁극적인 목적은 하나님을 영화롭게 하는 것이다. 하나님을 영광스럽게 하려면 하나님의 뜻을 알아야 하고 그 뜻을 이루어갈 내 삶이 필요하다. 나와 가정, 우리 교회를 향한 하나님의 뜻을 알아 우리의 삶 가운데 이루어지기를 꿈꾸는 자들이 나오는 곳이 교회다.

그러니 내가 내 뜻을 이루기 위해 하나님을 이용하고 있지는 않은지, 교회가 하나님을 이용하는 자들의 공동체가 되지는 않았는지 돌아봐야 한다. 우리는 바뀌어야 한다. 내 마음과 뜻을 꺾고, 목숨을 포기할 각오로 하나님을 따라야 한다. 그리고 이웃을 내 몸처럼 사랑해야 한다. 받은 은혜를 잘 흘려보내서 다른 교회와 이 시대를 살리는 사람이 되어야 한다.

교회를 건축해야 할까, 하지 말아야 할까

얼마 전에 한 목사님이 찾아와 교회 건축에 관해 상담을 하신 적이 있다. 그 분은 교회 건축에 대해 비판적 의식이 있는데 막상 자신이 교회를 개척하고 부흥하면서 건축의 필요성을 느끼게 되니, 자신의 목회철학과 충돌하여 고민이 많다고 하셨다.

"목사님, 건축을 하는 게 맞을까요? 안 하는 게 맞을까요?"

"해도 되고, 안 해도 됩니다."

그렇다. 교회 건축은 해도 되고 안 해도 된다. 중요한 것은 본질이다. 건축의 본질적 목적이 무엇인지는 자신만이 아니까 그 본질을 확인하면 이 문제는 간단하게 풀린다. 교회를 건축하는 목적이 경제적 유익이나 경영적 효과를 위해서라면 하지 않는 것이 맞고, 하나님을 영화롭게 하기 위해서라면 얼마든지 해도 된다.

다윗의 경우를 보면, 다윗이 자신은 백향목 궁전에 사는데 하나님은 성전 없이 천막에 계시는 것이 안타까워서 모든 것을 드려 성전을 건축하고자 했다. 이는 오직 하나님의 영광을 위한 건축이다.

이와는 다르게 건축 목적이 성장을 위한 전략을 위함이라면 건축을 안 하는 것이 맞다. 건축에 들일 돈으로 선교와 구제에 집중하여 복음을 전하는 교회 본질의 사역을 하는 것이 옳다. 목적이 하나님의 영광이면

하고, 내 수단과 필요가 목적이라면 안 해도 된다. 목적이 중요하지, 그 건물 자체가 중요한 것이 아니기 때문이다.

나는 첫 성전을 맨손으로 짓고 나서 더는 건축을 하지 않고 학교 강당을 빌려 예배드리려 했는데 우리 시골 동네에는 미션스쿨이나 사립 학교가 없어서 학교 강당을 빌릴 수가 없는 데다가 이단들이 경매에 나온 교회를 사서 자기들이 진짜라고 주장하며 다니는 것이 참을 수 없어서 하나님의 영광을 위해 건축을 했다.

신앙생활의 본질

본질을 잊는 데서 모든 문제가 발생한다. 신앙생활 중에도 본질을 놓치기 쉽다. 신앙이 복잡해 보이고 그 가운데 여러 갈등이 있는 것 같아도 본질 하나 붙잡으면 매우 간단해진다.

성경을 열심히 읽고 공부하더라도 그 목적이 성경 지식을 늘리는 데 있다면 본질을 놓친 것이다. 성경을 읽는 본질은 예수 그리스도의 구속 역사와 보혈의 은혜를 발견하는 것이기 때문이다. 성경을 연구할 때 요셉의 찢어진 채색 옷 가운데서, 모세의 갈대 상자에서, 문설주에 뿌려진 유월절 어린 양의 피에서 예수님이 보여야 한다.

너희가 성경에서 영생을 얻는 줄 생각하고 성경을 연구하거니와 이 성경이 곧 내게 대하여 증언하는 것이니라 요 5:39

성경에는 모르는 것, 천국에 가봐야 알 수 있는 것이 더 많다. 그런데 억지로 성경을 풀면서 서로 갈등하고 교단이 분열하는 안타까운 일들이 벌어진다. 예수 보혈의 은혜에 감격해서 성경을 읽을 때마다 나 같은 죄인을 살리신 그 은혜를 놀라워하면 된다. 그게 성경 읽기의 본질이다.

예배의 본질은 하나님께 영광을 돌리는 것이다. 어떤 교회들은 지휘자와 반주자에게 돈을 주며 경쟁적으로 세우는데, 성가가 끝나면 말씀도 듣지 않고 공연 마치듯 나가버리는 신앙 없는 사람들을 앞에 세우는 것은 사람들에게 보이기 위한 쇼에 불과하다. 이것은 이방인을 불러 악기 연주를 시키며 제사 드리는 것과도 같다. 예배는 공연이 아니다. 하나님을 위한 것임을 잊어서는 안 된다.

직분의 본질은 목회자를 도와 헌신하는 것이다. 목회자가 주의 뜻대로 말씀과 기도에 전념할 수 있도록 돕고 교회를 위해 헌신하라고 직분을 주는 것인데 직분을 계급으로 착각하면서 교회의 문제가 시작된다. 안수집사, 권사, 장로는 되고 싶은데 일하기는 싫어하는 사람들이 있다. 일은 하지 않으면서 일꾼이라는 이름만 불리고 싶어 하는 사람들이다. 일하지 않는 사람은 직분자가 아니다. 헌신과 희생을 감당하는 자가 직분자로서의 본질에 부합하는 사람이다.

설교의 본질은 하나님을 기쁘시게 하는 말씀을 전하는 데 있다. 목회자는 회중 앞에 서 있지만 실제로는 하나님 앞에 서 있는 사람이므로, 설교 시간에 어떤 말씀을 전하면 하나님께서 기뻐하실지만 생각하면 된다. 하나님께서 기뻐하시는 말씀을 전하면 그분이 책임져주신다.

신앙인가 종교심인가

교회에 열심히 다니며 종교 생활을 하는 게 진짜 신앙이라고 착각해서는 안 된다. 교회만 다니는 사람이 되지 말고 하나님의 것, 하나님의 백성, 거룩한 택하신 족속이 되도록 정신 차려야 한다. 가라지가 되지 말고 알곡이 되자.

> 바울이 아레오바고 가운데 서서 말하되 아덴 사람들아 너희를 보니 범사에 종교심
> 이 많도다 행 17:22

사도 바울이 아덴 사람들에게 "종교심이 많다"라고 말한다. 영어성경에서는 이 부분을 "너무 미신적이다"(too superstitious, KJV), "매우 종교적이다"(very religious, NIV)라고 옮긴다. 아덴 사람들은 그리스도와 복음을 거부하고 사도 바울을 쫓아냈다. 그런데도 종교심은 많아서 종교적인 활동에는 열심이었다.

필리핀에 갔을 때 이러한 모습을 볼 수 있었다. 하나님을 믿는다지만 전혀 믿음의 향기를 풍기지 않는다. 다른 우상을 숭배하는 것처럼 하나님을 모신다. 각자의 사도와 성인들을 숭배하는데, 기독교 언어를 쓰지만 종교성이 가미된 자기 우상일 뿐이다. 이들의 모습은 아덴 사람들과 마찬가지로, 믿음 있는 사람들이라고 볼 수 없다.

오늘날 우리의 교회에도 그런 사람들이 많다. 교회만 열심히 다닌다고 믿음 생활이 아니다. 교회를 열심히 다니는데 하나님나라와 주님의 뜻을 위해 나의 뜻을 꺾거나 희생하고 헌신한 적이 없다면 잘못된 신앙

이다. 하나님과 나의 수직적 관계를 막는 감정과 마음, 뜻, 물질을 꺾어 주와 나 사이에 거칠 것이 없게 하라. 그리고 나와 이웃의 우선순위를 동등하게 두고 수평적 사랑으로 선교를 실천하라. 수직적 사랑과 수평적 사랑이 이루어져야 진짜 본질적 사랑이 실현되는 것이다.

본질을 알면 많은 문제가 간단하게 풀린다. 거룩한 백성으로 택함받은 우리는 주님께서 찾으시는 그 본질의 예배와 신앙을 주님께 드림으로 기뻐하는 자들이어야 할 줄 믿는다.

내 문제를 해결하는 것도 중요하지만 무엇보다 인생과 신앙의 본질을 회복함으로써 나의 모든 권리와 권위를 주님께 이양하고 주님의 주권적 통치를 바라며, 수평적으로는 내 몸처럼 나 자신처럼 이웃을 아끼고 이웃을 사랑하는 사람으로 우리가 주님 앞에 서 있기를 소망한다.

03

실체를 확인하라

성문 어귀에 나병환자 네 사람이 있더니 그 친구에게 서로 말하되

우리가 어찌하여 여기 앉아서 죽기를 기다리랴 …

아람 진으로 가려 하여 해 질 무렵에 일어나

아람 진영 끝에 이르러서 본즉 그곳에 한 사람도 없으니

왕하 7:3,5

하일브론의 유령

1993년, 독일에서 일어난 한 살인사건을 수사하던 경찰은 현장 근처에서 입술 자국이 남은 유리잔을 찾아내 범인의 DNA를 분석했다. 검사 결과 동유럽권 여성에게서 많이 나오는 염색체 염기서열로 나타나 그것을 근거로 수사를 진행하기 시작했다.

그런데 그 이후로 프랑스, 독일, 오스트리아에 이르기까지 6건의 살인과 40건의 절도 등의 사건 현장에서 이 여인의 DNA가 계속 발견되었다. 독일 경찰은 1993년부터 8년 동안이나 전담팀을 꾸려서 그 여인을 좇았으나 범인은 목격자도 없이 신출귀몰하기 짝이 없었다. 전 유럽을 돌아다니며 대담한 범행을 펼치는 이 여인을 사람들은 '하일브론의 유령'이라 부르며 두려워 떨었다.

그런데 2009년, 불에 탄 난민 남성의 신원을 확인하려고 DNA를 분석했는데 '하일브론의 유령'의 것과 정확히 일치하는 여성의 염기서열이 나오는 것이 아닌가! 어떻게 남성의 시신에서 여성의 DNA가 나올 수 있는지 독일 경찰은 그야말로 멘붕이었다. 결국 사건을 다시 풀어가다가 새롭게 알게 된 사실은 사건 현장에서 DNA를 채취하기 위해서 사용했던 그 면봉이 문제였다는 것이다.

그 면봉을 만드는 공장이 동유럽에 있었고 거기서 마지막에 포장작업을 하는 여인이 "퉤퉤!" 하며 침을 튀겨서 면봉마다 온통 그녀의 DNA가 묻어 있었는데 그것들을 사건마다 사용하니 계속 그 여인의 DNA가 나온 것이다. 그러니까 6건의 살인사건과 40건의 범죄는 전혀 상관없는 별개의 사건인데 오염된 같은 면봉을 사용하면서 '신출귀몰한 하일브론의 유령', '얼굴 없는 여인'이라는 무서운 범죄자를 스스로 만들고 온 유럽이 8년을 벌벌 떤 것이다.

몇 미터 앞도 내다볼 수 없도록 도시 가득히 내려앉은 짙은 안개를 다 모아보면 한 컵의 물밖에 안 된다고 한다. 실체는 물 한 컵인데 공포에 휩싸여 스스로 주저앉는 사람들이 있다. 우리도 스스로 문제를 만들고 그 두려움에 파묻혀 절망하고 있지만, 그 문제와 걱정거리의 실체를 확인해보면 많은 경우 실은 아무것도 아니고 그 두려움은 스스로 만들어낸 것이었음을 알게 될 것이다.

두려움의 실체를 확인하라

아람 군대가 이스라엘의 수도 사마리아 성을 완전히 포위해버리자 성 안에서는 점점 식량이 모자라 사람들이 굶주리기 시작했다. 부정한 동물이라 먹지 않는 나귀의 머리와 비둘기 똥까지 비싼 값에 팔렸고 급기야는 배고픈 여인들이 아들을 잡아먹는 끔찍한 일까지 벌어졌다. 왕은 그 이야기를 듣고 너무나 비참했지만, 도무지 그 난제를 풀 힘이 없으니 베옷을 입고 극도의 슬픔을 표현하며 탄식할 뿐이었다. 그런데 이 문제가 어이없을 만큼 간단하게 풀린다.

성문 어귀에 나병환자 네 사람이 있더니 그 친구에게 서로 말하되 우리가 어찌하

여 여기 앉아서 죽기를 기다리랴 … 아람 진으로 가려 하여 해 질 무렵에 일어나

아람 진영 끝에 이르러서 본즉 그 곳에 한 사람도 없으니 왕하 7:3,5

성문 어귀에 격리되어 살고 있던 나병 환자 네 사람이 이러다가 굶어 죽겠으니 어차피 죽을 바에는 아람 군대에 항복하자며 아람 진영으로 갔다. 그런데 가보니까 그 두려웠던 아람 군은 이미 하나님이 들려주신 큰 병거와 마병과 군대 소리에 '이스라엘 사람들이 지금 헷사람과 애굽 병사들을 용병으로 사서 우리를 치러 오는구나!' 생각하며 혼비백산하여 도망친 다음이었다.

실은 이것이 우리 삶에서 두려운 문제들의 실체일 때가 많다. 가보면 아무것도 아닌데 그 실체를 확인할 용기가 없어 그 안에서 두려워 떨며 굶어 죽고 두려워 죽어가는 것이다. 성문 밖의 나환자들은 어차피 아무것도 없으니까 '이렇게 죽으나 저렇게 죽으나' 하고 나갈 수 있었고, 나가니까 그들의 행동을 통해 문제가 쉽게 풀렸다.

어떨 때 보면, 우리보다 훨씬 못 사는 가난한 제3세계 국가에서는 경제적인 문제로 비관해서 죽거나 삶을 포기하는 사람이 없다. 그런데 우리나라는 절대로 굶어 죽지 않는데 굶어 죽을까봐 무서워서 죽는다. 외로워서 죽지 않는데 외로워 죽을 것 같아서 죽는다. 쥔 것이 많고 지킬 것이 있는 자들은 두려워 떨다가 그 두려움으로 스스로 몰락할 때가 너

무나도 많다. 아무것도 없고 잃을 게 없을 때 용감해지고, 손에 쥔 것이 많아지면 그때부터 위기다.

그러므로 당신이 가진 것이 없다면 이제 비관하지 말고 오히려 감사하라. 가진 것이 없는 게 아니라 잃을 것이 없는 자이기 때문이다. 문제 안에 갇혀 무기력하게 있다가 죽지 말고 실체를 확인하러 나가보라. 나가서 부딪쳐보고 확인하면 아무것도 아닐 테니까.

산을 뽑을 힘이 있어도

사마리아 성이 겪고 있던 위기를 한마디로 사면초가(四面楚歌)라 하겠다. '사면초가'는 사기(史記)의 항우본기(項羽本紀)에서 유래한 사자성어로, 사면에서 초나라 노래(楚歌)가 들린다, 즉 사방이 적에게 둘러싸여 고립된 상태라는 뜻이다.

초(楚)나라 패왕 항우(項羽)는 한(漢)나라 유방(劉邦)과 5년간 패권 다툼을 해왔으나 점차 기세가 꺾이고 밀리다가 마침내 해하(垓下)라는 곳에서 한나라의 한신(韓信)에게 포위당하고 말았다. 항우의 기세가 얼마나 대단한지 포위하고서도 함부로 그를 공격할 수 없었던 한신은 포로로 잡힌 초나라 병사들에게 고향의 노래를 부르게 한다.

그 노랫소리를 들은 항우는 초나라가 이미 한나라에 정복당해 다 포로가 되어 저렇게 사방에서 초나라 노랫소리가 들린다 생각하고 기세가 꺾이고 말았다. 그는 주연(酒宴)을 베풀고 '역발산기개세'(力拔山氣蓋世)로 유명한 시 '해하가'(垓下歌)를 지어 자신의 운명을 탄식했다.

역발산혜기개세(力拔山兮氣蓋世) 시불리혜추불서(時不利兮騅不逝)

추불서혜가나하(騅不逝兮可奈何) 우혜우혜내약하(虞兮虞兮奈若何)

힘은 산을 뽑을 수 있고 의기는 온 세상을 덮을 만하지만

시운이 불리하여 추(오추마) 또한 달리지 않도다

오추마(항우의 애마)가 달리지 않으니 어찌하면 좋을고?

우희(항우의 애첩)야 우희야 내 너를 어찌해야 하느냐?

그러자 우미인(우희)도 이별의 슬픔에 목메어 "한나라 군사는 이미 초
나라 땅을 빼앗아 초나라 노랫소리가 사면에서 들려오는데 대왕은 용
맹한 마음을 잃었으니 미천한 계집이 어이 구차하게 살기를 바라리오"라
는 시로 답하고는 항우의 칼을 뽑아 자결했다.

항우는 남은 부하 팔백 명을 데리고 한나라의 포위망을 뚫고, 자기를
추격하는 오천 명의 군사를 따돌려 부하들을 살리고, 혼자 적진으로 들
어가 싸우다 결국엔 자결하고 만다. 그에게는 역발산기개세, 산을 뽑을
힘과 세상을 덮을 기운이 있었으나 그 기세를 무너뜨린 것은 엄청난 군
사력과 칼과 창이 아니라 사면에서 들려오는 구슬픈 초나라 노랫소리
였다.

영적 기개로 이겨라

하나님의 백성들도 무너짐과 패배가 대적의 강성함이 아니라 자신의

두려움과 염려에 있음을 기억해야 한다. 성경에서 하나님의 백성들이 만났던 위기를 보라. 그들이 두려워한 문제로 죽은 사람이 몇이나 되는가? 홍해에 빠지거나 여리고 성에 막히거나 아낙 자손이나 골리앗의 칼에 맞아 죽은 사람 한 명도 없고, 정작 그들은 "그들 보기에 우린 꼭 메뚜기 같다. 안 된다, 못 한다"라는 두려움에 스스로 절망해서 광야에서 떠돌다 죽었다.

그런데 그들이 두려워하던 가나안 족속의 실체는 어떠했는가? 그들이 오히려 이스라엘 백성을 보고 마음이 녹아있었다. 나를 무서워해서 마음이 녹아있는 그 대적에 내가 겁먹은 것이다. 아람 군대도 '소리'에 놀라 실체도 없는 두려움에 떨며 도망쳤으나 사마리아 백성은 그것도 모르고 내 아들을 삶아 먹을지언정 성 밖에 못 나가고 안에서 굶어 죽어갔다. 이것이 지금 나의 모습은 아닌가?

믿음은 실체를 확인하는 것이다. 실체를 확인하러 갈 용기가 믿음이고 실체를 확인할 힘이 없는 게 두려움이다. 하나님을 믿는 믿음으로 담대하게 나가든지 아니면 "들어와! 들어와"(영화 '신세계' 中 황정민의 대사) 해서 만나라. 당당하게 맞서서 부딪쳐볼 때 내가 그토록 두려워했던 문제와 상황이 실제로는 생각한 것만큼 크지 않음을 알게 될 것이다.

진짜 싸움은 주먹질로 이기는 게 아니라 기세로 이기는 것이다. 붙는 순간에 기세가 보이는데 그것으로 이미 싸움은 끝난다. 영적 전쟁도 영적 기개로 이긴다. 그것은 용기가 투철한 게 아니라 믿음이 있는 것이다. 하나님을 믿는 믿음이 겨자씨만큼만 있어도 산을 뽑을 역발산기개세가 생기지만 하나님을 신뢰하는 마음이 떨어지면 두려움만 가득 차서 세상이 너무 두려워 보이고 상황이 급박해 보이고 처지가 열악해 보인다.

영적 기개가 꺾이면 아무리 세상을 뒤엎을 힘이 있어도 스스로 무너지고 만다. 믿음이 없으면 "너 절대 이 문제 해결 못 해. 이 어려움은 절대 끝나지 않으니 그만 포기해"라는 마귀의 초나라 노랫소리에 속아서 스스로 절망하다 싸워보지도 못하고 쓰러진다.

영적으로 사면초가의 위기에 있는 성도들이여, 사탄의 속삭임에 속지 말라. 당신은 절대로 메뚜기가 아니다. 오늘도 하나님께서 나와 함께 계시니 그분을 믿고 전진하면 내 문제의 실체와 대면하게 되고 그것이 사실 아무것도 아님을 알게 될 것이다. 아무리 상황과 문제가 어렵더라도 절대로 믿음의 기개를 잃지 말고 하나님을 신뢰하며 끝까지 전력투구하고 기개 있게 담대하게 살라!

죽음도 광풍도 주님께는 아무것도 아니다

마가복음 4장에서 광풍이 불어 배에 물이 차고 위기에 처하자 벌벌 떨던 제자들은 항의하듯 "우리가 죽게 된 것을 돌보지 아니하시나이까"라며 주무시던 예수님을 깨웠다. 예수님은 곧바로 광풍을 잠잠케 하시고는 "어찌하여 이렇게 무서워하느냐 너희가 어찌 믿음이 없느냐"(막 4:40)라고 그들을 꾸짖으셨다.

미친 듯 부는 광풍도 주님의 명령에 잠잠해져 산들바람이 되고, 광풍이 몰아치는 내 인생도 그분의 말씀 한마디에 잠잠해지고 호수처럼 잔잔해진다. 사람에게 아무리 큰일이라도 주님께는 작은 일이기에 예수님이 나와 함께 계시면 두려울 것이 없다.

광풍 아니라 죽음조차도 주님께는 아무것도 아니다. 이어지는 마가복음 5장에서는 예수님이 회당장 야이로의 딸을 살리러 가시는데 도중에 열두 해 혈루증 앓던 여인이 끼어들어 그녀를 구원해주고 나니 이미 늦었다. 야이로의 딸이 죽어 사람들이 통곡하고 난리가 났다. 그러나 예수님은 "조용히 해라. 너는 두려워하지 말고 믿기만 해라" 하시더니 "이 아이가 지금 잔다!"라고 하셨다. 죽음이 우리에게는 크지만 우리 주님께는 깨우면 되는 잠에 불과하다.

그러므로 우리가 정말 두려워할 것은 상황과 현실이 아니라 '하나님의 부재'다. 우리는 오직 내 안에 하나님이 계시지 않음을 두려워해야 한다. 하나님만 두려워하면 문제가 두렵지 않고 '사람이 나한테 뭘 어떻게 할 건데!' 하고 담대해진다. 하나님만 두려워하면 세상이 두렵지 않은데 세상을 두려워하면 하나님이 두렵지 않고 처지와 형편이 두려워진다. 실체 없는 세상의 현상과 처지, 사람을 두려워하고 신경 쓰면 그때부터는 하나님이 보이지 않는다.

잊지 말라. 어려운 상황과 형편, 마귀들의 노랫소리를 마주할 때면 두려워할 게 아니라 하나님이 내 안에 계신지 안 계신지를 확인해야 한다. 하나님이 나에게 계시면 실체를 확인하러 나갈 믿음이 생기고, 실체를 확인해보면 아무것도 아님을 알게 되며, 그러면 내 문제가 별것 아니라는 것도 알게 되기 때문이다. 진실로 우리에게 필요한 것은 상황의 진정, 처우의 개선이 아니라 믿음의 생성이다!

말씀을 신뢰하라

믿음은 말씀을 신뢰할 때 생기므로 실체를 확인하러 가려면 말씀을 의지해야 한다. 열왕기하 7장에서 1,2절을 보면 성문 어귀의 나환자들이 문제를 해결하기 전에 이미 이 일의 해결에 관한 하나님의 말씀이 선포되었음을 알 수 있다. 엘리사가 "여호와의 말씀을 들을지어다"라며 나귀 머리 하나에 은 팔십 세겔이나 하던 성에서 내일이면 밀가루 한 스아, 보리 두 스아를 한 세겔에 살 수 있게 된다고 한다.

어떤 해결이 일어날 때 하나님은 항상 말씀을 먼저 주신다. 상황을 보고 가능성과 확률을 따지면 안 될 것 같지만 하나님이 하신다면 되는 것이다. 그러나 말씀이 안 들리는 한 장관이 "여호와께서 하늘에 창을 내신들 어찌 이런 일이 있으리요"(2절)라고 한다. 말씀을 못 듣는다는 것은 말씀을 못 믿는 것이다. 육신의 귀에는 들려도 영적으로 들리지 않으면 믿지 못한다. 그래서 귀로는 축복과 소망의 약속을 다 듣는데 그것을 누리지 못하는 자들이 있다. 엘리사는 그에게 "네 눈으로 보겠지만 그것을 먹지는 못하리라"라고 했고, 과연 그 일이 일어났을 때 그는 백성들에게 밟혀서 그것을 먹지 못했다.

하나님의 말씀을 들으면 실체를 확인할 믿음과 용기가 생기므로 말씀을 잘 들으면 겁이 없어진다. 당신은 지금 무엇 때문에 두렵고 불안한가. 실은 상황이 아니라 들은 말씀이 있느냐 없느냐의 문제일 것이다. 그래서 목숨 걸고 말씀을 선택하고, 말씀이 들리는 곳에 있어야 한다. 말씀이 안 들리면 죽는다. 말씀이 들리면 축복이다. 말씀이 믿어지면 은혜다. 그 믿어진 말씀대로 실행하고 순종하고 살아가면 기적이다. 이 책을 통해 전하는 메시지가 들려서 당신도 반드시 그 기적을 누리는 자가 되기를 바란다.

하나님께서 나같이 작고 초라하고 더럽기 짝이 없는 자를 주의 종으로 부르셨을 때 얼마나 두려웠는지 모른다. 나 같은 쓰레기가 무슨 목회냐고, 안 된다고, 하나님 욕 먹이고 영광을 가릴 거라며 엉엉 울었다. 그때 하나님께서 주신 말씀이 "지렁이 같은 너 야곱아 내가 너를 지명하여 불렀나니 너는 내 것이라"(사 43:1)였고 그 말씀 믿고 지금까지 왔다.

말도 설고 사람도 선 생면부지 경상도 땅에 혼자 내려와서 개척하려니 너무 힘들고 두려웠지만 말씀 붙잡고 해보니 그럭저럭해나갈 수 있었다. 또 목회도 설교 준비도 너무 겁이 났지만 죽어라고 준비하며 한 주 한 주 해나가니 쉽지는 않아도 견딜 만했다.

처음 집회 사역을 시작할 때 역시 부흥회를 경험해본 적도 없는 내가 어떻게 부흥 집회를 하겠냐고 너무 두려웠는데 2011년 10월, 새벽기도 중에 하나님께서 "… 너희가 이전에 이 길을 지나보지 못하였음이니라"(수 3:4)라는 말씀을 주셨다. 이전에 지나보지 못한 길을 가자고, 내게 한 번도 시킨 적이 없는 일을 시키신다는 이 말씀을 믿고 갔더니 또 길이 이루어졌다.

지금도 여전히 집회 앞두고 매번 두렵고 떨리지만 2012년 5월 13일의 부산 포도원교회 집회에서는 얼마나 떨었는지 지금도 잊을 수가 없다. 그때 옆에서 김문훈 목사님이 "안 목사, 왜 그렇게 쫄았어. 안 목사답게 해. 다시 안 보겠다는 마음으로" 하셔서 용기를 냈고, 해보니까 또 됐다.

당신은 무엇이 두려운가? "내가 네게 명한 것이 아니냐"라는 하나님의 말씀 듣고 가라. 하나님께서 시키신 일을 하러 갈 때는 하나님 말씀 듣고, 두려워하지 말고 실체를 이번에 확인해버려라. 말씀에 순종하고 말씀을 듣는다는 것은 바로 하나님과 동행하고 있다는 얘기다. 가서 부딪쳐보면 아무것도 아님을 알게 될 것이다.

최악을 상정하라

실체를 확인할 때 최악을 상정해보면 쉬워진다. 나환자들이 최악의 경우를 그려보았더니(왕하 7:4) 길은 여기서 굶어 죽든가 가서 칼 맞아 죽든가 둘 중 하나인데, 최악이라 해도 칼 맞아 조금 일찍 죽는 것뿐이니 그 길을 나서기가 쉬워졌다.

인간 경영과 자기계발 분야의 탁월한 저술가 데일 카네기(Dale Carnegie)는 약 130여 년 전에 태어난 사람인데도 지금도 그의 책이 전혀 시대의 흐름에 어긋나지 않을 만큼 통찰력이 매우 뛰어난 사람이다. 그의 자기경영 비법서 《자기관리론》에서도 걱정에서 벗어나는 4가지 방법 중 하나로 최악을 상정하라고 한다.

피할 수 없는 문제라면 받아들이기로 마음먹고, 그 문제가 몰고 올 여파와 최악의 결말을 한번 그려보고 이것을 감당할 자신만 있으면 나가면 된다는 것이다. 그것만 각오하면 부딪힐 수 있는 문제들이고, 부딪혀보면 실제로는 문제의 실체는 대부분 훨씬 작다.

나도 이 방법을 잘 쓰곤 했다. 분명히 가야 하고 피할 수 없는 사명의 길이라면 어려워도 무조건 부딪쳐야 한다. 조금만 돌아가고 피해 가면 훨씬 더 편안할 거라는 유혹도 오지만 그것은 망하는 길이다. 피할 수 없는 길, 두려운 영적 모험과 부딪혀야 할 때 나는 노트를 꺼내서 최악의 상황을 다 써본다.

이 문제로 하나님 뜻대로 이 말씀을 가감없이 선포하면 누가 시험 들고 떠나려 할지, 이 문제로 어떤 일이 파생될 수 있으며 교회와 나는 어떤 손해를 입게 되겠는지, 최악의 경우 내가 어떻게 될 것인지 다 쓰고 읽어봐서 '그래, 이것만 내가 감당하면 되는 거지. 이 문제로 내가 최악으로 가봤자 이거 아냐? 그럼 감당할 자신 있어' 하면 가는 것이다.

해보니 결국 그 노트에 썼던 최악까지 갔던 경우가 거의 없다. 두려워서 못하고 있을 뿐이지 해보면 아무것도 아니다. 우리 교회에는 그 노트에 몇 번 이름이 쓰였지만 멋진 일꾼으로 변화되어 지금도 교회를 충성스럽게 섬기는 사람들이 많다.

빛 되신 주님이 내 인생에 들어오시면

옛날에 아버지가 전기도 버스도 안 들어오는 산골에서 첫 목회를 하실 때 비가 오나 눈이 오나 매일 4시 반이면 새벽기도에 나와 종을 치는 한 할머니 권사님이 계셨다. 이분은 항상 새벽 2시면 집을 나서서 산 두 개를 넘어오는데, 하루는 산에서 삵(고양이과의 포유류)과 마주쳤다. 조금만 움직이면 물리는 일촉즉발의 상황이라 권사님은 꼼짝 못 하고 긴장한 채 하나님께 살려달라고 기도하고 찬송도 속으로 부르며 대치하고 있었다.

그런데 동이 트고 밝아지면서 가만히 보니까 삵인 줄 알았던 그것이 바위였다. 바위가 꼭 살쾡이가 덤비려고 웅크린 모습처럼 보여서 그 앞에서 꼼짝도 못 했는데 해가 뜨고 그게 바위인 줄 알게 되니까 긴장이 풀려서 털썩 쓰러져 며칠 동안 몸살을 앓으셨다.

우리도 빛 되신 주님께서 내 인생에 들어오셔서 그 빛으로 실체를 확인하면 아무것도 아닌 것을 두려워할 때가 많다. 두려움과 하나님은 공존할 수 없는 빛과 어둠 같은 존재다. 어둠은 관념적인 것으로, 실체가 없다. 어둠이라는 것이 존재하는 게 아니라 빛이 없어지면 그곳을 어둠이라 부르는 것이다. 어둠과 빛이 싸우는 게 아니고, 빛이 들어오는 순간 어둠은 없어진다.

우리의 두려움이 그러하다. 빛이 오는 순간 어둠은 없어지듯이 하나님께서 내 안에 들어오시면 내 안에 가득 찼던 두려움은 있을 수가 없다. 하나님께서 내 가정에 들어오시고 우리 교회에 들어오시고 내 인생에 개입하시면 그때부터 두려움과 근심은 봄눈 녹듯 없어지고 내 안에 담대함만 살아난다.

2차 세계대전 중에 미군이 참전해서 죽은 숫자가 약 30만 명인데 전쟁지역이 아닌 안전한 미국에서 전쟁의 공포와 두려움으로 심장병에 걸려 죽은 사람이 2배나 많은 60만 명에 달한다고 한다. 문제보다 하나님이 더 크신데 우리는 문제보다 두려움이 더 커서, 진짜 맞장 떠서 싸우다 죽는 사람보다 두려워서 짓눌려서 죽는 사람이 더 많다. 언제까지 골리앗에게 쫄고 홍해 앞에 떨 것인가?

내가 만든 두려움의 허상에 빠져 스스로 쪼다처럼 살지 말고 믿음으로 눈을 들자. 하나님께 순종하지 못하고 실체를 확인하지 않으면 두려움만 커지지만, 하나님의 뜻과 말씀에 순종하면 하나님께서 이길 힘과 담대함을 주신다. 인생에 두려움 대신 믿음과 담대함이 자라나기를 바란다면 이제 문제 앞에서 도망치지 말고 당당하게 붙어보자. 십일조 하고 주일성수 한다고 죽지 않는다. 은혜의 자리 선택한다고 관계 끊어지지 않는다. 하나님 뜻대로 살아가면 세상이 무섭지 않다.

04

목적을 확인하라

예수께서 이르시되 너희 중에 어떤 사람이 양 한 마리가 있어

안식일에 구덩이에 빠졌으면 끌어내지 않겠느냐

사람이 양보다 얼마나 더 귀하냐

그러므로 안식일에 선을 행하는 것이 옳으니라 하시고

마 12:11,12

고양이가 없어져서 기도를 못 한다?

30년 동안 정오가 되면 강대상 앞에 엎드려 기도하는 신실한 목사님이 계셨다. 폭설이 내려도 태풍이 와도 기도를 향한 발걸음은 멈춘 적이 없었다. 12시만 되면 기도하러 가는 발걸음에 사람들이 시간을 맞춰도 될 정도로 정확하신 분이었다.

그런데 어느 날부터인가 그 목사님이 기도의 자리에 나타나지 않았다. 며칠째 목사님이 나오지 않자 마을 사람들까지 도대체 무슨 일이 생겼나 웅성대며 걱정하기 시작했다. 결국 교인 몇 사람이 찾아나섰는데 목사님이 교회에서 멀지 않은 담벼락 밑을 서성이고 계셨다. 대체 왜 목사님답지 않게 며칠째 정오 기도를 중단하고 이러고 계시냐고 걱정스레 물었더니 목사님이 "저도 지금 미치겠어요. 고양이가 없어져서…"라며 탄식했다.

실은 얼마 전에 목사님이 어미에게 버림받은 길고양이 새끼 한 마리를 발견해 돌봐주기 시작했다. 죽어가던 새끼 고양이는 살아나 목사님을 어미처럼 따랐는데 평소에는 귀엽고 괜찮지만 기도할 때마다 따라와 야옹야옹 울면서 문을 긁어대니 자꾸 신경 쓰여서 목사님이 기도에 집중할 수 없었다.

그래서 고양이를 묶어놓고 기도하러 들어오곤 했는데 며칠 전부터 이 고양이가 보이지 않았다. 고양이를 묶어놔야 기도하러 들어갈 수 있는 데 고양이가 없어져서 묶어놓지 못하니 기도의 자리로 들어갈 수가 없다 고, 그래서 빨리 고양이 좀 같이 찾아달라는 것이었다.

고양이를 묶어놓는 것은 기도에 집중하기 위해서였는데 그 일을 반복하며 그 행위에만 집중하다 보니 어느 순간 그렇게 묶어놓는 이유를 잊고 만 것이다. 고양이가 없으면 그냥 기도하면 된다. 그 곤란했던 목사님의 문제는 목적을 확인하는 순간 간단하게 풀릴 수 있다.

신앙생활에서도 교회에서도 이런 어처구니없는 고양이 사건같이, 왜 그렇게 하는지도 모른 채 종교의식과 일과를 열심히 반복하는 경우가 너무나 많다. 당신도 신앙생활, 사역, 직장, 가정 등에서 형식에 매몰되어 수박 겉핥기식으로 반복하는 것들이 있다면 지금 하는 일들의 목적과 핵심은 무엇인지 스스로 질문을 던지며 깨어나기 바란다.

바리새인들의 안식일 논쟁

예수님을 늘 못마땅해했던 바리새인들은 자신들을 거룩한 자로 철저히 구분하고 율법 및 선조들의 전통과 규례를 존중하며 일상생활의 사소한 데 이르기까지 이 율법을 지키는 것을 의(義)라 여겨 열심을 다한 사람들이다. 그들은 율법에 총 613개의 조항(248개는 긍정적 조항, 365개는 부정적 조항)을 두고 철저히 지켰다.

그중 하나가 안식일을 거룩하게 지키라는 계명 아래 안식일에 노동하지 않는 세부적인 규칙들을 정한 '안식일 노동 금지'의 규례였다. 그들은 안식일은 안식, 일하지 않는 것에 초점을 두고 절대로 노동하지 않는 것을 중요하게 여겼다. 그러자면 무엇이 노동인지 생각해야 하니 불을 켜는 행위는 노동인가 아닌가, 걷는 것은 멀리 갈 수도 있고 몇 걸음 잠깐 걸을 수도 있는데 그럼 몇 보 이상을 걸으면 노동인가, 그런 사소한 행위들까지도 규례를 정했다.

그런데 예수님이 노동에 해당하는 치료행위를 하시는 것이었다. 안 그래도 어떻게든 예수님을 잡아넣으려고 기회를 엿보던 터에 아주 좋은 건수가 생긴 것이다. 예수님은 예수님을 비방하며 잡아넣을 궁리를 하는 그들에게 질문을 하나 던지셨다.

> 안식일에 선을 행하는 것과 악을 행하는 것, 생명을 구하는 것과 죽이는 것, 어느
> 것이 옳으냐 하시니 막 3:4

안식일이 뭐냐는 것이다. 안식일은 하나님이 그분의 백성들에게 진정한 쉼과 평안을 주시는 날이다. 아담과 하와의 범죄로 노동과 삶의 질고를 감당하며 살아가야 하는 인간에게 하나님은 마치 도피성처럼 안식일을 통해 쉼과 평안을 주려 하신 것이다.

안식일의 목적이 그러하다면 진정한 안식은 부유하고 풍족한 사람보다 소외되고 어려운 사람들에게 더욱 필요하다. 종들은 몸이 아프고 힘들어도 주인이 시키면 계속 일을 해야 하는데 안식일이 있어서 쉴 수 있었다. 그래서 소외되고 어려운 이웃에게 큰 도움이 되고 사랑을 전달할

통로가 바로 안식일이었다. 사회적 약자와 소외된 자들에게 적극적인 선행을 통해 쉼과 안식을 제공하는 것 또한 안식일의 참된 의미를 성취하는 것이다. 예수님이 손 마른 자를 고쳐 질병에서 자유케 하시고 진정한 평강과 쉼을 누리게 해주신 것은 진정한 안식의 가치였다.

손 마른 자를 고쳐주신 사건이 마태복음 12장에도 기록돼 있다. 회당에 손 마른 사람이 있는데 바리새인들이 예수님을 고발하려고 함정을 파고 안식일에 병 고치는 것이 옳으냐고 물었다.

> 예수께서 이르시되 너희 중에 어떤 사람이 양 한 마리가 있어 안식일에 구덩이에
> 빠졌으면 끌어내지 않겠느냐 사람이 양보다 얼마나 더 귀하냐 그러므로 안식일에
> 선을 행하는 것이 옳으니라 하시고 마 12:11,12

예수님은 안식일에 구덩이에 빠진 양이 있는데 "오늘은 안식일이니까 저건 죽어도 할 수 없다"라고 하는 게 옳으냐고 반문하셨다. 안식이 무엇인지 안식의 참된 목적을 확인했다면 이런 쓸모없고 소모적인 논쟁이 필요 없다는 것이다.

우리의 안식일 논쟁

가족들과 헤어져 홀로 살면서 막일을 전전하는 중년 남성이 있었다. 술을 많이 마시고 끼니도 간신히 해결하는 모습을 딱하게 여긴 어느 집사님이 그를 전도해 교회로 데려왔다.

교인들은 할 일도 많고 교회 생활도 익숙하지만 새로 온 사람들이 어디 그런가. 특히 그 분은 콤플렉스도 많고 뻘쭘해서 옆에 아무도 없으면 많이 힘들어했다. 그래서 집사님이 곁에서 그 분을 챙겨주다 보니 아무래도 교회 봉사를 잘 못하게 되었는데 사람들은 "순번 됐는데 왜 설거지 안 하냐, 왜 일을 안 하냐" 하며 집사님을 힘들게 했다.

그리고 그 분은 집에 돌아가면 종일 굶는 분이라 예배를 다 마치면 좀 이른 저녁이지만 식사를 꼭 대접해서 보내드리고 싶은데 그때마다 눈치를 보아야 했다. 교회 주변 식당에 가서 밥을 먹다가 목사님을 만나 완고하신 목사님께 "주일날 돈을 쓰고 밥을 사 먹는다"고 얼마나 혼나고 욕을 먹었는지. 그래도 그 분을 빈속으로 보낼 수 없어서 그다음부터는 울산 시내까지 나가서 사람들 안 보는 데서 밥을 먹이곤 했다.

이 얘기를 들으며 참 가슴이 아팠다. 주일의 목적만 제대로 알면 아무것도 아닐 일인데. 한 영혼을 살리는 일인데…. 우리는 주일을 지키는 자들이다. 주일은 주님 부활하신 그 기쁜 소식과 영원히 사는 소망을 즐거워하는 날이기에 어떤 처지와 환경과 형편 속에서도 기뻐 즐거워할 수 있는 날이라 믿는다. 그것을 외면하고 흉보고 눈치 주고 갈등하는 일이 오늘도 얼마나 많이 일어나고 있는지.

혹시 나도 바리새인 같은 모습으로 살고 있진 않은지 돌아보면 좋겠다. 진정한 예배의 목적, 인생의 목적, 신앙의 가치를 잃어버린 채 쓸데없이 지엽적인 비본질에 매달려 다투고 분열하고 갈등하는 건 아닌지. 내 삶과 신앙과 사역 가운데 그런 바리새인과 같은 모습을 발견하고 뜯어고치는 귀한 기회를 얻을 수 있기를 소망한다.

흔들린다면 다시 목적을 확인하라

목적을 확인하면 내면적으로는 복잡했던 갈등을 해결하게 되기도 하고, 외부적으로는 수많은 갈등과 유혹에 흔들리지 않는 힘을 얻을 수 있다. 목적을 확인한다고 갈등이 없어지지는 않는다. 갈등은 상존한다. 예수님이 목적을 분명히 밝히고 설명해주셔도 여전히 주변에는 논쟁하고 예수를 죽이고 고발하려 하는 자들이 있었다.

목적을 확인하고 진정한 목적의 방향으로 걸어간다는 것은 이제부터 내 삶과 신앙에 어떤 갈등도 유혹도 없어진다는 말이 아니라 여전히 유혹과 갈등, 비방이 있더라도 그것을 이겨낼 힘이 생긴다는 것이다. 마음이 완악하고 진정한 목적을 이해하지 못하는 자들의 공격과 갈등은 여전히 존재하지만, 그 때문에 흔들리거나 무너지고 절망하지 않도록 마음을 지킬 수 있다.

바리새인과 서기관, 사두개인과 헤롯당 같은 무리는 주변에 계속 있으면서 갈등을 빚는다. 그런 것에 자꾸 내가 휘둘린다는 것은 목적을 잃어버렸다는 것이다. 목적 확인은 옆에서 뭐라고 떠들든 흔들리지 않고 가게 하는 힘이기에, 마라톤에서 페이스를 조절하듯 목적을 분명히 확인하고 가면 갈등과 공격이 있어도 그것에 휘둘리지 않고 끝까지 갈 수 있다.

자신의 삶과 신앙과 일에서 왜 '고양이를 묶어놓는지' 목적을 확인하며 살고 있는가? 분주하게 뛰지만 말고 분명한 목적을 확인하라. 이것은 모든 면에 적용될 수 있다.

돈 버는 일에 미쳐 있다 보면 왜 돈을 버는지를 잊을 수 있다. 자식

잘되게 하려고 몸부림치다가 편법과 불법을 저지르는 사람들이 있다. 진정 자식이 잘되게 하려는 목적을 잃어버리니 자식에게 오히려 독이 되고 함정이 될 것들을 주면서도 그게 그들을 위한 것이라고 착각하는 것이다.

내가 왜 신앙생활하고 있는지, 왜 이 자리에 나와 예배하고 있는지 생각해보라. 한 번 한 번의 예배를 예배답게 드리고 있는지, 예배가 무심히 참여하고 헌금드리는 종교의식으로 변질되지는 않았는지 늘 점검해야 한다. 우리의 갈 길은 멀고 그 길에 수많은 갈등과 위협과 유혹들이 있는데 거기서 이겨낼 수 있도록 늘 목적을 확인하고, 고양이 묶는 데만 정신 팔지 않도록 해야 한다.

목적을 확인하기 위해 "왜?"를 물어라

사역과 사명의 진정한 목적을 확인하기 위해서는 '나는 무엇 하는 사람인가?', '나는 이것을 왜 이렇게 열심히 하고 있는가?' 이렇게 "왜?"라는 질문을 자신에게 계속 던져야 한다. '열심'이 선(善)인 것이 아니다. 열심히 하는 그 목적을 반드시 확인하고 방향을 점검해야 한다. 어떤 때는 사역과 목회 그 자체가 목적이 되기도 한다. 고양이 묶어놓으려고 찾아다니는 목사님처럼 고양이 묶어놓는 행위가 목적이 돼버린다.

목회자로서도 나는 항상 질문한다. 목사는 뭐 하는 사람이어야 하는지, 나는 왜 목사가 됐는지, 왜 목회를 하고 있는지, 지금 왜 이렇게 분노하고 있는지, 왜 이렇게 가슴 아픈지. 너무 바쁘다면 내가 왜 이 사역을 이렇게 분주하게 하고 있는지, 왜 이렇게 미치도록 열심히 이 일을 하고 있는지 묻고 돌아보아야 한다. 혹시 목회 자체가 목적이 되고, 교회의 존립과 경영이 목적이 된 것은 아닌지, 교회를 유지하고 경영하기 위해 목회와 하등 상관없는 일로 바빠진 것은 아닌지….

나 또한 그것이 두려워서 항상 "하나님, 이거 옳습니까? 제가 이렇게 설교하는 게 맞습니까? 아니라면 언제든지 사인을 주십시오. 더 어렵고 힘든 길이라도 허락해주십시오. 방송이고 사역이고 다 내려놔도 좋습니다. 이것에 매몰되지 않게 해주세요" 하고 기도한다.

사역에 매몰되면 사역을 위한 사역을 하게 된다. 그 사역 끊길까 봐 전전긍긍하고 어떻게든지 그 사역을 유지하려고 막 인간적인 방법을 쓰게 된다. 그러면 그 사역은 이상하게 인본주의로 변질되고 만다. 항상 내려놓을 준비를 하고서 사역해야 한다.

설교의 목적은 하나님을 기쁘시게 하는 것이다. 하나님이 지금 우리에게, 이 시대에 원하시는 말씀이 있다. 그 말씀을 통해 삶을 송두리째 바꿀 기회를 주기 원하신다. 그 말씀을 받아 잘 전달하는 것이 설교를 '잘하는' 것인데 어느 순간 설교를 '잘해야' 한다는 생각에 사로잡히면 그 욕구가 오히려 제대로 된 설교를 가로막을 수 있다.

어느 날 내가 설교를 너무 잘하려고 하는 것이 느껴져 "왜?"라는 질문을 던졌더니 설교를 잘하는 것을 목회자로서의 성실함을 인정받는, 내가 신실하고 정직하게 목회하고 있다고 증명받는 일로 여겨서 그것에 대해 조금도 흠을 두지 않으려고 열심히 한 것 같았다.

물론 그게 나쁜 것은 아니지만 하나님이 주신 그 말씀과 감동을 전하려 하는 마음이 더 중요하다. 그래서 내가 은혜받지 못해서 내 가슴이 뛰지 않고 내가 눈물 나지 않는 설교는 찢어버리고 다시 준비한다. 열심히도 하지만 그게 다가 아니라 그 마음으로, 진심으로 설교해야 하기 때문이다.

사람과 싸우지 말고 목적을 붙들어라

> 레위가 예수를 위하여 자기 집에서 큰 잔치를 하니 세리와 다른 사람이 많이 함께 앉아있는지라 바리새인과 그들의 서기관들이 그 제자들을 비방하여 이르되 너희가 어찌하여 세리와 죄인과 함께 먹고 마시느냐 눅 5:29,30

예수님이 레위의 집에 들어가시자 바리새인과 서기관들이 또 공격을 해왔다. 레위는 세리였는데 당시 창녀와 더불어 죄인의 상징이었던 세리의 집에 들어가시니 죄인의 집에 머물렀다, 죄인과 함께한다며 공격을 해댔다. 그런데 예수님은 그들과 싸우지 않으셨다. 항상 그렇듯 예수님은 그분을 공격하는 자들과 싸우지 않으시고 목적만 얘기하셨다. 안식일 논쟁에서도 안식일의 목적을 말씀하셨고 이번에도 목적으로 답하셨다.

> 예수께서 대답하여 이르시되 건강한 자에게는 의사가 쓸 데 없고 병든 자에게라야 쓸 데 있나니 내가 의인을 부르러 온 것이 아니요 죄인을 불러 회개시키러 왔노라 눅 5:31,32

'죄인을 불러 회개시키는 것'이 목적이었다. "나는 이거 하러 온 사람이야. 그게 어때서?" 이렇게 목적을 확인하니까 다툴 일이 없고, 갈등은 상존하고 공격은 계속 와도 그것을 이기고 끝까지 갈 힘이 생긴다. 우리는 싸워 이겨야 갈등이 없어질 것 같아서 맨날 바리새인과 싸우고 유혹과 싸운다. 안 된다. 갈등과 유혹은 죽을 때까지 온다. 갈등의 요소들과 붙어서 사람과 싸우지 말고 "이 목적이 분명하지? 이 길이 맞지?" 하고 목적을 확인하면서 끝까지 가면 된다.

목적을 회복하면 놓쳐버린 가치들도 회복된다

목적을 확인하는 것은 내가 놓치고 살아온 소중하고 진정한 가치들을 다시 회복할 기회가 된다.

> 화 있을진저 외식하는 서기관들과 바리새인들이여 너희가 박하와 회향과 근채의 십일조는 드리되 율법의 더 중한 바 정의와 긍휼과 믿음은 버렸도다 그러나 이것도 행하고 저것도 버리지 말아야 할지니라 … 화 있을진저 외식하는 서기관들과 바리새인들이여 회칠한 무덤 같으니 겉으로는 아름답게 보이나 그 안에는 죽은 사람의 뼈와 모든 더러운 것이 가득하도다 이와 같이 너희도 겉으로는 사람에게 옳게 보이되 안으로는 외식과 불법이 가득하도다 마 23:23,27,28

마태복음 23장 23절부터 예수님은 외식하는 서기관과 바리새인들을 강하게 질책하셨다. 그들은 박하와 회향과 근채의 십일조까지 드리는 자였다. 이것들은 허브 잎사귀 같은 것인데 그 잎을 따면 한 장 한 장 세어 그 십일조까지 철저하게 드렸다는 것이다. 그런데 더 중한 바, 즉 정말 그 가운데 들어 있어야 할 정의, 긍휼, 믿음이라는 더 중요한 가치는 형식 가운데 빠져있다는 것이다. 바리새인의 외식처럼 우리의 신앙과 사역도 팥 없는 붕어빵같이 껍데기만 그럴싸하고 이 중요한 가치들이 빠져 있지는 않은가?

예수님은 이어서 먼저 안을 깨끗이 하라(26절) 하시고 27절에서 그들의 삶과 신앙이 회칠한 무덤 같아서, 겉으로는 깨끗하고 정갈해 보이나 그 안에는 더러운 것이 가득하다고 하신다. "겉으로는 사람에게 옳게 보이되 안으로는 외식과 불법이 가득하도다"라는 말씀을 읽으면서 나는 요즘 내가 꼭 이렇지 않나 하는 생각을 해보았다.

나는 사람들에게 실망스러운 모습을 보이는 것이 싫어서 겉으로는 교회가 좋아하고 사람들에게 인정받을 수 있는 모습으로 살았다. 집회 가서도 나를 스스로 감옥에 가둔 듯 조금도 흠 잡히지 않게 살았다.

그러나 내 안에는 짜증도 있고 분노와 혈기, 정욕과 탐욕 이런 더러운 것들이 가득 차 있는데도 그것을 숨기며 선하고 신실한 척 살아왔다. 사역에 대한 열심 안에 하나님의 기쁨 되기 위한 진실함이 있어야 하는데 사역의 분주함 속에서 점점 내가 사람들에게 인정받고 욕 먹지 않기 위한 행위들로 나를 싸매기 시작한 것이다.

'그래, 이게 진짜가 아니지. 진짜는 하나님의 기쁨 되는 거지! 내 인생과 사역의 목적은 하나님의 영광됨이지!'

내 안에 진짜가 있기 위해서는 목적을 확인해야 했고, 그랬더니 놓칠 뻔했던 진짜 소중한 가치를 회복하게 되었다.

목적을 알면 지혜롭고 좋은 선택을 할 수 있다

목적을 확인하면 가장 합리적이고 최선의 길을 선택하는 지혜를 얻는다. 내가 이걸 왜 하고 있는지 자꾸 물어보면 그 상황에서 가장 합리적인 최선의 선택을 할 수 있게 된다.

누가복음 10장에서 예수님이 마르다의 집에 들어가셨는데 예수님을 섬기고 영접하기 원하는 마르다와 예수님의 말씀을 듣기 원하는 마리아 사이에 갈등이 있었다. 그 갈등이 어떻게 해결되는가?

> 주께서 대답하여 이르시되 마르다야 마르다야 네가 많은 일로 염려하고 근심하나 몇 가지만 하든지 혹은 한 가지만이라도 족하니라 마리아는 이 좋은 편을 택하였으니 빼앗기지 아니하리라 하시니라 눅 10:41,42

좋은 것을 하라는 것이다. 혹자는 마르다를 잘못된 신앙을 가진 사람처럼 얘기하는데, 마르다처럼 전심으로 주님을 섬기는 이것도 좋은 일이고 마리아처럼 주님의 말씀을 듣는 것도 좋은 일이다. 다만 목적이 다른 것이다. 그럼 그것에 대한 가장 합리적인 선택은 무엇일까. 지금은 말씀 들을 때지 이거 할 때가 아니라는 것이다. 마리아는 목적을 확인하고 가장 선한 것을 선택하였으니 이는 빼앗기지 않으리라는 것이다.

교회를 개척한 초창기에 우리 교회에는 예배당 외에는 주방도 없고 식사할 공간도 없어서 반찬 대충 싸 오고 교회에서 밥만 하여 교회 앞마당에서 식사 교제를 했다. 그런데 축도 끝날 때 가장 맛있게 밥이 되게 한다고 권사님 한 분이 꼭 내가 설교 들어갈 때 취사 버튼을 누르는데 혹시 설교가 좀 길어지면, 딱 은혜받고 감동받을 바로 그때 "치이~~~~" 하고 압력밥솥 증기 배출하는 소리가 나면서 김을 다 빼는 것이었다. 게다가 밥 되자마자 밥을 떡지지 않게 주걱으로 저어줘야 한다고 자리를 뜨니 내가 여기 밥 먹으러 왔냐고, 나가라고 맨날 호통을 치곤 했다(그래도 아랑곳하지 않고 맛있는 밥에 목숨 거는 권사님 때문에 이런 일은 1년 정도 계속되었다).

목적을 확인해야 한다. 물론 교제도 식사도 다 중요하지만 교회 온 가장 중요한 목적은 예배다. 맛집도 아니고 교회 왔으면 예배를 제대로 드리고 말씀을 들어야 하지 않는가. 목적을 확인하면 가장 합리적이고 가장 좋은 선택을 할 수 있는 지혜가 주어지지만 목적을 놓치면 가장 좋은 선택을 놓칠 수 있다.

무엇을 보러 나왔는가

그들이 떠나매 예수께서 무리에게 요한에 대하여 말씀하시되 너희가 무엇을 보려고 광야에 나갔더냐 바람에 흔들리는 갈대냐 그러면 너희가 무엇을 보려고 나갔더냐 부드러운 옷 입은 사람이냐 부드러운 옷을 입은 사람들은 왕궁에 있느니라 그러면 너희가 어찌하여 나갔더냐 선지자를 보기 위함이었더냐 옳다 내가 너희에게

이르노니 선지자보다 더 나은 자니라 기록된 바 보라 내가 내 사자를 네 앞에 보내

노니 그가 네 길을 네 앞에 준비하리라 하신 것이 이 사람에 대한 말씀이니라

마 11:7-10

　당신이 교회에 나오는 이유는 무엇인가? 교회에 무엇을 보러 나오는가? 확인하라. 사람 보고 교제하러? 교회 봉사하러? 목사 보러? 아니다. 말씀 들으러, 주님 만나러 나오는 것이다. 그 목적이 흔들리지 않아야 허접한 인생의 방황이 끝난다.

　사람은 부족하고 관계 속에서 연약함이 있기에 사람 만나러 다니고, 관계'질' 하러 다니고, 감정'질' 하러 다니고, 물질의 유익 따라 다니면 만족을 얻지 못하고 늘 떠돌게 된다. 그러나 하나님은 언제나 동일하시니 주님 만나고 말씀 들으러 나오면 실망이 없다.

　목적을 확인하고 확실히 하여 끝까지 나아갈 힘과 가장 좋은 것을 선택하는 지혜와 중요한 것을 회복하는 기회를 놓치지 않길 바란다.

05

상대방을 이해하라

비판을 받지 아니하려거든 비판하지 말라

너희가 비판하는 그 비판으로 너희가 비판을 받을 것이요

너희가 헤아리는 그 헤아림으로 너희가 헤아림을 받을 것이니라

마 7:1,2

쌍라이트의 의미를 알았더라면

영국은 수백 년 전 형성된 길과 건물이 그대로 유지돼있고 길이 협소해서 운전을 하려면 서로에게 양보와 배려가 꼭 필요한 나라다. 그래서 누가 무단횡단을 해도, 물론 그 사람이 잘못한 것이지만, 일단은 무조건 멈추고 배려할 정도로 교통문화가 아주 성숙해있다.

영국 유학 시절, 얼마간 선배의 낡은 자동차를 운전하다 아주 좁은 골목에서 어떤 차와 맞닥뜨린 적이 있다. 나는 원래 양보를 잘하는 편이라 당연히 피해주려고 핸들을 꺾는데 그 차가 '쌍라이트'를 켜는 게 아닌가! 갑자기 자존심이 확 상하고 비켜줄 마음이 사라진 나는 같이 쌍라이트를 켜고 핸들을 반대로 돌렸다.

그런데 그 차가 내 쪽으로 밀고 들어오는 거였다. 그때는 내가 아직 자아가 시퍼렇게 살아있을 때라 '어라? 내가 동양인이고 어리다고 무시하는 건가? 오늘 사건 한 번 터지겠는데!' 하며 열 받아서 같이 밀고 들어갔다. 그랬더니 그 차가 또 라이트를 켜고, 나도 켰더니 그 차가 밀고 들어오고, 나도 밀고 들어가니 그 차가 라이트를 켜고⋯. 나중에는 그 백인 운전자가 막 난리를 쳤는데 어찌어찌해서 겨우 내가 먼저 지나갔다. 나의 승리였다!

그다음 주에 교회 모임에서 내가 자랑스럽게 이 얘기를 했다. 문신 많은 뚱뚱한 백인이 나한테 막 그랬는데 나는 겁먹지 않고 같이 쌍라이트를 켜면서 끝까지 저항해서 이겼노라고. 그런데 선배들이 "어머, 어떡해" 하며 안절부절못하는 것이었다.

알고 보니 영국과 한국의 '쌍라이트'의 의미가 달랐던 것이다. 우리는 쌍라이트가 "비켜!" 내지는 보복 운전의 뜻인데 영국은 "you first", 즉 내가 양보할 테니 당신 먼저 가라는 뜻이다. 그때 상황을 복기해보니 내가 얼마나 부끄럽던지….

그 백인(거친 깡패인 줄 알았더니 실은 영국 신사였다)이 보니 운전도 서툰 동양인이 그 좁은 길에서 자기가 피하려고 하기에 "괜찮아요. 당신 먼저 가세요"(쌍라이트)라고 했다. 그런데 내가 "제가 양보할게요"(쌍라이트) 해서 먼저 지나가려고 다가갔더니 내가 비키지도 않고 버틴 것이다. 그래서 그가 다시 "그럼 당신 먼저 가세요"(쌍라이트) 하니 내가 "아뇨, 먼저 가시라고요!"(쌍라이트)라며 여전히 길을 막고, 그렇게 한참 실랑이한 것이다. 가만히 생각해보니 그 분이 내게 욕을 한 게 아니라 거의 울면서 갔다. 얼마나 답답했을까.

상대방의 입장을 이해하니 간단히 풀려버리는 문제인데 그걸 모르고 내 기준과 내 관점으로만 생각해서 오해하여 갈등을 빚었다. 이제 내 기준에서 오해를 쌓지 말고 상대방의 기준에서 이해를 쌓아서 모든 막혀있는 문제들을 풀어내자. 온전히 알고 이해하면 오해가 풀리고 엉켜 있던 문제들이 풀린다. 그렇다면 올바른 '이해'란 무엇일까.

상대방의 입장에서 바라보자

사람들 대부분은 사고와 판단, 결정의 기준이 나 자신에게 있다. 그런데 이해는 그 기준을 상대방에게 주어 상대방의 입장과 관점에서 생각하고 판단하는 것이다.

초대 교회가 할례의 문제로 엄청난 신앙적 갈등과 분열의 위기를 겪고 있었다. 지금 우리에게는 당연한 얘기지만, 당시 아브라함의 혈통이라는 자부심과 선민사상을 가지고 할례를 하나님의 백성이라는 아주 중대한 증표로 생각한 유대인에게 "할례나 무할례가 아무것도 아니"(고전 7:19, 갈 6:15 참조)라는 당시 그리스도인들의 주장은 용납할 수 없는 어려운 문제였다. 이 문제에 사도 바울이 어떤 마인드로 접근하는가.

> 내가 모든 사람에게서 자유로우나 스스로 모든 사람에게 종이 된 것은 더 많은 사람을 얻고자 함이라 고전 9:19

바울은 모든 것에 자유할 권리가 있는 자유로운 사람인데도 스스로 종이 됐다고 한다. 그 말은 남을 나보다 높게 여기고 내 뜻을 굽히겠다는 선언이다. 종은 자기주도권이 없는 사람이다. 자기감정과 가치관, 기준과 잣대를 완전히 내려놓고 주인의 뜻이 자기의 뜻이 되는 사람이다. 즉, 그는 자주권을 갖고 있으면서도 오직 하나, 복음을 전하는 일을 감당하기 위해서 그것을 스스로 포기한 채 여러 모습이 되어 상대방의 기준으로 관계를 이어가겠다는 것이다.

이것은 부정적인 의미의 박쥐나 카멜레온처럼 타협하겠다는 것이 아니다. 유대인에게는 유대인으로서, 율법 아래 있는 자에게는 그와 같은 모습으로 다가가 복음을 전한다는 것이다. 또한 그는 율법의 전통을 잘 지켜온 사람이지만 율법 없는 자들에게는 마치 율법 없는 사람처럼 다가가고, 그의 믿음은 강하고 신실하지만 믿음이 연약한 자를 만날 때는 연약한 자의 입장과 관점으로 그들을 대한다는 것이다.

바울은 내가 주인일 수 있었지만 종으로서 기준을 상대방에게 주고 그의 기준에 자신이 맞춰주었기에, 당시 교회의 이 큰 문제들이 그에게 문제가 되지 않았다. '평생 율법 아래 있던 자의 입장에서는 그럴 수 있겠구나. 율법 없는 자에게는 할례가 그리 중요하지 않은 겉치레 형식일 수도 있겠구나. 믿음이 연약한 사람에게는 이것이 힘든 도전일 수 있겠구나' 하고 이해했기 때문이다.

내가 여러 사람에게 여러 모습이 된 것은 아무쪼록 몇 사람이라도 구원하고자 함이니 내가 복음을 위하여 모든 것을 행함은 복음에 참여하고자 함이라 고전 9:22,23

그래서 여러 상황을 만나고 다양한 사람을 대할 때 자기는 없고 그 상대방의 입장과 관점과 기준으로 다가가는데, 그렇게 함으로써 복음이 확장되니 자기는 괜찮다는 것이다. 이것이 바로 복음에 참여하는 것이며, 이것이 바로 예수님의 뜻이자 삶의 본이셨다.

나만 아픈 것이 아니다

그 마음이 바로 신앙인의 마인드이자 하나님의 일을 맡은 사역자의 마인드가 되어야 한다. 왜 사역자들이 맡겨주신 영혼을 잘 챙기지 못하고 깨뜨리는가? 내 기준을 움직이지 않기 때문이다. 항상 내 입장에서만 보니 상대방이 답답하고 이해되지 않는 것이다.

갈등은 그렇게 자기 기준을 내려놓지 않고 자기 기준으로 접근할 때 생긴다. 초대 교회뿐 아니라 지금도 교회 안에, 그리고 교단 간, 교파 간, 교회 간에 갈등이 빈번한 까닭 또한 기준을 나, 우리 교회, 우리 교단, 그리고 내가 지키고 있는 원칙 앞에 딱 고정시키고 움직이지 않기 때문이다. 교회 안에서도 상대방의 입장과 기준으로 생각하고 배려해주는 성숙이 필요하다.

내가 만든 말인데 교회 안에 '한나 콤플렉스'가 너무 많다. 다들 자기만 피해자고 자기만 아픈 줄 안다. 한나의 입장에서 읽으면 늘 한나가 브닌나 때문에 마음이 심히 괴롭고 격분(삼상 1:6)되었다고 생각하지만, 그렇지 않다. 브닌나도 아프다. 당신이 브닌나라면 정말 속상하고 서운하지 않겠는가? 브닌나를 싫어했더라도 그 사람의 입장이 돼보면 '그럴 수 있겠구나' 하고 이해할 수 있을 것이다.

이해는 그렇게 입장을 바꿔서 보는 것이다. 똑같은 상황이라도 각자 사정과 입장이 다르고 누구든 다 아프다. 관점과 기준을 한번 상대방에게 넘겨보라. 부모와 자녀가, 부부간에, 모든 상호관계에서 서로 기준을 넘기고 입장을 바꿔보면 '아, 그럴 수도 있겠구나' 깨달아질 것이다. 그것이 안 되면 항상 "요즘 녀석들은!", "아버지는 꼰대야!" 이렇게 계속 분통 터지고 억울함만 쌓여갈 것이다.

너무 쓸데없이 에너지가 낭비되어 교회가 시끄럽다. 교회끼리 교단끼리 경쟁하고 교회 내에서 다툴 필요가 없는데 하나님의 일 하면서 맨날 싸우고 말 같지도 않은 것으로 갈등하고 분열하는 것이 너무너무 속상하다. 교회 안에서, 또 교회 간에 서로 이해하고 이 에너지를 온전히 모아 하나님의 뜻과 하나님나라의 확장과 주님의 사명과 비전을 위해서 힘쓰면 얼마나 좋겠는가.

나와 너보다 하나님이 먼저다

우리가 서로 상대방의 입장을 이해하고 배려하는 것은 물론 바람직하고 맞지만, 최종의 권위와 기준은 하나님이 되셔야 한다. 그래서 '하나님의 입장에서는 어떠실까'를 생각하고, 내가 하나님을 기쁘게 하는 자인가 사람을 기쁘게 하는 자인가를 생각해야 한다.

> 이제 내가 사람들에게 좋게 하랴 하나님께 좋게 하랴 사람들에게 기쁨을 구하랴 내가 지금까지 사람들의 기쁨을 구하였다면 그리스도의 종이 아니니라 갈 1:10

사람을 좋게 해서 사람과의 관계를 우선시하고 사람의 기분만 맞추는 것은 좋은 것이 아니다. 흔들리지 말아야 할 기준은 '하나님'이다. 우리는 완벽할 수 없고 하나님 마음을 다 이해하지도 못하지만 그래도 하나님의 입장과 기준에서 이해하려고 노력하고 몸부림쳐야 한다.

내가 옛날 개척 초기에 교회에 직분자를 세우려다가 1,2주 남기고 다 취소시킨 적이 있다. 그때 교회를 나간 사람도 있었다. 그런데 그것은 직분이 뭐냐는 기본적인 문제부터 잘못된 것이다. 하나님께 직분은 하나님께서 일 시키려는 것이다. 주인이 일을 시키려고 했는데 그 종이 준비되어 있지 않아서 일을 못 시켰다면 누가 화낼 일인가? 그 종이 "나보고 마중 나가라고 해놓고 왜 가지 말래요?"라며 주인에게 화내는 것이 합당한가? 오히려 자기가 죄송해해야 하는 것 아닌가?

직분은 무슨 명예나 계급이 아니다. 일을 시키려고 했는데 준비가 안 되어 직분을 못 주었다면 하나님이 화나고 교회가 화나서 그들이 죄송하고 부끄러워해야 하는데 거꾸로 돌아가는 교회가 많다. 본질을 이해하지 못하기 때문에 이렇게 말도 안 되는 일들이 교회에서 분열과 분쟁의 씨앗이 되고 있다.

이해는 내 기준을 상대방에게 주는 것이라 했다. 하나님과의 관계에서도 하나님의 입장을 이해하려고 내 삶의 기준을 하나님께 드리는 것이 중요하다. 그것이 가장 잘 사는 인생이고 내 인생의 궁극적인 목적이며, 믿음이 있을 때 그렇게 드릴 수 있다.

믿음은 내게 주어진 상황과 처지 형편을 하나님의 관점으로 하나님의 시선으로 이해할 수 있는 영적 해석 능력이다. 믿음이 좋다는 것은 자꾸 하나님의 기준으로 이해하려고, 하나님의 기준으로 생각해보고 해석하려고 노력하는 것이다. 그렇게 하나님을 이해하게 되고 주의 종을 이해하고 말씀을 이해하게 되는, '오해' 아닌 '이해'의 아름다운 인생이 되기를 축복한다.

버려야 할 마음속의 개 두 마리

이해는 기준을 상대방에게 옮기는 것이고, 또한 내가 일부분만 알고 있는 것으로 판단하지 않고 온전히 알려고 노력하는 것이다. 일부분만 아는 것을 가지고 판단하는 게 바로 오해일진대, 내가 아는 작은 부분의 한 면만 보고 그 사람과 상황, 그 공동체를 판단할 것이 아니라 이해하려고, 즉 온전히 알려고 노력하는 성숙함이 있길 바란다.

우리는 마음에 못된 개 두 마리를 키우고 있다. 그 개의 이름이 한 마리는 '편견'이고 또 한 마리는 '선입견'이다. 이 편견과 선입견이 너무 사납게 짖어 대서 좋은 사람과의 관계를 깨뜨리고, 사람들이 다가올 수 없고 말씀이 다가올 수 없게 한다. 이 개들의 먹이는 미움과 혈기인데 이것을 자꾸 먹이면 개들의 덩치가 너무 커져서 내 생각과 사고와 마음을 완전히 장악하게 되니 먹이를 주지 말고 빨리 처분해야 한다.

정말 우리가 키워야 할 개는 편견과 선입견이 아니라 '백문이 불여일견'이다. 내가 경험해보고 직접 만나보고 온전히 그 사람을 이해하고 나서 생각하고 판단해도 늦지 않다. 접해보고 가까이 가보고 내가 직접 경험해 봐야 그 사람의 진면목을 알고 그 사람이 왜 그럴 수밖에 없었는지를 이해하게 된다. 우리는 어쭙잖게 보이는 일부분만 가지고 다 판단하려 드는데 그런 성급함은 결국 나의 부끄러움으로 되돌아오게 된다.

> 비판을 받지 아니하려거든 비판하지 말라 너희가 비판하는 그 비판으로 너희가 비판을 받을 것이요 너희가 헤아리는 그 헤아림으로 너희가 헤아림을 받을 것이니라
>
> 마 7:1,2

비판을 쌓아가면 결국 내가 받을 비판이 늘어나게 된다. 반대로 헤아림을 쌓아가면 내가 쌓아놓았던 헤아림을 저축처럼 나중에 내가 갖다 쓸 수 있다. 하나님께서 정확하게 그만큼 약속하신 것이다. 정확하게 내가 그 용서와 헤아림을 받을 수 있는 그 대상이 또한 될 수도 있다는 것이다. 편견이 얼마나 무서운가. 내가 알고 있는 일부분의 모습만으로 판단하는 것이 얼마나 두려운 일인가.

이해하면 용납된다

실제로 있었던 일이다. 지하철에서 어린아이 3남매가 어디를 다녀왔는지 진흙발로 온 객차 안을 더럽히며 돌아다니고 시끄럽게 떠들어서 사람들이 화가 나기 시작했다. 제일 큰 애가 6,7세 정도밖에 안 되어 보이는 철부지 아이들보다 그런 아이들을 무책임하게 놔두며 방관하는 그들의 젊은 아빠에게 더 화가 났다.

결국 참다못한 승객 한 사람이 그 아빠에게 화를 냈다. 당신 자식만 귀하냐고, 당신 애들 때문에 지금 다른 사람을 이렇게 불편하고 힘든 거 안 보이냐고. 어째 젊은 사람이 이렇게 무책임하냐고. 그러자 그 아빠 되는 젊은 남자가 화들짝 놀라더니 "아, 죄송합니다!" 하고 연신 허리를 굽혀서 사과하는 것이었다.

사실 그런 류의 몰상식한 사람이라면 으레 적반하장으로 "당신이 뭐 보태줬어?" 하며 오히려 큰소리를 칠 텐데 깜짝 놀라서 미안해하니 그 모습에 사람들이 놀랐다.

그런데 젊은 아빠가 사과하면서 자기 이야기를 하는데, 실은 그 철부지 3남매의 엄마가 이 생때같은 자식들을 두고 얼마 전에 죽어서 오늘 아이들을 데리고 아내의 묘지에 다녀오는 길이었다는 것이다. 그래서 아이들의 신발은 온통 흙투성이였고, 이 남자는 이제 아내 없이 엄마 없이 이 어린 자녀들을 키울 걱정과 허망함에 넋이 나가서 아이들이 소란 피우는 것도 깨닫지 못했던 것이다.

그런데 아이들이 계속 소리를 지르고 진흙발로 객실 내를 돌아다니며 사람들에게 민폐를 끼치는 것은 여전한데, 한 가지가 달라졌다. 사람들이 이해를 한 것이다. 그래서 상황은 똑같은데 사람들이 그 아이들을 달리 대하기 시작했다. 안아주고 쓰다듬어주고 어떤 사람은 눈물로 그 아이들을 위해 기도해주고 축복해주었다.

우리는 화내고 갈등하고 분열하는 이유를 상황의 문제나 몰상식의 정도라고 생각한다. 그런데 실은 이해의 유무일 수 있다. 상황이 그대로여도 이해하면 용납할 수 있다. 지금 내가 이해하지 못하고 용납하지 못하는 부분이 있다면 대뜸 먼저 비판하거나 정죄하지 말고 '저 사람에게 (저 상황에) 뭔가 내가 모르는 어떤 이유가 있겠지'라고 성숙하게 그 공간을 남겨두고 조금 기다려주면 좋겠다. 내가 다 안다고 생각하는 교만의 열매가 편견이고, 내가 모르는 무언가가 더 있다는 것을 인정하는 것이 바로 겸손이다.

내가 모르는 무언가가 더 있다

일부분만 알면서 마치 모든 것을 아는 양 내가 판결하고 규정짓는 것이 교만이고 편견이다. 내가 모르는 부분이 더 있다! 우리는 그것을 인정해야 한다.

연극·영화, 커뮤니케이션 분야에서 쓰이는 용어 중에 '콜드리딩'(Cold Reading, 상대에 대한 아무런 사전 정보가 없는 상태에서 상대의 속마음을 알아내는 기술)이라는 말이 있다. 아주 쉽게 예를 들면 무당이 이런 식으로 하는 것이다.

"네 집 앞에 감나무 있지?"

"없는데요?"

"있었으면 큰일 날 뻔했어."

"친척 중에 물에 빠져 돌아가신 분 있지?"

"아니요, 없는데요?"

"네가 모르는 무언가가 더 있어!"

"네가 모르는 무언가가 있어!"

무당들도 아는 것을 우리만 모른다. 내가 모르는 무언가가 있다. 우리가 다 아는가? 날고 기는 과학 지식, 세계적인 모든 정보를 다 모아도 삶 가운데 일어나는 일들을 다 해석할 수는 없다. 이게 우리의 한계인데 사람들은, 특히 목회자와 사역자와 우리 성도들은, 너무 자기가 다 안다고 생각하고 자기가 아는 걸로 다 판단해버린다.

눈에 보이는 게 다가 아니다. 보이지 않는 무언가가 더 있다. 그걸 이해하려고 노력하고, 모르면 가만히 있어야 하는데 우리는 뭔가 하나 주워들은 것만 있어도 다 아는 것처럼 군다. 모를 때는 눈에 보이는 단면만 보고 너무 흥분하지 말고 제발 가만히 있자. 우리가 아는 것은 일부분이니까 그것만 가지고 세상을 다 아는 것처럼 오만 떨지 말고 딱 두 가지만 하자. 상대방의 입장에서 생각하고, 내가 모르는 일부분을 가지고 판단하지 않기. 그게 이해하는 것이다.

'주인이 배부르면 종놈 밥을 못 짓게 한다'라는 속담이 있다. 자기가 배부르면 남이 배고픈 줄을 모른다는 것이다. 다른 사람을 생각할 때 내 처지, 내 마음을 기준 삼으면 그를 제대로 이해하지 못하고 오해가 쌓이게 된다. 당신은 안 좋은 일들에 대해서 내 생각을 기준으로 판단하고 비판하며 하나님이 하셔야 할 일을 나 스스로 하고 있지는 않은가.

'남의 염병이 제 고뿔(감기)만 못하다'라는 말도 있다. 자기중심적인 피해의식에 빠져 맨날 나만 힘들고 나만 비참하고 나만 핍박받고 나만 아프다면서 떠돌아다니는 사람들이 많다. 이제는 그러지 말고 지금까지 내가 상처받았다고 생각했던 많은 부분들에 대해서 혹시 내가 상처를 주진 않았는지, 그 사람도 아프지 않았는지 상대방 입장을 이해하면서 막힌 것들을 뚫고 꼬인 것들을 풀어나가기 바란다.

> 마음을 같이하여 같은 사랑을 가지고 뜻을 합하며 한마음을 품어 아무 일에든지 다툼이나 허영으로 하지 말고 오직 겸손한 마음으로 각각 자기보다 남을 낫게 여기고 빌 2:2,3

06

고정관념을 깨뜨려라

너는 칼과 창과 단창으로 내게 나아오거니와
나는 만군의 여호와의 이름 곧 네가 모욕하는 이스라엘 군대의
하나님의 이름으로 네게 나아가노라

삼상 17:45

누워서 장대 넘기

1900년대에 장대나 트램펄린 같은 도구를 쓰지 않는 높이뛰기 세계신기록은 1895년에 수립된 1.97미터로, 사람들은 이것이 인간의 한계라고 생각했다. 당시 높이뛰기는 달려온 추진력으로 높이 뛰어올라 다리를 엇갈리게 쳐들면서 정면으로 바(bar, 가로 막대)를 넘는 가위뛰기 방식이었다. 그 후, 1912년에 조지 홀린이 바와 병행되게 몸을 옆으로 돌리면서 넘는 회전 도약 기술로 마의 2미터 벽을 깨고(2.01미터) 1941년에는 레스터 스티어가 배를 아래쪽으로 향하게 하는 복면 도약 기술로 2.11미터를 넘으면서, 이 방식은 누구도 이의를 제기하지 않는 당연한 기술로 인정받고 있었다.

그런데 1968년, 딕 포스베리(Dick Fosbury)가 종목 전체를 영원히 바꿔버릴 정도의 혁신을 이룬다. 21세의 대학생이던 딕은 다이빙의 재주넘기 장면을 보다가 높이 뛰기를 할 때 뒤로 넘는 아이디어를 떠올렸고, 고정관념을 과감하게 깨뜨리고 자신의 아이디어를 시험하고 연습을 거듭한 결과 1968년 멕시코 올림픽대회에서 2.24미터의 신기록으로 금메달을 차지했다.

당시 신문은 '가장 우스꽝스러운 모습으로 차지한 금메달'이라며 조롱했지만, 지금 모든 높이뛰기 선수가 그의 이름을 딴 '포스베리 플롭'(Fosbury flop, 배면 도약) 방식으로 바를 넘고 있다. 지금 배면 도약 방식으로 세운 세계신기록은 2.45미터다. 높이뛰기는 정면으로 뛰어넘어야 한다는 고정관념을 깨뜨리자 훨씬 더 좋은 기록을 가질 수 있게 된 것이다.

패러다임을 바꾼 다윗의 싸움

다윗과 골리앗의 싸움이야말로 과감히 고정관념을 깬 승리의 대표적 사건이다. 거인 골리앗이 무려 40일 동안 주야로 나와서 이스라엘 백성을 조롱하고 하나님을 비방하는데도 이스라엘 진영에서는 아무도 나가 싸우지 못하고 절망에 빠져 있었다. 세상과의 싸움은 사실 패러다임 싸움이다. 승리의 가능성과 확률은 어린 소년 다윗보다 훈련받고 경험 많은 어른들 쪽이 훨씬 높았지만, 다윗은 조건이 좋고 가능성이 높아서가 아니라 고정관념을 뒤집고 패러다임을 깰 믿음의 능력이 있었기 때문에 결국 승리할 수 있었다.

세상의 패러다임은 전쟁 나면 칼과 창 들고 갑옷 입고 나가서 싸우는 것이다. 골리앗도 당연히 칼과 창을 들고 나와 싸우려 했다. 이스라엘 군인들은 세상의 패러다임, 골리앗의 패러다임으로 붙으려고 하니까 무기를 잡고는 있어도 골리앗의 장대한 키와 어마어마한 체구에 기가 죽어 싸움을 포기할 수밖에 없었다. 반면 다윗은 더 이상 골리앗의 패러다임으로 싸우지 않고 패러다임을 뒤집어버렸다. 그의 고백과 선포를 보라.

너는 칼과 창과 단창으로 내게 나아오거니와 나는 만군의 여호와의 이름 곧 네가
모욕하는 이스라엘 군대의 하나님의 이름으로 네게 나아가노라 삼상 17:45

골리앗의 무기는 칼과 창과 단창이지만 다윗의 무기는 그게 아니었다. 세상 사람들은 칼과 창과 단창으로 싸우려고 하지만 그는 만군의 여호와의 이름으로, 믿음의 패러다임으로 나아가서 골리앗이라는 그 거대한 시대의 난제를 물맷돌 몇 개로 무너뜨렸다.

골리앗같이 이렇게 큰 문제는 화려하고 날선 무기들이 해결해줄 거라고 생각하는 세상의 패러다임에서는 말도 안 되는 일이었다. 하지만 하나님의 역사는 그렇지 않다. 이 고정관념을 깨면 아무도 거들떠보지 않는 어린 소년, 아무도 거들떠보지 않는 강가의 돌멩이 하나가 시대의 난제를 풀어낼 수 있다.

이 싸움에서 세상의 고정관념에서 빠져나오지 못한 어른들의 모습이 오늘 우리에게도 있다. 칼과 창과 단창 같은 이 시대의 스펙, 학위, 돈, 인간관계와 정치력 이런 것들이 승리의 배경이라고 생각하며 그것에 매달리는 모습이다. 그렇게 살아가서 맨날 자격 미달 소리를 듣고 세상에 져서 찌질하게 쫄아 있는 모습이다.

이 고정관념, 이 패러다임을 깨서 전쟁의 승패와 여호와의 구원하심은 하나님께 속했으며 그따위 칼과 창에 있지 아니함을 세상이 알게 해야 한다. 다윗은 세상의 패러다임이 아닌 '하나님의 이름'을 능력 삼아 강가에 널린 물맷돌 하나로 골리앗을 쓰러뜨림으로써, 하나님을 믿는다면서도 믿음 없이 벌벌 떨고 있는 비루한 족속들에게 그것을 보여주었다.

어쭙잖게 들고 있는 칼이 문제다

다윗은 어떻게 어른들과 왕도 깨닫지 못한 이 패러다임의 싸움에서 승리했을까? 사람들이 다 칼이라는 세상의 패러다임으로 싸우려 할 때 어떻게 소년이 그것을 버리고 믿음의 패러다임으로 하나님의 이름을 붙들고 싸울 수 있었을까?

다윗이 "나는 하나님의 이름이 무기다!"라고 할 수 있었던 이유는, 어차피 그는 의지할 칼도 없고 창도 없었기 때문이다. 아무것도 없는 것은 사람들이 볼 때는 단점이지만 패러다임을 바꿔서 보면 "그러니 우리는 하나님만 의지할 수 있잖아"라고 말할 수 있게 한다. 선택지가 많은 것은 축복이 아니다. 진짜 불행은 이스라엘 백성들이 어쭙잖게 가지고 있던 칼과 창이다.

옛날에 이스라엘 백성이 맨몸으로 출애굽해서 아무것도 없이 광야를 걸을 때는 하나님만 바라보았다. 먹을 것, 마실 것도 그분이 주셔야 하고 원수의 위협에서 그분이 지켜주시고 대적과의 모든 싸움에도 그분이 나서주셔야 했다. 그들은 조직력, 외교력, 군사력, 시스템, 프로그램… 아무것도 없어서 오직 하나님만 의지했다. 그런데 왕이 세워지고 조직도 갖춰지고 점점 군사력과 외교력도 생기니 어쭙잖게 이걸 의지하고 싶은 욕망이 생겼다.

이것은 정말 중요하다. 우리 삶에서도 어쭙잖게 잡은 칼과 창이 문제다. 차라리 없을 때는 하나님만 의지하는데, 어쭙잖게 경험과 지식이 생기고 관계가 넓어지고 시스템이 갖춰지니까 이제 기도 안 해도 굴러가고, 그래서 망한다. 시스템으로, 인맥으로, 정치력으로 굴러가니 그것을 더 가지려고 싸우다가 항상 그보다 더 센 세상의 정치력, 더 많은 물질 앞에 굴복한다.

그래서 진짜 은혜는 어쭙잖게 가진 것들이 아니라 오히려 '결핍'이다. 그 결핍 때문에 패러다임을 깰 수 있고, 그 결핍 때문에 세상의 고정관념으로 싸우지 않고 하나님을 온전히 의지할 수 있기 때문이다. 관계가 깨졌는가? 물질의 문제가 생겼는가? 문제 앞에서 자신이 너무 초라해 보이는가? 잘된 일이다. 오늘 나의 고난과 아픔, 불만족스럽고 결핍되는 어려움들은 오히려 나의 평탄하고 무탈한 삶 속에서 일어나지 못했던 영적 혁명과 신앙의 개혁이 일어나게 하는 통로요 도구가 될 수 있다.

혁명과 개혁은 등 따습고 배부를 때는 일어나지 않는다. 혁명과 개혁의 주체 세력은 원래 "이판사판, 모 아니면 도, 이렇게 죽나 저렇게 죽나" 이런 사람들이다. 정치학에서는 독재의 장기화를 위해 가장 먼저 회유, 포섭하거나 아니면 완전히 제압해야 할 대상으로 가난하고 젊은 엘리트 집단을 지목한다. 패기 있고 똑똑한 이들 집단에서 가난함 때문에 생긴 불평과 원망은 반드시 혁명과 개혁으로 이어지는 도화선이 될 수 있기 때문이다.

지금까지 칼과 창 들고 싸우려고 했다가 안 됐는가? 인간관계 의지하고 내 지식과 경험 의지하고 내 이성으로 뭔가 해보려고 똑똑한 척하다 박살 났다면 이제 하나님을 의지하라. 내 안의 고정관념이 깨지고 영적인 혁명이 일어날 때 큰 축복과 지경의 확대를 경험할 수 있다.

손님이 갈 수 없는 샌드위치 가게의 대반전

호주 멜버른. 세 청년이 샌드위치 가게를 열고 싶었다. 상권이 잘 형성되고 유동인구가 많은 도심의 1층에 가게를 여는 것이 상식이었지만 그들은 1층 점포의 비싼 임대료를 낼 돈이 없었다. 이것은 누가 봐도 사업을 하기에는 치명적 단점인데 그들은 이 핸디캡 때문에 사업의 상식을 깨고 패러다임을 바꾸어버렸다.

그들은 도심에서 몇 블록이나 뒤로 들어간 후미진 골목의 건물, 상가도 아니고 심지어 엘리베이터도 없는 일반 건물 7층에 샌드위치 가게를 열었다. 도대체 누가 샌드위치 한 조각 먹자고 그 건물을 굳이 찾아가 7층까지 걸어 올라갈까. 게다가 그들은 손님이 가게에 오지 않는다며 인테리어도 가구 구입도 하지 않았다. 카운터도 만들지 않았다. 그럼 장사를 어떻게 하겠다는 것일까?

그들은 손님이 올라오는 대신 샌드위치를 아래로 내려보내기로 했다. 홍보와 예약은 소셜미디어(sns)로 했다. 그 건물 앞에 가면 길바닥에 크게 ×자가 그려져 있는데 손님은 자기 예약 시간에 맞춰서 그 자리에 가서 서 있다가 위에서 던져주는 샌드위치를 받아 가면 된다.

그런데 7층이면 약 20미터 높이인데 거기서 던지면 가속도가 붙어서 얼마나 세게 떨어지겠는가. 받기도 힘들고, 놓쳐서 바닥에 떨어지면 터질 수도 있었다. 그래서 샌드위치에 종이 낙하산을 달아서 샌드위치를 던지면 낙하산이 펴져서 천천히 내려오게 했다.

그래서 매일 7층에서 색색의 낙하산에 달린 샌드위치가 내려오고, 관광객들이 그걸 먹겠다고 밑에 서서 "아~ 아~" 하고 환호성을 지르는 재미있는 풍경이 벌어졌다. 먹어보니 맛은 정말 없는데 그 재미를 맛보려고 전 세계에서 사람들이 몰려오기 시작했다.

재플슈츠(Jafflechutes)라는 이 테이크아웃 샌드위치 가게는 폭발적 인기를 얻어 뉴욕, 보스턴, 런던 등 세계 유명 도시에도 지점이 생기기 시작했다. 지점이라고 해봐야 별것 없다. 원래 체인점은 레시피를 공유하여 세계 어디를 가도 같은 맛을 내는데 여기는 그런 레시피도 없다. 대신 던질 때 낙하산이 펴지는 이 아이디어만 팔아서 그 로열티로 그들은 아주 부자가 되었다.

그들은 자금 부족이라는 사업상 치명적인 결핍과 단점 때문에 좌절하고 침체하는 대신 오히려 이것 때문에 사업에 대한 고정관념을 뒤집었으며, 돈이 어느 정도 있어서 평범하게 살았으면 얻을 수 없었을 엄청난 성공을 이루었다.

고정관념에 갇히면 문이 열렸어도 못 나간다

얼마 전에 재미있는 CCTV 영상을 하나 보았다. 외국의 어느 은행에 강도가 들었는데 돈 자루에 돈을 담고 나가려 하니 자동시스템으로 은행 문이 잠긴 듯 문이 열리지 않는 것이었다. 아무리 문을 밀어도 열리지 않자 당황한 강도는 문에 마구 몸을 부딪쳐서 깨려고도 했으나 문은 끄떡도 하지 않았다.

그런데 알고 보니 이 문은 잠긴 것이 아니었다. 그냥 당기면 열리는 문인데 강도가 당황한 나머지 계속 밀기만 해서 열지 못했고, 결국 체념

한 채 경찰에 체포되면서 그는 그야말로 '세상에서 가장 바보 같은 은행 강도'가 되고 말았다.

우리 중에도 다 열려있어 나갈 수 있는데, 더 큰 축복 받을 수 있는데 고정관념에 사로잡혀서 갇힌 사람들이 너무 많다. 사실은 정말 내가 못 하는 게 아니고 하면 되는데 고정관념에 매여서 전진하지 못하는 안타까운 인생과 교회들이 너무도 많다.

고정관념이란 일상에서 익숙하게 굳어져서 응당 그래야 한다고 당연시하는 생각이다. 고정관념은 더 넓고 위대하고 행복한 삶을 철문처럼 막아서며 상황을 제대로 볼 눈을 가리기에 고정관념을 벗지 못하면 바로 볼 수 없고 그 벽에 부딪혀 좌절할 때가 많아진다. 하지만 고정관념을 벗어버리는 순간, 생각지도 못한 경험들을 하게 되고, 내 삶에 한계라고 여겨지고 도저히 뛰어넘을 수 없을 것 같던 축복의 지경이 넓어져 더 넓고 새로운 세계를 만나게 될 것이다.

당신의 시선이 누구나 다 그렇게 생각하는 고정관념에 박혀 있지 않기를 바란다. "전쟁에 나가려면 칼은 있어야 할 거 아니에요. 갑옷은 입어야 할 거 아니에요!"라며 널브러져 절망하고 불평하는 시대 가운데 "꼭 칼을 들어야 하나? 전쟁은 여호와께 속한 것인데? 여호와의 구원하심은 칼과 창에 있지 않은데?" 하며 고정관념을 깨뜨리고 패러다임을 바꾸는 자가 되기를 바란다.

하나님께 붙들리면 무엇을 붙잡아도 승리한다. 다윗은 강가에서 주운 돌멩이로 승리했지만, 돌멩이가 대단한 게 아니고 그가 하나님께 붙들렸다는 사실이 중요하다. 하나님께 붙들리니 삼손은 나귀 턱뼈로, 모세는 지팡이로, 예후는 날선 검으로 승리할 수 있었다. 그러니 무슨 무기와 도구가 있어야만 한다는 고정관념을 버리고 '무엇'이 아니라 하나님을 붙들어라.

고정관념은 눈을 가린다

고정관념은 눈가리개와 같이 진짜 귀한 것을 발견하지 못하게 한다. 특별한 것은 크고 대단한 모습으로 멀리 있을 것이라는 생각도 우리가 깨야 할 고정관념이다. 이새도 그런 고정관념 때문에 어린 다윗은 사무엘과의 식사 자리에 부르지 않았다. 더 문제는 이런 고정관념 때문에 많은 사람이 예수님을 눈앞에 두고도 놓치는 것이다.

빌립이 예수님을 만나고 나다나엘에게 가보자고 할 때, 나다나엘은 처음에 "나사렛에 무슨 선한 것이 날 수 있느냐"(요 1:46)라고 말했다. "야, 그 사람 나사렛 출신이라며? 시대를 뒤집을 메시아라면 예루살렘 출신은 되어야지, 나사렛에서 무슨…" 하고 무시한 것이다. 당시 사람들에게는 예수님이 나사렛 출신(베들레헴에서 나셨지만 나사렛에서 자라심)이라고 무시하는 풍토가 있었던 것이다.

또 예수님이 고향에 가서 가르치시자 사람들은 "저 사람 목수 아들 아냐? 내가 쟤 동생들 다 알고 그 누이들도 코 찔찔 흘릴 때부터 내가 다 봤다고. 제까짓 게 뭘 안다고?" 이런 반응을 보이면서 예수님의 능력을 폄하하고 은혜를 깨뜨렸다.

그래서 예수님은 "선지자가 가는 곳마다 다 존경받는데 자기 집과 고

향에서만 오히려 무시를 당한다" 하시며, 그들이 원하지 않으니까 다른
데서 일어났던 그 놀라운 기적과 능력들은 보여주지 않으시고 그곳을
떠나셨다.

> 예수를 배척한지라 예수께서 그들에게 말씀하시되 선지자가 자기 고향과 자기 집
> 외에서는 존경을 받지 않음이 없느니라 하시고 그들이 믿지 않음으로 말미암아 거
> 기서 많은 능력을 행하지 아니하시니라 마 13:57,58

원래 예수님의 고향 사람들은 예수님의 은혜와 축복을 받을 기회가 더
많은 사람들이었다. 그런데 그들은 고정관념과 편견 때문에 예수님을
배척함으로써 자기들의 축복을 차버렸다. 얼마나 큰 실패고 손해인가.

놋뱀은 그저 놋조각일 뿐이다

> 그가 여러 산당들을 제거하며 주상을 깨뜨리며 아세라 목상을 찍으며 모세가 만들
> 었던 놋뱀을 이스라엘 자손이 이때까지 향하여 분향하므로 그것을 부수고 느후스
> 단이라 일컬었더라 왕하 18:4

열왕기하 18장에서 히스기야가 종교개혁을 할 때 산당을 제거하고 우
상을 없애고 잘하다가 갑자기 모세가 만들었던 놋뱀을 부수었다는 이
야기가 나온다. 이스라엘 자손들이 여태껏 그것에 분향하므로 그것을

부숴버렸다는 것이다.

이 놋뱀은 민수기 21장에 등장한다. 출애굽 하여 광야를 지나던 이스라엘 백성이 계속 하나님께 불평하고 원망하다가 하나님께서 보내신 불뱀에 물려 죽어갈 때 하나님께서 모세에게 주신 해법은 이 놋뱀을 장대 높이 매달아 뱀에게 물린 자가 쳐다보게 하는 것이었다(민 21:8,9).

이스라엘 백성들에게 이 놋뱀은 민족이 다 죽을 수 있었던 위기에서 자기들을 살린 귀중한 유물이었다. 그들도 처음에는 그런 뜻에서 놋뱀을 소중히 여겼으나 점점 변질되어서 나중에는 그 놋뱀 자체를 숭배하고 놋뱀에 분향하기 시작했다.

죽어야 마땅한 그들을 살린 이 장대 높이 달린 놋뱀은 사실 십자가에 달리신 예수 그리스도를 상징하는 예표다. 그러니 놋뱀이 대단한 게 아니라 그것을 통해 그들을 살리고 구원하신 하나님의 사랑을 보아야 하는데 고정관념에 눈이 어두워진 그들은 점차 놋뱀을 형식적으로 섬기고, 보존을 넘어서서 500-600년 이상 우상으로 삼아 숭배해왔다.

히스기야는 이것을 박살 내고 느후스단, 즉 '놋조각'이라고 명명했다. 몇백 년 동안 나를 잡아매고 억압해왔던 가짜 형식의 틀을 깨는 이것이 고정관념의 타파인데, 사실 이것은 단순하고 쉬운 문제가 아니다. 당시로서는 엄청난 충격과 충돌을 감수한 신앙적 결단이었다. 그러나 그때 하나님의 도우심과 역사가 함께하셔서 히스기야는 어디로 가든지 형통하게 되었다(왕하 18:7).

히스기야와 같이 이렇게 고정관념을 깨뜨리고 영적 패러다임의 전환을 일으키는 강력한 창조적 파괴를 위해서는 세상이 못 보는 것을 보는 창조적 시선, 즉 영적 시선이 필요하다. 세상과 똑같이 세상을 보면 그건 믿음이 아니다. 믿음은 보는 것이다. 하나님의 시선으로 보는 것이다. 그리고 믿음은 반드시 삶으로 드러난다.

내 안의 놋뱀을 깨뜨려라

우리의 신앙 전통에 놋뱀처럼 진짜 신앙과 은혜를 가로막고 있는, 그리고 우리가 잘못 숭상하고 믿는 대상은 없을까? 너무 익숙해져서 이제는 뭐가 진짜인지도 모른 채 숭배하고 숭상하는 가짜! 그런 신앙적 편견과 고정관념 때문에 하나님과의 관계에서 나가지 못할 때는 없을까?

교단, 교파, 정치, 직분의 계급화, 학위, 스톨과 가운의 색깔들은 어떤가? 또 주일날 교독문을 읽느냐 안 읽느냐, 일어났다 앉았다 하는 것들이 어느 순간 이제는 이것을 안 하면 예배가 아닐 정도로 우리에게 놋뱀처럼 굳어져서, 오히려 진짜 하나님의 은혜와 살아계심에 대한 떨리는 감격과 만남이 없어도 이것을 잘 지키면 예배 잘 드렸다고 착각하는 잘못된 신앙이 되고 있지는 않은가?

목회자들도 학위나 가운이 중요한 게 아니다. 교단이나 교파, 교회와 사람을 추종하지 말고 하나님만 따르고 믿어야 한다. 말씀 하나, 본질 하나로 승부해야 한다. 교회 마당에서는 꼬맹이 아이들과 같이 쪼그려 앉아 놀아도 말씀 전할 때는 본질을 붙잡고 사자같이 포효하는 진짜가 되어라. 뭘 보여주고 권위를 찾으려 들지 말고 하나님을 진짜로 만나야 한다.

우리는 하나님의 자녀인데 교회 시스템이나 예배 형식이 뭐가 대단한
가. 하나님의 능력은 내 안의 놋뱀을 깨는 데서 시작된다. 껍데기만 좇
고 껍데기에 속지 말라. 고정관념 깨뜨리고 편견과 선입견 다 박살내고
하나님을 진짜 믿는 신앙이 되어야 한다. 화려한 종교의식에 익숙해져
껍데기의 허례허식으로 쇼하지 말고 진짜 하나님 찾아가고 감격하며 눈
물 흘리는 우리가 되길 원한다.

PART 2

잠잠히 은혜를
구하라

수
서
라
도
미
올
예 네
께 올
이 다
시 하
네 고 뭇
올 솟을 다하
다 하
고 뜻을 다하여
주 너의 하나님을 사
랑하라 하셨으니 이것이 크
고 첫째 되는 계명이요 둘째도
그와 같으니 네 이웃을 네 자신같이
사랑하라 하셨으니 이 두 계명이 온 율법
과 선지자의 강령이니라 요셉이 형들에게 이르
되 내게로 가까이 오소서 그들이 가까이 가니 이르
되 나는 당신들의 아우 요셉이니 당신들이 애굽에 판 자
라 당신들이 나를 이 곳에 팔았다고 해서 근심하지 마소서 한
탄하지 마소서 하나님이 생명을 구원하시려고 나를 당신들보다 먼
저 보내셨나이다 우리를 치러 오는 이 큰 무리를 우리가 대적할 능력이
없고 어떻게 할 줄도 알지 못하옵고 오직 주만 바라보나이다 성문 어귀에
병환자 네 사람이 있더니 그 친구에게 서로 말하되 우리가 어찌하여 여기
서 죽기를 기다리랴 만일 우리가 성읍으로 가자고 말한다면 성읍에는
이 있으니 우리가 거기서 죽을 것이요 만일 우리가 여기서 머무르면 역
리가 죽을 것이라 그런즉 우리가 가서 아람 군대에게 항복하자 그들이
를 살려 두면 살 것이요 우리를 죽이면 죽을 것이라 하고 아람 진으
하여 해 질 무렵에 일어나 아람 진영 끝에 이르러서 본즉 그 곳에
도 없으니 예수께서 다시 회당에 들어가시니 한쪽 손 마른 사람이 거
는지라 사람들이 예수를 고발하려 하여 안식일에 그 사람을 고치
주시하고 있거늘 예수께서 손 마른 사람에게 이르시되 한 가운데
어서라 하시고 그들에게 이르시되 안식일에 선을 행하는 것과 악
하는 것, 생명을 구하는 것과 죽이는 것, 어느 것이 옳으냐 하시
들이 잠잠하거늘 그들의 마음이 완악함을 탄식하사 노하심으로
을 둘러 보시고 그 사람에게 이르시되 네 손을 내밀라 하시니
매 그 손이 회복되었더라 악한 자들에게 내가 악한 자와 같이
은 악한 자들을 얻고자 함이요 내가 여러 사람에게 여러 모
것은 아무쪼록 몇 사람이라도 구원하고자 함이니 내가 복
하여 모든 것을 행함은 복음에 참여하고자 함이라 다윗이
셋 사람에게 이르되 너는 칼과 창과 단창으로 내게 나아
와 나는 만군의 여호와의 이름 곧 네가 모욕하는 이스라
대의 하나님의 이름으로 네게 나아가노라 오늘 여호와께
를 내 손에 넘기시리니 내가 너를 쳐서 네 목을 베고
군대의 시체를 오늘 공중의 새와 땅의 들짐승에게
땅으로 이스라엘에 하나님이 계신 줄 알게 하겠고
와의 구원하심이 칼과 창에 있지 아니함을 이 무리
게 하리라 전쟁은 여호와께 속한 것인즉 그가 너
리 손에 넘기시리라 아브람이 롯에게 이르되 우
친족이라 나나 너나 내 목자나 네 목자가 서로
하지 말자 네 앞에 온 땅이 있지 아니하냐 나를
가라 네가 좌하면 나는 우하고 네가 우하면
하리라 하나님이 아브라함에게 약속하실 때에
켜 맹세할 자가 자기보다 더 큰 이가 없으므
를 가리켜 맹세하여 이르시되 내가 반드시
복 주고 복 주며 너를 번성하게 하고 번성
리라 하셨더니 그가 이같이 오래 참아 약
있느니라 여호와께서 기드온에게 이르
를 따르는 백성이 너무 많은즉 내가 그
에 미디안 사람을 넘겨 주지 아니하리
이스라엘이 나를 거슬러 스스로 자랑
내 손이 나를 구원하였다 할까 하노

07

먼저 희생하라

아브람이 롯에게 이르되 우리는 한 친족이라

나나 너나 내 목자나 네 목자나 서로 다투게 하지 말자

네 앞에 온 땅이 있지 아니하냐 나를 떠나가라

네가 좌하면 나는 우하고 네가 우하면 나는 좌하리라

창 13:8,9

낙타 17마리를 셋이서 나누면

어느 아버지가 세 아들에게 낙타 17마리를 유산으로 남기면서 큰아들에게 2분의 1, 둘째 아들에게 3분의 1, 셋째 아들에게 9분의 1을 주라고 하였다. 그런데 17마리를 그렇게 나누면 첫째는 17마리의 2분의 1인 8.5마리, 둘째는 17마리의 3분의 1인 5.7마리, 셋째는 17마리의 9분의 1인 1.9마리를 가져야 한다. 하지만 그렇게 정확히 나누는 것은 불가능해서 세 형제는 싸우기 시작했다.

해결이 나지 않자 마을에서 가장 현명한 노인을 찾아가 조언을 구했다. 그는 골똘히 생각하더니 자기의 낙타 한 마리를 끌어와 보태고는 첫째 아들에게 18마리의 2분의 1인 9마리, 둘째 아들에게 18마리의 3분의 1인 6마리, 셋째 아들에게 18마리의 9분의 1인 2마리를 나눠주었다. 세 형제가 나누어 가진 낙타는 총 17마리였고, 노인이 가져온 낙타 1마리도 그대로 남아 도로 가져갈 수 있어서 모두 불만 없이 간단하게 해결되었다.

그런데 여기서 유심히 볼 점이 있다. 원래는 첫째 아들이 8.5마리를 가져야 하는데 9마리를 받았고, 둘째 아들은 5.7마리를 받아야 하는데 6마리를, 셋째 아들은 1.9마리를 가져야 하는데 2마리를 온전하게 얻어서 결론적으로는 세 아들 모두에게 몫이 더 돌아간 셈이다. 자신의 낙타를 내놓았던 노인도 그 한 마리를 다시 찾아갔으므로 손해 본 것이 없었다.

아무도 불만이 없는 완벽한 해결. 논리적으로 이해할 수 없는 일이 생긴 것이다. 이것이 바로 누군가의 희생으로 간단하게 풀리는 희생의 기적이며 내려놓음의 마법이다. 복잡한 문제로 가득한 이 시대, 이렇게 반목과 갈등으로 엉켜있는 이유는 자기 것을 내려놓고 희생하는 사람이 없기 때문이다. 누군가 한 사람이 희생하여 큰 문제가 간단하게 풀리는 기적 같은 역사를 성경에서 찾아볼 수 있다.

하나님은 주는 자의 편

아브라함과 조카 롯의 관계가 그렇다. 아브라함과 롯의 소유가 늘어나면서 갈등이 생겨났다. 목초지는 한정되어 있는데 거기에 양과 소가 너무 많으니 목자 간에 다툼이 생겨 함께 머물 수가 없었다. 그런데 이 반목과 갈등의 문제는 바로 아브라함이 "우리 서로 싸우지 말자. 그래, 내가 희생할 테니 네가 좋은 걸 먼저 선택해. 네가 우하면 내가 좌하고 네가 좌하면 내가 우할게. 괜찮아"라며 양보하고 희생한 덕분에 간단하게 풀려버렸다.

본문을 보면 양보하고 희생한 쪽은 분명 아브라함인데 그는 큰 복을 누리고 평생 롯의 가정을 항상 도와주고 베푸는 조력자로 살았다. 반면 양보를 받은 롯은 그때만 해도 그 좋은 선택을 누리고 윤택하게 될 것 같았고, 세상적으로 경제적으로 아브라함보다 승리와 축복의 가능성이 더 많아 보였지만 결국 망해버렸다.

하나님은 우리의 삶에서 이 희생의 기적을 보길 원하신다. 하나님은 헌신하고 희생한 사람들을 망하게 내버려두지 않으시고 그들의 편에 서서 더 주시고 복을 주시는 분이다. 당신이 누군가를 도와주는 인생이 되기 원한다면 먼저 베풀고 나눠야 한다. 항상 누군가에게 도움받고 양보받기만 하는 인생은 복된 인생이 아니다.

> 범사에 여러분에게 모본을 보여준 바와 같이 수고하여 약한 사람들을 돕고 또 주 예수께서 친히 말씀하신 바 주는 것이 받는 것보다 복이 있다 하심을 기억하여야 할지니라 행 20:35

사도 바울은 자기 삶을 보라며 이렇게 고백했다.

"나는 연약한 지체를 돕고 교회들을 세우고 살리는 일에 내 모든 인생을 헌신했습니다. 내가 소중하게 여겼던 것들을 내려놓았더니 하나님께서 나를 존귀하게 세우시고 사용하셨습니다. 여러분도 주는 것이 받는 것보다 복되다 하신 하나님의 말씀을 기억하세요."

그로부터 2천 년 뒤, 나 안호성 목사 또한 내 삶과 우리 교회의 사역을 통해 바울의 이 말씀을 동일하게 고백한다. 내 삶의 경험을 통해 나 또한 내 소유를 주는 것이 절대로 허비나 손해가 아님을 깨닫게 되었다. 하나님께서 "주어라, 헌신하라, 내려놓아라" 명령하시는 것은 이미 우리에게 주실 준비를 다 하셨다는 사인이다.

우리가 나눠주고 베풀 때, 하나님은 넘치게 부어주실 것을 이미 준비하고 계신다. 한 아이가 자기 먹을 것을 희생하여 오병이어를 드렸을 때 오천 명 이상을 먹이고도 열두 바구니가 넘쳤던 사건에서 넘치게 부어주시는 하나님의 약속을 다시 한번 확인할 수 있다. 주는 것이 받는 것보다 왜 복된지 경험해봐야 한다. 이 희생의 기적은 논리적으로는 이해가 되지 않고 오직 경험하고 맛을 봐야 알 수 있다.

오늘, 당신의 희생 덕분에 관계의 문제가 풀리길 바란다. 물질의 문제, 영적인 문제, 교회의 갈등과 분열 문제가 나 한 사람의 희생과 내려놓음으로 해결될 수 있다면 기꺼이 그 길을 선택해 걸어가기 바라고, 주님의 이름으로 간절히 명령한다.

예수님의 희생과 헌신

죄의 문제는 절대로 풀리지 않을 것 같던 인류 역사의 난제였다. 천지 창조 이래 평화로웠던 에덴동산이 죄로 물든 순간부터 하나님과 죄인들 간의 화목 문제는 무엇으로도 풀 수 없었다. 그런데 복잡하게 꼬여있던 문제를 예수님이 그분의 헌신과 희생으로 단번에 푸셨다.

> 그는 근본 하나님의 본체시나 하나님과 동등됨을 취할 것으로 여기지 아니하시고
> 오히려 자기를 비워 종의 형체를 가지사 사람들과 같이 되셨고 사람의 모양으로
> 나타나사 자기를 낮추시고 죽기까지 복종하셨으니 곧 십자가에 죽으심이라
>
> 빌 2:6-8

예수님이 하늘의 보좌를 버리고 미천한 인간의 몸으로 오셔서 헌신하시고, 가장 비천한 십자가의 자리까지 내려오셔서 피 흘리는 희생을 해 주시니 풀리지 않을 것 같던 문제가 완전히 풀렸다. 하나님은 우리가 예수님의 마음을 품기 원하신다. 내려놓고 헌신하며 희생하는 예수님의 마음을 품어야 우리의 삶, 가정, 교회, 관계가 하나님께서 바라시는 대로 아름다워질 수 있다.

너희 안에 이 마음을 품으라 곧 그리스도 예수의 마음이니 빌 2:5

하나님께서 독생자를 헌신하고 희생하시니 하나님과 우리의 관계가 풀렸다. 원수였던 하나님과 우리의 관계가 화목해지니 하나님께서 우리에게 화목의 직책을 주셨다. 우리도 예수님의 마음을 품어 그분처럼 낮아지고 희생해서 영혼을 살리는 사역을 해야 한다. 갈등과 분열, 상처로 가득한 곳에 들어가서 과감하게 헌신하여 희생의 기적을 보여주는 작은 예수로 살아야 한다.

우리가 자유하게 되고 영생의 소망을 품을 수 있는 것은 예수님의 희생 덕분이다. 하나님은 그런 예수님을 그대로 두지 않고 다시 살리고 높이셨다. 하나님은 헌신하고 희생하는 자를 패배자로 내버려두지 않으시며, 부활시키고 회복시키며 눌러 흔들어 넘치도록 주신다. 하나님은 우리에게 "주어라, 그러면 내가 네게 주는데 네가 드린 만큼이 아니라, 후히 되어 누르고 흔들어 넘치도록 줄 것이다"라고 약속하신다.

주라 그리하면 너희에게 줄 것이니 곧 후히 되어 누르고 흔들어 넘치도록 하여 너

희에게 안겨 주리라 너희의 헤아리는 그 헤아림으로 너희도 헤아림을 도로 받을

것이니라 눅 6:38

포기 못 한 부자와 내려놓은 부자

신앙은 내려놓기의 싸움이다. 신앙의 문제가 거창하고 대단해보여도 그 문제들을 한마디로 말하면 대부분 '내려놓음'의 문제들이다. 신앙의 삶은 내려놓기를 끊임없이 훈련받고 실행하는 삶이다. 어쩌다 한 번 내려놓았다고 끝이 아니라 내려놓기를 계속 훈련받아야 한다. 하나님께서 계속, 지속적으로 과제를 주실 것이다. 내려놓기를 못 하면 은혜를 빼앗기고 실패하고 하나님과 멀어지게 된다.

마태복음 19장과 누가복음 19장에 두 명의 부자 이야기가 나온다. 둘 다 똑같이 구원의 문제로 갈급한데, 결과적으로 한 사람은 구원을 받고 한 사람은 주님을 떠난다. '내려놓기' 싸움에서 성공하느냐 실패하느냐, 그 딱 하나의 문제가 구원의 문제에 직결된다.

그 청년이 이르되 이 모든 것을 내가 지키었사온대 아직도 무엇이 부족하니이까

예수께서 이르시되 네가 온전하고자 할진대 가서 네 소유를 팔아 가난한 자들에게

주라 그리하면 하늘에서 보화가 네게 있으리라 그리고 와서 나를 따르라 하시니

그 청년이 재물이 많으므로 이 말씀을 듣고 근심하며 가니라 마 19:20-22

마태복음 19장의 이 부자 청년은 꽤 열심히 신앙생활을 한 사람이다. 예수님이 말씀하신 계명을 모두 지켰다고 말한다. 그러자 예수께서 딱 하나 부족한 것을 말씀하시는데 소유를 내려놓으라고 하신다. 네 모든 것을 내려놓고 가난한 자를 도우면 하늘의 보화가 네게 있을 것이라고 약속하셨지만 부자 청년은 이 말씀을 믿지 못하고 재물이 너무 많아 근심하여 예수님을 떠났다.

우리는 삶의 문제를 결핍에서 찾는다. 가난하고 무엇이 없어서 불행하다고 여긴다. 하지만 대부분의 영적 싸움과 갈등은 너무 많아서 생기는 문제다. 이 부자 청년처럼 가진 것이 너무 많아 내려놓지 못해서 문제가 생기는 것이다.

> 삭개오가 서서 주께 여짜오되 주여 보시옵소서 내 소유의 절반을 가난한 자들에게 주겠사오며 만일 누구의 것을 빼앗은 일이 있으면 네 갑절이나 갚겠나이다 예수께서 이르시되 오늘 구원이 이 집에 이르렀으니 이 사람도 아브라함의 자손임이로다
>
> 눅 19:8,9

반면, 누가복음 19장의 부자 삭개오는 내려놓음을 결단했다. 소유의 절반을 가난한 자들에게 나눠주고 자신이 빼앗은 것이 있으면 네 배로 갚겠다고 했다. 사실 외로움, 콤플렉스, 사람들의 외면 등 삭개오의 문제는 모두 '돈'이 원인이었는데 그는 이 갈등과 풀리지 않는 복잡한 인생 문제를 자기희생으로 한 번에 해결해버렸다. 더 나아가 예수님은 이 집에 구원이 이르렀고 이 사람도 아브라함의 자손이라고 축복하셨다.

삭개오는 내려놓기 싸움에서 승리하여 사람과의 관계는 물론 하나님과의 관계도 풀렸지만 무명의 부자 청년은 내려놓지 못하여 근심하며 예수님과 멀어졌다. 우리도 이런 실수를 얼마나 많이 하는지 모른다. 이 부자 청년처럼 내려놓는 것에 실패하고 내가 스스로 하나님을 떠나고 은혜의 현장을 떠날 때가 얼마나 많은가. 예배가 달콤하고 은혜를 받아야 하는데 그러지 못하고 은혜의 현장에서 멀어지고 있다면 100퍼센트 내려놓음의 실패이다.

이 모든 것은 내려놓음의 싸움이다. 열심히 살아왔다고 해도 내려놓음에 실패하면 은혜에서 멀어진다. 의롭고 거룩한 척하면서 신앙 문제의 원인을 엉뚱한 데서 찾지 말고 내려놓음의 실패에서 찾아보라. 양보와 헌신과 희생의 때를 놓친 것이 실패의 원인일 수 있다. 그렇다면 그 매듭을 풀어야 한다. 희생과 헌신, 내려놓음의 승리자인 이 시대의 삭개오가 되어 문제를 원인부터 풀어내기 바란다.

희생함으로써 살리는 작은 예수로 살라

1950년대 미국 젊은이들 사이에 '치킨 게임'이라는 자동차 게임이 유행했다. 한밤중에 도로의 양 끝에서 두 경쟁자가 자기 차를 몰고 정면으로 돌진하는 것인데 충돌 직전에 핸들을 꺾으면 그 사람은 패해서 겁쟁이(치킨)라는 불명예를 안게 된다. 하지만 만일 누구도 핸들을 꺾지 않는다면 게임의 승자는 되겠지만 결국은 충돌하여 둘 다 자멸하게 된다.

상대가 무너질 때까지 출혈 경쟁을 하고, 한쪽이 양보하지 않으면 양

쪽 다 파국으로 치닫는 극단적인 게임 이론을 이 게임의 이름을 따서 '치킨 게임'이라 하며, 1950-1970년대 미국과 소련 사이의 극심한 군비 경쟁을 꼬집는 국제정치학 용어로 사용되기도 했다.

우리 삶에도 누구 하나가 망해야 끝나는 치킨 게임의 모습이 있다. 삶에서 일이 복잡해지고 꼬이는 이유는 누군가 희생하지 않고 모두가 소유하고 높아지려 하기 때문이다. 하나님은 그리스도인의 삶에서 이런 치킨 게임이 벌어지는 것을 원하지 않으신다. 우리 그리스도인들이 먼저 희생하고 내려놓는 일을 감당해야 한다.

가문 대대로 우상을 숭배하며 살아온 소망 없는 가정이 있었다. 이 가정의 7살짜리 어린 딸이 어느 날부턴가 동네 교회에 다니기 시작했다. 예수님을 믿어야 구원받아 천국에 가고 믿지 않으면 지옥에 간다는 것을 마음으로 믿게 된 이 딸은 핍박을 받으면서도 가족에게 복음을 전하고자 노력했다.

그런데 어느 날 이 어린 딸이 실수로 물이 펄펄 끓고 있는 가마솥에 빠지고 말았다. 온몸에 화상을 입은 아이는 엄마 품에 안긴 채 온 힘을 다해 "엄마, 예수님 믿어야 돼. 그래야 천국 갈 수 있어. 아니면 지옥에 간대. 우리 천국에서 만나자. 꼭 예수님 믿어"라고 마지막 말을 남기고는 숨을 거뒀다.

엄마는 딸의 유언을 잊을 수 없어 교회에 나가기 시작했고, 그렇게 시작된 변화로 가족이 복음을 받아들여 믿음의 명문 가문으로 세워졌다. 누나의 이야기를 전해 듣고 자란 동생은 젊은 나이에 '(주)거룩한 153'이라는 믿음의 기업을 운영하는 대표가 되었고, 최연소 극동방송 운영위원

장을 지냈으며, 장로로 부름받아 주의 일꾼으로 살고 있다. 실패처럼 보였던 한 아이의 희생이 한 가문의 저주를 끊고 역사를 바꿨다.

우리는 희생이 없고 져주는 바보가 없는 시대를 살고 있다. 하나님은 내려놓음이 없는 이 세대를 향한 경고의 말씀을 주고 계신다. 산을 오를 때 힘이 들 듯 소유하고 높아지려 할 때는 에너지가 소비되지만, 내려놓고 낮아질 때는 오히려 에너지가 생산되고 생명력이 충만해진다. 우리는 이렇게 살아가야 한다. 우리는 높아지기 위해 사는 것이 아니라, 예수님의 뒤를 따라 십자가를 지고 희생하고 죽기 위해 사는 것이다.

희생해야 할 자리가 있다면 우리가 먼저 헌신하자. 하나님 앞에서 희생과 드림의 기적을 체험하게 해달라고 기도하자. 이제 희생함으로써 오히려 승리하는 이 시대의 아브라함의 축복을 누리고, 예수님을 따라 희생과 헌신으로 이 시대를 살리고 문제를 풀어가는 작은 예수가 되길 소망한다.

08

기다려라

하나님이 아브라함에게 약속하실 때에 가리켜 맹세할 자가
자기보다 더 큰 이가 없으므로 자기를 가리켜 맹세하여 이르시되
내가 반드시 너에게 복 주고 복 주며 너를 번성하게 하고
번성하게 하리라 하셨더니 그가 이같이 오래 참아 약속을 받았느니라

히 6:13-15

인류의 난제 말똥 문제의 해결

산업혁명 이후 대단위의 공장이 생겨나면서 도시가 형성되고, 일자리를 찾아 사람들이 몰려들면서 유럽 전역과 미국에 대도시들이 생겨나기 시작했다. 1800년대 중엽부터 이러한 대도시에 매우 심각한 도시문제가 양산되기 시작했는데, 그중 가장 해결하기 어렵고 힘든 것은 말똥의 처리 문제였다.

1900년도의 기록에 의하면, 뉴욕 시내의 모든 운송 수단이 말(馬)이었고 매일 약 20만 마리의 말이 활동했다. 말 한 마리가 하루에 약 11킬로그램의 똥을 싸서 매일 약 2,300톤 가량의 똥이 배출되는데 이 똥을 처리하는 양보다 배출량이 많다 보니 도로는 원래 길을 찾을 수도 없이 온통 똥밭이 되고 악취와 똥물로 도시가 엉망이 되었다.

그 시대의 사진과 기록을 보면 공원에서 길옆으로 똥을 밀어내 쌓기 시작했는데 그렇게 똥이 산처럼 쌓인 높이가 무려 20미터나 되는 곳도 있었다. 뉴욕에서는 집주인들이 문을 열면서 말똥을 밟는 것을 싫어해서 길에서 계단을 올라가서 현관이 있는 스타일의 집이 만들어졌고 프랑스에서는 똥을 밟지 않게 굽을 높인 하이힐이 발명됐다.

1898년에 뉴욕에서 세계 최초로 국제도시계획회담이 열렸는데 주요

의제가 바로 말똥 문제였다. 국제적 대도시의 환경전문가들이 뉴욕에 모여서 이 넘쳐나는 말똥을 어떻게 처리할까 논의했지만 도저히 답을 찾을 수 없어서 회담은 아무 소득 없이 3일 만에 종료되었다.

이 말똥 문제는 오늘날 온실가스나 미세먼지보다 훨씬 절실하고 심각했던 것 같다. 전염병과 폐질환 등 말똥이 원인이 된 사망 인구가 연 2만 명에 달했고 말똥은 심각한 인류의 재앙이라 불렸다.

이렇게 많은 대도시의 골칫거리였던 말똥 문제는 어떻게 해결되었을까? 답은 엉뚱한 곳에서 나왔는데 전차와 자동차의 발명 덕분에 어느 순간 그 많던 말똥은 물론 말들까지 일거에 사라지게 된다.

자동차는 1700년대부터 있었지만 1908년에 헨리 포드가 '모델T'를 내놓으면서 자동차의 대중화 시대가 열렸다. 포드는 차의 모든 부속품을 표준화하고 혁신적인 조립라인으로 노동강도를 높여 대량생산을 가속화하고 원가를 절감해 판매가를 낮췄다. 그러자 사람들이 앞다투어 포드 T형 자동차를 구매했고, 자동차의 대중화가 이뤄지면서 말똥이 뉴욕에서 사라지고, 그 고민스럽던 문제가 단박에 풀려버렸다.

하나님의 때를 기다려라

감기는 약 먹으면 일주일, 안 먹으면 7일 간다는 말이 있다. 시간이 약이라고 시간이 지나야 풀리고 해결되지 오늘 내가 막 노력한다고 되는 게 아닌 일들이 많다. 기다리면 풀리는 문제가 있기에 어떤 때는 기다려야 한다.

아이들이 사춘기가 되면 여드름 때문에 고민이 많다. 나도 예전에 이마에 여드름이 많이 나서 죽염으로도 씻고 살구씨 가루로 문질러보고 별의별 것 다 해본 기억이 있다. 그런 아이들을 보고 어른들은 "그냥 뒤. 시간 되면 다 없어져"라고들 한다. 나이 40살 되어서도 여드름 짜고 있겠는가?

이별과 시련도 시간이 약이다. 못 잊을 것 같다고? 가수들에게 속지 말자. "죽어도 못 보낸다", "어떻게 너를 잊냐" 노래하지만 그분들은 이미 다 잊고 가정 잘 꾸려서 그 노래로 번 돈으로 지금 가족들과 행복하게 살고 있다. 청중들만 속는 거지 다 잊힌다.

뜨거운 여름, 사람들은 부채질하고 선풍기, 에어컨 틀며 더위를 견디려고 애쓰지만 시간이 지나면 아무 노력도 안 해도 추워질 때가 온다. 내가 예언하는데, 아무리 추운 겨울도 시간이 지나면 봄이 되고 곧 더워진다. 나는 이제 여름에 찜질방같이 후끈하면 사우나 왔다고 생각하고, 겨울에는 에어컨을 너무 많이 틀어서 내가 이렇게 추울 정도로 시원하다고 생각해 그렇게 유난 떨지 않는다.

내가 해서 안 될 때가 있다. 노력이 무의미하고 인간의 어떤 수가 통하지 않지만, 인간의 허접한 수로는 상상할 수도 없는 하나님의 한 수가 기다리고 있어서 그때를 기다리는 것이 최고의 능력일 때가 있다. 그래서 너무 아등바등하고 지금 당장 뭔가를 해보려고 몸부림치기보다는 인내하고 기다려야 할 필요도 있다. 하나님의 때를 기다려서 그 문제가 풀리게 될 때를 반드시 만나시길 바란다.

요셉의 서른, 이삭의 마흔

요셉이 17세에 그 지긋지긋한 고난이 시작됐다. 형들에 의해 애굽에 노예로 팔려갔고, 성실하게 일했는데 오히려 누명을 써서 감옥에 갇혔다. 요셉에게는 열일곱에 시작된 고난이 그칠 줄을 모르니 숨이 막혀 '끝나지 않는 내 삶의 문제'라고 생각됐겠지만, 우리가 전지적 작가 시점에서 그의 인생을 내려다보면 끝이 보이고 조금만 기다리라고 말해주고 싶어지는 것이다.

> 요셉이 애굽 왕 바로 앞에 설 때에 삼십 세라 그가 바로 앞을 떠나 애굽 온 땅을 순찰하니 창 41:46

요셉이 애굽의 총리가 될 때 그의 나이 30세라고 기록되었다. 그러니까 그때가 되면 17세 때부터 13년 동안 정말 쉴 틈 없이 몰아쳐 자신을 아프게 했던 그 복잡하고 풀리지 않는 관계의 문제, 삶의 문제가 순식간에 풀려버릴 것이었다. 요셉이 노력해서 풀렸을까? 아니다. 가만히 있었는데도 30세가 되니 풀렸다.

고대 역사에 관한 어떤 책을 읽다가 흥미로운 사실을 발견했다. 옛날에 이집트 제국에서 파라오(바로)는 왕이자 신처럼 여겨진 존재니 왕은 타고 나야 하는 것이고, 임명직으로 오를 수 있는 가장 높은 자리가 총리인데 임명직으로 총리 임명이 가능한 최소 연령이 30세였다고 한다. 그러니까 요셉은 30세가 될 때까지 기다려야 했던 것이다. 참 정확하신 하나님이다.

이삭은 40세에 결혼했다. 요즘도 40이면 약간 늦은 편인데, 이삭이 살 당시에는 결혼 적령기가 10대 중반부터였으니 40세면 결혼 포기자로 보였을 것 같다. 그래도 이삭은 느긋하게 묵상하며 하나님의 때를 기다렸는데 그가 40살이 되었을 때 하나님은 주례사에서 최고 신붓감의 모델로 많이 언급되는 리브가를 예비하셨다가 그에게 보내주셨다. 만약 이삭이 조급해서 제힘으로 뭔가 해보려 하고 억지로 결혼하려 했으면 리브가는 갓난아기거나 태어나지도 않아서 만나지 못했을 것이다.

우리는 모르지만 하나님께서 계획하고 예비하신 뜻이 있고, 내 힘과 능력이 아니라 하나님의 예정하심으로 간단하게 풀릴 때가 있는데 그때를 기다려야 한다. 그때를 기다릴 수 있는 것이 바로 인내라 부르는, 신앙의 가장 강력한 힘이다.

내 방법을 쓰면 영적 상처를 남긴다

기다리지 못하고 인간적 방법을 쓰다가는 영적 상처를 낼 수 있다. 여드름이 시간 지나면 가라앉는데 우리 아들은 그것을 믿지 못했다. "네가 지금 어떻게 할 수 있는 게 아니야. 때가 되면 다 나으니 만지지 마라"라고 아무리 얘기해줘도 그것을 못 기다리고 자꾸 만져서 코가 한동안 딸기코가 되었다.

15년을 못 기다려 하갈을 들인 아브라함

돈도 있고 영향력도 있었지만 늘 자식을 얻기를 간절히 원했던 아브라함은 100살이 되자 그가 무슨 노력을 해서가 아니라 딱 하나님의 때에 약속대로 아들을 얻게 되었다. 성경이 "그가 이같이 오래 참아 약속을 받았느니라"(히 6:15)라고 말씀하듯 아브라함이 절실한 문제를 풀어낸 비결은 바로 오래 참음이었다.

오래 참음도 능력이다. 기다림의 시간은 무능하고 무기력해 보일 수 있지만 기다림만큼 강력한 무기도 없다. 하나님께서 역사하실 하나님의 때를 기다리는 인내가 성도의 힘과 능력이다. 그러나 우리 마음은 인내가 참 어렵다. 뭐라도 하지 않으면 큰일 날 것 같아서 내 힘으로 뭔가를 해보려고 하다가 사건이 터지곤 한다.

아브라함도 이런 실수와 아픔이 있었다. 창세기 15장에서 하나님은 이미 약속을 주셨는데 아브라함은 이 약속을 받고도 믿지 못하고 그때를 기다리지 못해서 창세기 16장에서 하갈을 첩으로 들이는 인간적인 방법을 썼다.

> 아브람의 아내 사래가 그 여종 애굽 사람 하갈을 데려다가 그 남편 아브람에게 첩으로 준 때는 아브람이 가나안 땅에 거주한 지 십 년 후였더라 창 16:3

아브라함이 가나안으로 올 때가 75세였으니 하갈과 동침한 것은 85세 때다. 15년만 더 기다렸으면 되는데, 이 일 때문에 문제가 터졌다.

> 아브람이 하갈과 동침하였더니 하갈이 임신하매 그가 자기의 임신함을 알고 그의 여주인을 멸시한지라 … 아브람이 사래에게 이르되 당신의 여종은 당신의 수중에

있으니 당신의 눈에 좋을 대로 그에게 행하라 하매 사래가 하갈을 학대하였더니
하갈이 사래 앞에서 도망하였더라 창 16:4,6

기다리지 못하니까 긁어 부스럼이 되어 문제는 더 복잡해졌다. 내 인생과 교회 안에 하갈이 얼마나 많은가. 손 안 대고 기다리면 되는데 그걸 자꾸 만져서 곪고 터지고 상처가 되는 영적인 여드름이 얼마나 많은가. 그런데 아직 끝이 아니었다. 100살에 이삭이 태어나서 모든 문제가 해결된 줄 알았더니 하갈의 일로 또 다른 문제가 생겼다.

사라가 본즉 아브라함의 아들 애굽 여인 하갈의 아들이 이삭을 놀리는지라 그가
아브라함에게 이르되 이 여종과 그 아들을 내쫓으라 이 종의 아들은 내 아들 이삭
과 함께 기업을 얻지 못하리라 하므로 아브라함이 그의 아들로 말미암아 그 일이
매우 근심이 되었더니 창 21:9-11

이 근심은 자기 스스로 만든 근심이다. 기다렸으면 될 것을 만지고 긁어서 상처 내고 또 다른 문제로 근심하며 살아가는 것. 영적인 거울과도 같이 우리의 삶과 참 많이 닮았다. 우리 인생에 하갈이 있어선 안 된다. 복잡하고 너무 어려워 보여서 내가 나서야 할 것 같고 뭔가 해야 할 것 같아도, 때로는 가만히 기다리는 것이 하나님의 명령이고 가장 멋진 하나님의 방법일 수도 있다. 기다리지 못해서 문제를 낳고 후유증이 생기고 그로 인해 또 다른 문제와 아픔이 파생되지 않기를 바란다.

광야의 금송아지

출애굽기 32장의 금송아지 사건도 기다리지 못해 영적 상처를 낸 사건이다. 모세가 시내산에 올라가 금식하며 하나님께 말씀을 받고 있었다. 40일만 기다리면 되는데 이스라엘 백성들은 이것을 기다리지 못해서 "우리를 끌고 나온 모세가 지금 어딨는지 행방도 묘연하고, 아무래도 실종된 것 같다", "지도자가 없으니 이제 모세 대신 우리를 인도할 대체 신을 만들어라" 하며 아론을 종용하고 자기들의 금 고리를 빼 와서 그것으로 만든 것이 금송아지였다.

40일만 기다리면 되는데 그들은 자기들이 뭔가 해야 할 것 같은 조급함이 있었다. 이 조급함이 불신앙이다. 정신분석학자 칼 융(Carl Gustav Jung)은 "조급함은 마귀에게서 나온 것이 아니라 그 자체가 마귀다"라고 말했다. 마귀는 우리를 조급하게 한다. 그러나 하나님은 기다려라, 인내하라 하신다. 내 안에 하갈을 들이지 말고 금송아지 만들지 말고 나의 인간적 방법을 쓰지 않도록 조심하라.

사울의 조급함, 다윗의 기다림

사울 왕은 기다리지 못해 버려지고 실패한 사람이다. 블레셋이 쳐들어왔는데 너무나 위급했다. 당시 가장 강력한 무기였던 병거가 3만, 마병은 6천 명이 오고 백성은 마치 해변의 모래처럼 엄청나게 많았다고 한다 (삼상 13:5).

그런데 사무엘이 와서 출정식 제사를 드려야 나가서 싸울 텐데 약속된 7일이 되어도 오지를 않았다. 너무나 많은 적군이 옥죄여오고 백성은 흩어지기 시작하니 사울은 조급해져서 7일째 되던 날 자기가 직접 제사를 드려버렸다. 결국 그는 인내하지 못하고 명령을 어김으로 왕관을 빼앗기고 하나님께 버려진 인생이 되었다.

반면, 이 기다림을 가장 잘한 사람이 다윗이다. 다윗은 사울처럼 죄도 있었고 실수도 많았지만 하나님의 뜻 앞에서 멈추는 사람이었다. 하나님의 뜻대로 열심히 골리앗과 싸우고 원수 대적 블레셋과 싸웠지만 칭찬과 영광 대신 사울 왕의 시기와 질투를 받게 되었다.

툭하면 나를 죽이려고 창을 집어던지고 계속해서 나를 추격해오는 이 사울. 내가 뭔가를 해야만 문제가 풀릴 것 같은데 진짜로 하나님께서 그런 기회를 주셨다. 사울이 내 앞에서 곤히 잠들어 내가 결심만 하면 죽일 수 있는 상황을 만난 것이다. 그런데도 다윗은 두 번 다 사울을 안 죽이고 그냥 나온다.

이것이 인내다. 지금은 하나님의 때가 아니고 이것은 하나님의 방법이 아니기 때문에, 내가 충분히 할 수 있는데도 하지 않고 기다리는 것이다. 너무 무기력하고 무능해 보이지만 그는 자기 손으로 사울을 죽이지 않고 그냥 돌아서서 하나님의 때를 기다렸다.

당신도 뭔가 성급하게 인간적으로 움직이려 했다면 급한 생각과 발걸음을 멈추기 바란다. 인내는 축복을 얻을 통로와 축복을 지킬 힘이 됨을 믿고 이제는 하나님의 때와 역사를 기다리자.

당장의 유익보다 하나님의 때를 택하라

사람의 방법으로 하면 당장은 내가 이길 수도 있고 하갈처럼 소기의 성과를 이룰 수도 있다. 금송아지처럼 환호와 인정을 받을 수도 있고 사울처럼 사람들의 동의를 얻을 수도 있다. 하지만 결론과 목적지가 같다 해도, 하나님이 그분의 때에 그분의 방법으로 이루시기까지 그것들을 내려놓고 기다려야 한다.

내가 집회 사역을 시작한 후 나를 띄워주겠다는 사람이 있었다. 사실 그는 상당히 큰 영향력이 있고 내게 도움을 줄 수도 있었지만 영적으로는 아니었다. 하나님 앞에 장사꾼이었다. 그래서 당신이 뭔데 나를 띄우냐고, 나를 알리거나 높이실 분은 딱 한 분뿐이라며 거절했다.

설령 그가 어떤 인간적 방법으로 나를 띄워준다 해도 문제인 것이, 나중에 내가 영향력을 갖고 하나님의 일을 할 때 하나님이 아니라 그 사람에게 고마워해야 할 것이 아닌가. 놓기 어렵더라도 그럴 때는 놔야 한다. 이것을 하면 당장 유익을 얻을 것 같아도 하나님의 때에 그분의 방법으로 그분이 하실 때까지 기다리는 것이 진짜 신앙이다. 다윗과 사울처럼 기다릴 수 있느냐 없느냐에 인생과 신앙의 성패가 달렸다.

송나라에 어리석은 농부가 살고 있었다. 그는 자기 논의 벼가 다른 논의 벼보다 키가 작은 것을 고민하다 벼의 순을 뽑으면 더 빨리 자랄 것으로 생각해 자기 손으로 벼를 조금씩 당겨 올렸다. 집에 가서 "우리 벼가 좀 키가 작길래 내가 키를 높여주고 왔다"라고 자랑하는 그의 말에 아내가 깜짝 놀라서 논에 가보니 이미 벼는 다 말라죽은 다음이었다. 이 일을 가리켜 발묘조장(拔苗助長)이라 한다. 급하게 서두르다 오히려 일을 망친다는 뜻이다. 공자는 '욕속즉부달'(欲速則不達), 즉 서둘러 가려고 욕심부리면 오히려 이르지 못하게 된다고 했다. 하나님도 말씀 중에 우리에게 인내를 강조하신다.

> 너희에게 인내가 필요함은 너희가 하나님의 뜻을 행한 후에 약속하신 것을 받기 위함이라 히 10:36

우리가 하나님의 뜻을 행한 후에 하나님께서 약속하신 축복을 받기 위해 '인내'가 필요하다고 하신다. 그러니 기다리라. 오늘 이렇게 힘들고 도저히 끝나지 않을 것 같은 고난이 지나갈 것이다. 답답하고 복잡한 문제가 간단히 풀리는 그날이 반드시 오게 될 것이다.

09

힘을 빼라

여호와께서 기드온에게 이르시되 너를 따르는 백성이

너무 많은즉 내가 그들의 손에 미디안 사람을 넘겨주지 아니하리니

이는 이스라엘이 나를 거슬러 스스로 자랑하기를

내 손이 나를 구원하였다 할까 함이니라

삿 7:2

타이어의 바람 빼면 되는데?

짐을 가득 실은 큰 화물트럭이 육교 밑을 지나려다 트럭 윗부분이 육교에 걸려서 그만 끼어버렸다. 견인차로 끌어보고 소방차가 출동해 유압 장비로 화물차와 육교 사이를 벌려보려 했지만 꼼짝도 하지 않았다. 나중에는 차 윗부분을 부서뜨려라, 육교를 절단하자 갑론을박하고 있는데, 학교 끝나고 집에 가던 한 아이가 그 앞을 지나가며 "타이어에서 바람 빼면 되는데?"라고 불쑥 한마디를 던졌다. 그 말을 듣고 어른들이 타이어 바람을 뺐더니 화물차의 높이가 낮아지면서 그 어려운 진퇴양난의 상황에서 빠져나올 수 있었다.

어느 TV프로그램에서 연예인들이 사해에 가서 수영하는 모습이 나왔다. 성지순례에서 꼭 들르는 사해(死海)는 해수면보다 무려 398미터가 낮은 바다로, 지표면에서 움푹 패어 갇혀있다 보니 물은 계속 증발하고 염도는 높아지게 되었다. 일반적으로 바다의 염도가 약 3-3.4퍼센트인데 사해의 염도는 이보다 무려 10배나 높은 34.2퍼센트나 된다. 그래서 사해에서는 아무리 체격이 크고 수영을 못 하는 사람도 눕기만 하면 몸이 둥둥 뜨는 신기한 체험을 할 수 있다고 한다.

노력이 필요 없고 가만히 눕기만 하면 무조건 뜨는데 사람들은 그것을 못 믿는다. 그 연예인들도 처음에는 불안해하면서 뭔가 막 경직되어 있더니 그러다 한번 경험을 해보면 그때부터는 힘을 탁 빼고 눕기 시작했다. 자기 침대에서처럼 누워만 있으면 둥둥 뜨는데 긴장해서 힘이 들어가고, 어떻게든 떠보려고 발버둥을 치면 물이 튀고, 그러다 그 짠물이 눈에 들어가면 엄청나게 고통스럽다.

우리 인생도 그런 것 같다. 내가 너무 힘을 주고 뭔가 강직되어 있으면 하나님의 섭리와 은혜를 누리지 못할 수 있다. 내 삶과 사역에서 힘을 빼고 편안하게 주님께 내 삶을 내어드릴 때, 그것이 될 대로 되라는 무책임이 아니라 믿음의 고백과 결단일 때 비로소 우리 하나님께서 순풍처럼 역사하시는 놀라운 일들이 경험될 수 있다.

오늘 당신도 힘든 일에 봉착해 있는가? 어쩌면 내가 너무 잘해보려고 애쓰고 노력하다가 더 엉키고 꼬인 문제일 수도 있다. 사해에서 내가 더 잘 떠 있으려고 몸부림치다가 오히려 더 고통스러울 때가 있는 것처럼 말이다. 복잡하고 풀기 어려운 문제가 있으면 본능적으로 긴장하게 되는데 그럴 때 문제는 더 꼬이기도 한다. 어려운 문제일수록, 잔뜩 경직되어 있던 인생들이 타이어 바람 빼듯 조금만 긴장을 풀고 힘을 빼면 오히려 간단하게 풀릴 수도 있다.

아직도 백성이 너무 많으니

미디안, 아말렉과 동방의 많은 사람이 연합한 대군이 이스라엘을 공격해왔다. 이 연합군의 수가 얼마나 많은지 마치 이 메뚜기 떼나 해변의 모래처럼 많았다고 한다(삿 7:12). 승리 후에 봤더니, 죽은 자가 12만 명이고 남은 사람이 만 오천 명이었으니(삿 8:10) 칼 든 사람만 해도 약 13만 5천의 어마어마한 대군이었다.

그에 반해 기드온을 필두로 하는 이스라엘 백성은 약 3만 2천 명 정도였으니 3만 2천 명으로 13만 5천 명과 맞서야 하는 말도 안 되는 싸움이었다. 이런 어려운 문제는 어떻게 풀고 승리할 수 있을까. 우리는 나이 많은 사람, 면제받은 사람, 민방위 다 끝난 사람들까지 다 불러 모아 수를 늘리고 더 힘을 내야 이길 것 같은데 하나님의 문제해결 법칙은 완전히 달랐다.

하나님은 오히려 미디안 13만 5천 명을 상대하기에 3만 2천 명은 너무 많으니 누구든 두려워 떨리면 돌아가라고 하셨다. 무려 2만 2천 명이 돌아가고 만 명이 남았다. 이제 타이어 바람 빠지듯 그들의 세력은 푹 더 줄어들었다. 1만 대 13만 5천은 더 게임이 안 된다. 그런데 하나님은 "백성이 아직도 많으니"(4절)라고 하시며 물가에서 그들을 시험하여 300명만 남기셨다. 이렇게 그들의 힘을 완전히 빼시고는 이제 됐다며 이 300명으로 이스라엘을 구원하고 미디안 군대를 넘겨주겠다고 하셨다.

성경에서 이스라엘 백성을 향해 하나님이 반복하신 명령은 '가만히' 있는 것, 즉 힘을 빼라는 것이었다. 민족의 위기와 절망의 상황에서 하나님께서 주의 종을 통해 거듭 명령하신 것은 바로 힘을 빼는 것이었다.

모세가 백성에게 이르되 너희는 두려워하지 말고 가만히 서서 여호와께서 오늘 너희를 위하여 행하시는 구원을 보라 너희가 오늘 본 애굽 사람을 영원히 다시 보지

아니하리라 여호와께서 너희를 위하여 싸우시리니 너희는 가만히 있을지니라

출 14:13,14

너희는 이제 가만히 서서 여호와께서 너희 목전에서 행하시는 이 큰 일을 보라

삼상 12:16

"가만히 서서", "가만히 있어"는 자기 스스로 뭔가 해보려고 하지 말고 힘을 빼라는 것이다. 예수님도 어떤 기적을 행하실 때마다 무리를 잠잠하고 조용하게 하셨다. 하나님은 하나님의 사람들이 자기 자신을 드러내는 것을 허락지 않으시고, 힘을 빼고 자중하며 내려놓기를 원하신다.

신앙도 모든 배움도 비결은 힘 빼기

어찌 보면 신앙의 여정은 힘 빼는 작업이다. 뭔가 해보려고 힘이 들어가고 자아가 경직돼있는 삶에서 하나님은 자꾸 내 힘을 빼게 하신다. 내가 의지하는 것, 내가 움켜쥐고 한번 싸워보려 하는 나의 모든 것을 자꾸 내려놓게 하신다.

이 싸움이다. 우리는 어떤 위기와 문제가 오면 뭔가 해봐야겠다는 의지가 불타오르고 뭔가 내 자아가 더 살아나고 막 회의를 더 하고 아이디어를 짜내야 할 것 같지만 실은 그렇지 않을 때가 더 많다. 차라리 힘을 빼고 하나님께 내어 맡기는 것, 이것이 우리 신앙이며 사역의 모습이

돼야 할 줄 믿는다.

또한 이것은 신앙의 영역에서만 적용되는 것이 아니다. 힘을 빼라는 소리는 스포츠, 연기, 노래 등 우리 생활의 모든 영역에서 들을 수 있다. 〈집사부일체〉라는 TV프로그램에서 출연자들이 우리나라 액션 연기의 대부인 정두홍을 찾아가 와이어 액션을 배운 적이 있는데, 정두홍이 당부한 것은 딱 이것 하나였다.

"힘 빼, 힘."

노래도 보컬 트레이닝에 가면 목에서 힘 빼는 것부터 가르치고 악기도 마찬가지다. 운동도 힘 빼라는 얘기가 안 나오는 종목이 없다. 예를 들어 야구와 골프의 비거리를 늘리려면 막 열심히 쳐야 할 것 같은데 이상하게 세게 칠수록 안 나가고 힘을 빼고 자연스럽게 스윙을 할 때 오히려 멀리 나간다고 한다.

내 한계를 넘어서고 뛰어넘는 공통된 비결은 바로 힘을 빼는 것이다. 힘을 뺄 때 다음 단계로 넘어설 수 있기에 계속해서 힘 빼는 훈련을 한다. 평소에 잘하다가도 결승까지 올라가자 긴장해서 힘이 들어가는 바람에 자기 실력을 다 발휘하지 못하는 경우가 얼마나 많은가.

이렇게 힘 빼는 지혜는 삶의 모든 부분에서 어디서나 통한다. 당신의 삶에서든 신앙과 사역에서든 뭔가 잘해보려는 의지가 불타오르고 의욕으로 눈이 이글거리는 것도 좋겠지만 오늘 이 글을 통해 때로는 조금 힘을 빼고 하나님께 더 의존하는 자연스러움을 가지고 살아가기를 주의 이름으로 축복한다.

하나님만을 전적으로 의존하는 훈련

하나님께서 왜 우리에게 힘을 더하여 주시는 것이 아니라 자꾸 힘을 빼서 역사하실까. 기드온의 이야기로 돌아가 보자. 3만 2천 대 13만 5천일 때 하나님께서 지원군이 갑자기 구름 떼처럼 벌 떼처럼 몰려들게 해서 36만 명을 모아주시면 더 좋지 않겠는가. 그런데 오히려 말도 안 되게 세를 더 약하게 하시고 나를 낮추셔서 그것을 통해 역사하신다.

> 여호와께서 기드온에게 이르시되 너를 따르는 백성이 너무 많은즉 내가 그들의 손에 미디안 사람을 넘겨주지 아니하리니 이는 이스라엘이 나를 거슬러 스스로 자랑하기를 내 손이 나를 구원하였다 할까 함이니라 삿 7:2

우리는 하나님께서 우리에게 스펙과 능력과 외모를 주시고 좋은 관계와 영향력을 주시고 힘과 지식을 주시면 일을 쉽게 할 수 있을 것 같아서 늘 그것을 구한다. 그러나 하나님은 우리의 체질과 본성을 너무 잘 아시기 때문에 걱정되시는 것이다. 우리는 내가 너무 잘하는 그것을 통해 승리를 얻고 축복받으면 '내 손이 나를 구원하였다. 역시 싸움은 쪽수 싸움이야' 생각하며 열심히 사람 모으는 데 집중하고 열심히 전술 연구하고 놀라운 무기를 마련하려 할 것이다.

블레셋과 싸울 때도 하나님은 이스라엘 군대에 더 강력한 전술과 전략을 주시는 대신 아무도 예상하지 못한 어린 소년을 보내셨고, 다윗이 멋진 무기가 아니라 아무도 거들떠보지 않는 돌멩이로 골리앗을 이기게 하셨다. 삼국지에나 나올법한 엄청난 검과 창 등 화려하고 멋진 무기로 골리앗을 쓰러뜨렸다면 이스라엘 백성은 그때부터 노상 멋진 무기 만들기에 집중했을 텐데 완전히 힘 빼서 아무것도 아닌 미천한 것들로 이기게 하셨다.

낮아지고 힘을 빼면 하나님께서 그것을 통해 역사하실 때 하나님이 시퍼렇게 살아계심이 드러나고, 전쟁과 승리는 결국 여호와께 속한 것임을 배우게 된다. 그래서 하나님을 전적으로 의지하고 의존하게 된다. 힘을 빼는 것은 바로 전적으로 하나님께만 의존하게 하는 훈련이다.

갈멜산에서 850대 1로 혼자 바알과 아세라 선지자를 상대해서 놀라운 영적 승리를 맛본 엘리야는 얼마나 감격스러웠을까. 거기다 연타석 홈런까지 쳤다. 그가 손을 들어 기도하자 3년 반 동안 비가 내리지 않던 땅에 폭우가 쏟아져 메마른 대지가 단비에 젖어든 것이다. 이제는 뭐라도 다 할 수 있을 것 같은 의욕과 힘이 넘쳐날 때 그에게 어떤 일이 일어났을까.

이세벨의 협박에 그는 일어나 광야로 도망한다. 하나님은 그를 광야 한복판의 로뎀나무 아래에서 힘을 온전히 빼게 하시고 떡과 물을 주셔서 다시 힘을 내어 사역하게 하신다. 힘 빼는 작업이다. 자랑하고 싶고 흥분한 마음을 내려놓도록, 주의 일은 세상과 사람이 아니라 하나님께서 공급하시는 힘과 위로로 하는 것임을 배워 그가 의지하는 것들을 내려놓도록 하나님은 힘을 빼게 하신 것이다.

로뎀나무는 힘 빼는 곳이다. 차라리 죽는 것이 낫겠다 싶을 만큼 힘들고 어려운 인생을 만났는가? 당신의 로뎀나무 아래로 가라. 그곳은 열심히 뭔가를 해보는 장소가 아니라 힘을 빼고 하나님을 전적으로 의

존해야 하는 곳이다. 탈진한 사역자를 일으키는 힘은 바로 내 힘을 빼는 그곳에서 생겨난다.

바울의 스펙, 바울의 가시

복음을 세계만방에 펼치는 큰 사역을 감당한 바울은 많은 학식과 스펙으로 하나님께 쓰임 받은 것이 아니다. 오히려 의지하고 자랑했던 것들을 포기하고 내려놓을 때 하나님 역사의 주역이 되었다.

> 그러나 무엇이든지 내게 유익하던 것을 내가 그리스도를 위하여 다 해로 여길뿐더러 또한 모든 것을 해로 여김은 내 주 그리스도 예수를 아는 지식이 가장 고상하기 때문이라 내가 그를 위하여 모든 것을 잃어버리고 배설물로 여김은 그리스도를 얻고 빌 3:7,8

예전에 자신의 배경과 집안, 학풍 이런 것을 가지고 사역할 때는 오히려 적그리스도적 삶을 살았으나 그 모든 것을 배설물처럼 버리고 오직 예수 그리스도를 아는 고상한 지식만을 붙잡으니 하나님께서 그 가운데 충만하게 역사하시고 그의 사역을 통해 큰 열매를 주셨다.

또한 그에게는 사탄의 사자라는 육체의 가시가 있었다. 하나님께서 그것을 고쳐주지 않으신 것은 사도 바울을 잊어서도 아니고 그의 사역이 잘못되어서도 아니다. 오히려 그가 주께 받은 사명과 계시가 크기 때문에 그가 자만하지 않도록 육체의 가시를 통해서 힘을 빼신 것이다.

여러 계시를 받은 것이 지극히 크므로 너무 자만하지 않게 하시려고 내 육체에 가시 곧 사탄의 사자를 주셨으니 이는 나를 쳐서 너무 자만하지 않게 하려 하심이라

고후 12:7

하나님께서 "네 약한 데서 나의 능력이 온전하여진다"라고 말씀하시자 사도 바울이 알게 되었다. 힘을 뺄 때, 자의든 타의든 내가 힘을 빼고 약해질 때 하나님의 능력이 온전해진다는 것을. 그래서 힘 빼는 것의 능력을 배운 바울은 이제 그리스도의 능력이 머물게 하기 위하여 도리어 그 약한 것들을 기뻐하고 자랑하게 되었다.

나에게 이르시기를 내 은혜가 네게 족하도다 이는 내 능력이 약한 데서 온전하여짐이라 하신지라 그러므로 도리어 크게 기뻐함으로 나의 여러 약한 것들에 대하여 자랑하리니 이는 그리스도의 능력이 내게 머물게 하려 함이라 그러므로 내가 그리스도를 위하여 약한 것들과 능욕과 궁핍과 박해와 곤고를 기뻐하노니 이는 내가 약한 그 때에 강함이라 고후 12:9,10

너무 잘하려고 하지 마세요

어느 목사님이 "제가 어떻게 해야 하나님의 영광을 가리지 않고 주님 역사에 잘 쓰임 받을 수 있을까요?"라며 자문을 구한 적이 있다. 그 분은 큰 사역을 감당하신 목사님의 아들로, 이제 본인의 목회를 시작하면서 많이 긴장하고 어려워하고 있었다. 그를 위해 기도하고 내가 들려드

린 대답은 "목사님, 적당히 하세요"였다.

"너무 잘하려고 하지 말고 적당히 하세요. 내가 너무 잘하려고 하면 어느 순간 내 자아가 설치게 됩니다. 그리고 내가 아무리 잘하고 내 능력의 최고치를 발휘할지라도 하나님보다 성령의 역사보다 나을 수 없습니다. 차라리 나를 내려놓고 '하나님, 저를 이끌어주세요' 하며 주님을 신뢰하기 바랍니다. 하나님이 당신을 이곳까지 부르셨으면 일하실 분도 하나님이지 내가 아니니까 적당히 하세요, 적당히. 너무 잘하려고 하면 안 돼요."

그 말은 "모르겠다, 될 대로 되라" 그런 무책임이 아니다. 내 자아를 내려놓고 힘을 뺄 때 하나님이 일하시기 때문에 그것은 하나님의 역사를 신뢰하는 자의 담대한 고백일 수도 있다. 사역 중에 굉장히 어려워질 때가 있는데 나는 완전히 밑바닥인 것 같은 그때가 기회인 것을 알게 되었다. 오히려 그럴 때마다 하나님의 끊임없는 역사를 맛보고 하나님이 시퍼렇게 살아계심을 경험했기 때문이다.

당신도 앞에는 홍해, 뒤에는 애굽의 철병거로 완전히 절망에 놓인 적이 있지 않은가? 홍해를 내 힘으로 건널 수 있는가? "힘내서 접영으로 한번 건너?" 이러면 다 죽는다. 하나님이 내 생각, 내 의지를 뛰어넘고 내가 상상할 수 없는 방법으로 길을 열어두셨는데 내가 너무 애쓰고 긴장하고 살다가 그 일을 망쳐버릴 때가 있다. 그냥 힘을 빼고 주님의 역사를 기다리실 수 있기를 바란다.

이스라엘 백성이 요단강을 건너고 여리고 전쟁을 목전에 둔 시점에 하나님은 갑자기 할례를 명하셨다. 할례를 받으면 싸울 수 없고 아무것도 할 수 없다. 그야말로 완전히 무장해제다. 힘을 빼신 것이다. 그들이 힘을 내서 여리고성을 부수려면 5만 4천 년, 숟가락으로 파려면 10만 4천 년이 걸린다. "우리 힘내서 여리고성 한번 힘차게 긁어냅시다!" 한다고 될 일인가? 그러나 힘을 빼고 이제 승리와 자신들의 운명은 하나님께 달렸음을 인정할 때 그들의 손가락 하나 댈 필요 없이 하나님께서 여리고성을 허물어주셨다.

진짜 내 힘과 능력으로 안 되는 문제를 만났을 때는 더 힘낼 것이 아니라 차라리 힘을 빼라. 내가 뭔가 해보려다가 부작용 내고 더 힘들어진 일이 얼마나 많은가? 이제는 그러지 말자. 타이어의 바람만 빼면 될 문제를 더 큰 장비, 더 큰 희생으로 풀어보려는 잘못된 시도를 멈추고 하나님을 신뢰하자. 힘을 빼야 하나님이 그때부터 일하신다. 힘을 빼는 그 순간이 하나님이 개입하시는 순간이다.

하나님께 긍휼히 여김 받는 인생

야곱이 얼마나 꾀쟁이인가. 그는 축복이 다 자기 꾀로 얻어진 줄 알았다. 구매자의 욕구가 최고치에 다다랐을 때 내가 거래 타이밍을 잘 잡아서 팥죽을 팔고, 내 연기력이 출중해서 형 흉내를 잘 내서 축복받은 줄 알았다. 그러나 그가 진정 축복을 얻은 것은 얍복 나루에서 환도뼈가 어긋나고 하나님만 의지하게 되었을 때였다. 자기 힘으로는 아무것도 할 수 없을 때 비로소 하나님이 그 삶에 개입하고 역사하셨다.

세상 사람들은 잘나고 똑똑한 사람 찾아 줄을 서지만 하나님은 불쌍하고 가련한 자, 긍휼히 여길 자를 찾아오셔서 그 인생에 개입하신다. 성경에 그런 만남이 얼마나 많은가. 구약에서 가장 악한 사람의 대명사는 아합인데 그 악하고 불의한 아합마저도 하나님의 긍휼히 여김을 입어 심판을 유예받은 적이 있다.

하나님께서 엘리야를 통해 아합 집안에 멸망을 선포하시자 이 악한 우상숭배자 아합 왕이 옷을 찢고 굵은 베로 몸을 동이고 금식하고 굵은 베에 누우며 풀이 죽어 다녔다(왕상 21:27). 그러자 하나님은 그렇게 악한 자조차도 긍휼히 여겨 심판을 유예해주셨다.

> 아합이 내 앞에서 겸비함을 네가 보느냐 그가 내 앞에서 겸비하므로 내가 재앙을 저의 시대에는 내리지 아니하고 그 아들의 시대에야 그의 집에 재앙을 내리리라 하셨더라 왕상 21:29

가장 복된 삶은 하나님께 짠한 인생이다. 하나님은 겸손하고 짠한 인생 가운데 역사하시고 복을 주신다. 그런데 우리는 그것도 모르고 교회 안에서 강한 척, 있는 척, 믿는 척, 할 수 있는 척, '척척쇼'를 한다. 그러면 안 된다. 하나님 앞에서는 긍휼함을 입는 인생 되고 세상에서는 당당해야 하는데, 우리는 그것마저 반대로 해서 하나님 앞에서는 고개를 빳빳이 들다가 세상에선 굽신거린다.

아니다. 옥에 갇히고 돌 맞고 고문을 당해도 오히려 스스로 그 자리를 자처하며 사자처럼 포효하며 시대를 꾸짖을 수 있는, 세상이 감당치 못할 믿음으로 "야, 저놈은 도대체 저런 처지, 저런 환경에서 어떻게 저렇게 담대할 수 있을까?" 이런 소리를 듣는 멋진 인생 되시길 바란다.

회칠한 무덤 같은 신앙은 버려진다. 내 안에 생명력도 없는데 겉으로만 쇼하는 것이 바리새인의 신앙 아니겠는가. 우리의 교회와 예배와 신앙과 삶이 이렇지 않기를 간절히 바란다. 회칠하지 말고 있는 그대로 상한 심령 가지고 나와서 긍휼을 구하고 은혜의 옷자락에 매달릴 때 하나님께서 우리를 살리시고 회복시켜주시고 풀어주시고 응답하시고 고쳐주실 줄 믿는다.

삶의 주도권을 하나님께 드려라

힘을 뺀다는 것은 한마디로 내 자아를 내려놓는 것이다. 자아는 원하는 것을 원하는 내 마음이고, '자아를 내려놓는' 것은 뭔가를 가지려고 몹시 애쓰며 싸워서라도 얻으려 하는 야망과 내 인생의 주인 노릇을 내려놓는다는 것이다. 당신의 삶과 사역을 주도하는 존재는 당신인가 하나님이신가? 아직도 당신 인생과 사역의 주도권, 지휘권, 통수권을 하나님께 이양하지 않은 채 자신이 이끌고 있는 것이 아닌가?

그래서 졸작처럼 여겨지고 엉망진창 꼬이고 엉킨 인생이었다면 이제는 그분께 삶의 주도권을 내어드려라. 그분이 역사하실 수 있도록 내 삶의 통치권을 드리며 "하나님이 제 삶의 주인이십니다. 이제 하나님께서 제 삶을 이끌어주시고 지휘해주세요"라고 간구하는 멋진 이양(移讓)의 작업이 지금 일어나기를 간절히 바란다.

내가 내 인생의 주인 되어 내 삶을 내가 이끌어갈 수 있다고 착각하지 말라. "나는 아무것도 아닙니다. 나는 아무것도 할 수 없습니다. 주님의 능력만 바랍니다. 주님의 구원만 원합니다" 고백하며 내 모든 삶의 주도권과 통수권을 이양해버리면 하나님께서 내 삶을 이끌어가실 것이다. 그때 비로소 똑같은 사람, 똑같은 공동체가 이전과는 비교할 수 없이 멋지게 변화되어 가장 위대한 인생을 살아갈 수 있다.

　모세는 힘 빼는 데 80년이 걸렸다. 그리고 완전히 아무것도 아님을 스스로 고백할 때 하나님이 거룩한 사명자로 위대한 인생으로 사용하시고 이끄셨다. 힘을 빼자. 자아를 내려놓고 하나님이 내 인생의 주인 되시게 하자. 그때 일하시는 하나님의 역사를 이제 목도하자! 지금 내가 아무것도 가지지 못한 것 같은 그 광야가 실은 하나님이 개입하시는 현장이며, 그 절망의 순간이 역사하시는 가장 멋진 순간임을 믿는다.

10

휴식을 취하라

여호와의 천사가 또 다시 와서 어루만지며 이르되

일어나 먹으라 네가 갈 길을 다 가지 못할까 하노라 하는지라

이에 일어나 먹고 마시고 그 음식물의 힘을 의지하여

사십 주 사십 야를 가서 하나님의 산 호렙에 이르니라

왕상 19:7,8

월화수목금금금으로도 안 될 때

지금은 소아마비 백신이 다 개발되어서 아기가 생후 2개월 되면 바로 주사를 맞히니 소아마비로 고통받는 사람이 거의 없지만 옛날에 이 병은 많은 어린이의 생명을 앗아가고 장애를 남기는 심각한 질병이자 사회적 문제였다.

1950년대 초반, 미국 피츠버그 대학 의과대학의 조너스 소크(Jonas E. Salk) 교수는 소아마비 백신 개발 프로젝트팀에 참여해 연구실에 틀어박혀서 그야말로 '월화수목금금금'의 삶을 살며 백신을 개발하려고 쉼 없이 연구, 노력했다. 그러나 아무리 노력해도 번번이 실패로 돌아가고 도무지 해답을 찾을 수 없자 완전히 지쳐서 이제 안 되겠다, 모르겠다 포기한 채 배낭 하나 메고 이탈리아로 여행을 떠났다.

이탈리아 중부 아시시(Assisi)의 성 프란체스코 대성당 지하에 있는 수도원으로 들어가 몇 날 며칠을 정말 아무것도 안 하고 오랜만에 안식을 누리며 편안하게 쉬고 있던 어느 날, 소크는 마치 '쇼크'를 받은 듯 갑자기 백신에 관한 기발한 아이디어가 번뜩 떠올라 종이에 미친 듯이 메모했다. 그 길로 곧장 짐 싸서 연구실로 돌아온 그는 그 아이디어로 실험에 돌입했고 결국 백신 개발에 성공했다.

열심히 하는 것도 물론 중요하지만 때로는 내려놓고 쉬는 것이 더 중요하다. 우리는 문제가 풀리지 않을 때 더 열심히 일하고 더 열정적으로 그 문제에 몰입해야 풀릴 것으로 생각하지만 어떤 때는 차라리 내려놓고 쉬는 것이 문제가 풀리는 가장 좋은 방법이고 길일 때가 있다.

엘리야의 번아웃

엘리야는 정말 목숨 걸고 치열하게 사역했다. 하나님의 말씀을 선포할 주의 종들이 없어져 갈 때 그는 목숨 걸고 아합에게 하나님의 말씀을 선포했고 그릿 시냇가에 숨어 굶어 죽을 뻔할 때도 하나님께서 공급하시는 힘으로 살았다. 마침내 갈멜산에서 바알과 아세라 선지자 850명과 머뭇머뭇하는 백성들 앞에 홀로 서서 하나님이 실로 살아계신 하나님이심을 증명하는 놀라운 영적 승리를 이루어냈다. 또 아합의 불의함과 이스라엘의 패역함 때문에 삼 년 반 동안 비가 내리지 않았던 땅에 그가 간절히 연이어 기도하자 폭우가 쏟아지는 기쁨도 맛보았다.

엘리야에게는 실패가 없을 것 같고 그가 가는 길에는 항상 승리와 기쁨만 있을 것 같았다. 하지만 그런 그도 어쩔 수 없이 연약한 한 인간일 뿐이었다. 사람은 연약해서 치열한 삶 속에서 언젠가는 그 한계를 맞을 때가 있다. 갈멜산의 대승리를 거둔 후, 엘리야는 심각한 영적 위기를 맞게 된다.

이세벨이 바알과 아세라 선지자 850명이 죽었다는 소식을 듣고는 엘리야에게 사신을 보내 "내가 너 죽인다. 만약 내일까지 네가 살아있으면 내가 죽는다"라고 했다. 잔인한 그 말에, 언제나 강하고 꼿꼿하게 결의에 차서 승리의 길만 달려갈 것 같았던 주의 종 엘리야가 그만 무너지고 말았다.

> 자기 자신은 광야로 들어가 하룻길쯤 가서 한 로뎀 나무 아래에 앉아서 자기가 죽기를 원하여 이르되 여호와여 넉넉하오니 지금 내 생명을 거두시옵소서 나는 내 조상들보다 낫지 못하니이다 하고 왕상 19:4

탈진한 엘리야는 광야 사막을 하룻길이나 들어간다. 그것은 완전히 삶을 포기해버린 자살행위였다. 사막에서 하루를 그냥 걸어 들어갔다면 다시 못 나온다. 중간에 베이스캠프가 없으면 그건 죽는 것이다. 엘리야는 죽기를 자청하며 사막 한복판으로 터덜터덜 하루종일 걸어 들어간 것이다. 나도 사막에 갔다가 정말 죽을 뻔한 적이 있다. 바다가 저기 보이고 금방 갈 것 같은데 걸어도 걸어도 끝이 없었다. 두려움과 탈진 끝에 결국 구급차로 실려 나왔는데 그때를 생각하며 엘리야를 보니 '하나님, 저 죽고 싶습니다' 그 마음이 느껴져 같은 사역자로서 정말 눈물이 많이 났다.

목회자를 위해 기도해주자

정말 치열하게 사역하고 있는데 그 가운데로 갑자기 공허함이 밀려올 때가 있다. 엘리야도 치열한 사역 중 영적 위기를 만났다. 완전히 탈진하여, 일명 번아웃(burnout) 되어 사역을 포기함은 물론 하나님께 죽기를 청할 정도로 애처롭게 쓰러져가고 있었다.

엘리야의 위기는 그저 어느 한 사람이 쓰러지는 문제가 아니라 시대의 영적 위기였다. 그가 쓰러지면 그 시대에 말씀의 통로가 막히고 민족적, 국가적으로 위기가 도래하는 것이었다. 그래서 나는 이 장 가운데 독자 여러분에게 여러분의 목회자를 위해 기도해주실 것을 특별히 부탁드리고 싶다.

나도 쉴 틈 없이 일하고 수많은 사람들 앞에서 집회하고 환호를 듣다가 숙소로 돌아와 고요한 방에 혼자 앉아 있으면 문득 공허함 속에서 갑자기 눈물이 나며 나의 연약함과 나도 어쩔 수 없는 인간임을 느낄 때도 있다. 어떤 때는 내게도 목사님이 계셨으면 좋겠다는 생각도 든다. 교인들이 힘들고 지치고 끝에 몰리면 목사님을 찾아가 같이 기도하고 위로받는 것처럼, 내게도 그렇게 기도해주고 목숨 걸고 같이 그 일을 해결해주고 도와주는 목사님이 있었으면 좋겠다는 마음이 들며 눈물이 나곤 한다.

엘리야처럼 목사는 한낱 인간일 뿐이다. 목사를 추종할 필요는 없으며 신격화해서는 안 된다. 하지만 추종하지 말라는 뜻이지 나 몰라라 하라는 것이 아니다. 그를 위해 기도해주어야 한다. 목사도 한낱 인간일 뿐이라 넘어지고 쓰러지고 실수할 수밖에 없다. 그러니 곁에서 도와주고 기도해주어야 그나마 덜 망가진 모습, 좀 나은 모습으로 주님 앞에 나아가고 여러분을 건강하게 영적인 축복의 길, 생명의 길로 안내할 인도자가 된다.

당신의 영적 생명과 건강을 책임지는 주의 종을 위해서 아론과 훌처럼 끊임없이 기도하고 협력하고 잘 섬겨주기를 주님의 이름으로 부탁드린다. 그가 로뎀나무 밑의 엘리야처럼 목회 가운데 쓰러지지 않도록, 그의 목회가 중단되지 않도록 지켜주는 것은 당신의 영적 건강과 생명을 지키고, 더 나아가 당신의 공동체와 자녀들의 인생이 영적 축복과 건강으로 이어지는 가장 좋은 일이다.

쉼과 휴식의 능력

사역의 위기, 인생의 위기. 엘리야도 풀 수 없는 이 문제를 누가 해결하겠는가. 그런데 하나님이 해결해주셨다. 하나님의 해결 방법은 간절히 기도로 매달리거나, 기가 막히게 좋은 프로그램과 시스템을 도입하거나, 어디 가서 세미나를 듣고 혁신적인 목회 아이디어를 얻는 것이 아니었다. 그저 거기서 먹고 자고 쉬는 것이었다.

먹고 자고 먹고 자고 했더니 그렇게 죽을 것 같고 사역 못 할 것 같고 살 소망도 잃었던 엘리야가 갑자기 힘을 냈다. 얼마나 힘이 넘쳐났는지 벌떡 일어나 사십 일을 밤낮없이 달려가서 하나님을 대면하는 호렙산에 가서 이르렀다. 아무 일도 없었던 것처럼 그 문제가 해결되었다. 때로는 쉬는 것이 해결의 열쇠요 실마리가 될 때도 있다.

나 역시 거의 하루도 빠짐없이 집회사역을 하고 방송, 집필, 강의, 설교 준비와 우리 교회 일, 얼마 전에 설립한 물맷돌 대안학교 관련 계획 및 업무 등으로 쉴 틈도 없을 정도로 사역하는데, 그러다 보면 힘들고 지쳐 사람이 예민해진다. 그래서 사역 중에 조금 준비가 미흡하거나 나를 수행하는 사역자들이 뭔가 조금 잘못하면 이것을 참아내지 못해서 나도 모르게 화를 내게 될 때가 있다.

그럴 때 내가 쓰는 방법은 다 내려놓고 자는 것이다. 그냥 하루 종일 자는데 어떤 때는 20시간도 잔다. 그렇게 푹 자고 일어나면 그간의 모든 분노나 문제들이 다 사라져 있을 때가 많다. 내가 뭔가 어떻게 한 것도 아닌데 그렇다.

어떤 때는 쉼 자체가 능력이다. 우리는 쉬고 휴식하는 것을 무능력하고 무기력하게 여기는 면이 있는데 쉼만큼 강력한 무기가 없다. 너무 힘들고 너무 치열할 때는 잠시 내려놓고 쉬어도 된다. 뒤에서 다시 언급하겠지만 쉼과 휴식은 하나님의 법칙이다. 그러니 그것이 절대로 뒤로 밀리거나 내 인생에 손해가 되지 않음을 믿었으면 좋겠다. 일할 때 일하고 쉴 때는 쉴 줄 아는 지혜로움을 지니기 바란다.

왜 망치로는 되고 가위로는 안 될까?

한 가지 상상을 해보자. 천장에 줄 두 개가 매달려 있고 당신은 이 줄들을 하나로 이어야 하는데 두 줄은 내 양팔 벌린 거리보다 조금 더 떨어져 있어서 한쪽 줄을 잡으면 아무리 팔을 뻗어도 다른 줄이 손에 닿지 않는다. 그때 당신에게 가위가 주어진다. 이것으로 어떻게 두 줄을 연결할 수 있을까?

가위를 받은 사람들은 대부분 한 손으로는 끈을 잡고 다른 손으로는 가위를 잡고 가윗날로 반대편 줄을 잡으려고 하는데, 그러다 오히려 줄이 잘려 연결은 점점 더 어려워진다. 가윗날을 잡고 손잡이 쪽으로 다른 줄을 잡으려 해도 못 잡는 것은 마찬가지였다.

이것은 심리학자 노먼 마이어(Norman Maier)의 유명한 '두 줄 실험'(Two Ropes Problem)인데 명문대생들을 대상으로 한 이 실험에서 학생들의 90퍼센트가 문제해결에 실패했다. 그런데 가위가 아닌 망치를 받으면 100퍼센트 다 푼다. 어찌 된 일일까? 망치를 주면 한쪽 줄에 망치를 묶고 한 걸음 더 가서 다른 줄을 잡는데 가위를 주면 '가위는 이렇게 잡고 뭔가를 자르는 것'이라는 고정관념 때문에 가위에 단순히 줄을 묶어볼 생각을 못 하는 것이다.

그런데 다른 도구(망치)를 주지 않고도 해결할 방법이 있었다. 일단 산책을 시킨 것이다. 그러면 그중 약 70퍼센트 정도가 산책하다가 10분도 안 돼서 달려 들어와 가위로 문제를 해결했다. 처음에는 10퍼센트밖에 못 푼 문제를 도구나 환경을 바꾸지 않고도 무려 70퍼센트가 풀어내게 한 솔루션은 바로 딱 하나, 휴식이었다. 새로운 환경에서 휴식을 취하는 동안 고정관념이 깨지고 창조적인 아이디어가 떠오른 것이다.

막혀있는 채로 반복되는 일상이 굳은살처럼 고정관념으로 굳어지고, 리프레시(refresh) 될 시간과 공간이 공급되지 않고 계속 막혀있으면 고정관념이 더욱 굳어지며 결국 영적으로도 침체하게 된다. 산책과 여행만으로도 문제해결 능력과 창의적 사고능력이 향상된다고 한다. 고정관념을 깨뜨리고 창조적인 아이디어를 얻기 위해 필요한 것은 다른 환경에서 사고를 전환할 기회와 휴식, 이 두 가지다.

앞 장에서 힘을 빼면 간단하게 풀린다고 했는데 쉼과 휴식이야말로 우리 인생에서 경직된 부분을 내려놓고 힘을 빼게 만들어주는 존재다. 당신도 쉼을 누리고 그 쉼이 삶의 문제를 풀어낼 놀라운 실마리들을 발견하는 복된 시간이 되기를 바란다. 그리고 당신의 영적 지도자들, 주의 종들이 잘 쉬고 새로운 환경과 변화 속에서 계속 리프레시 될 수 있도록 돕고 협력해주기를 부탁드린다.

고기는 조금 식혀서 드세요

스테이크 좋아하는 분들이 많은데 스테이크는 잘 굽는 것보다 잘 식히는 것이 중요하다는 사실을 아시는지? 구운 스테이크를 실온에 두고 조금 기다리는(셰프마다 약간 다르지만 약 6-7분 정도) 것을 레스팅(resting)이라 하는데 스테이크에는 이 레스팅 작업이 꼭 필요하다. 고기를 구우면 "식기 전에 빨리 드세요!" 하는 우리로서는 이해가 잘 안 되는 과정인데 왜 레스팅을 해야 할까?

고기를 굽느라 열을 가하면 고기가 수축하면서 육즙이 안쪽 중심부로 모이게 된다. 그래서 굽자마자 바로 썰면 겉쪽과 안쪽의 맛이 다르다. 그러나 레스팅을 하면, 즉 상온에 가만히 놔두고 기다리면 육즙이 서서히 고기 전체로 다시 퍼지면서 고기도 촉촉해지고 전체가 고루 맛있어진다.

이 글을 쓰며 나도 문득 내 삶을 돌아보다가 '사역도 삶도 뜨겁게 가열하듯 열정적으로 일하는 것도 중요하고 그 가운데 나의 에너지와 내 사역 중에 누리는 축복과 희열도 있지만, 사역으로 내 생활이 너무 경직되고 응축돼서 이런 것들이 한쪽에만 모여있으면 참 맛없는 인생이 될 수도 있겠다'라는 생각이 들었다.

그래서 육즙이 고기 전체로 퍼지듯, 내 사역에 몰리고 응축되어 있는 나의 에너지가 내 삶 전반에 고루 퍼지고 우리 가족과 사랑하는 성도들, 주변 사람들에게도 퍼져나갈 수 있도록 가끔은 좀 무의미해 보이는 시간처럼 보여도 레스팅(쉼)의 시간을 가져야겠다는 생각을 해보았다.

당신의 인생도 마찬가지다. 맛있는 고기를 먹으려면 뜨거운 열만 가해서 되는 게 아니라 잘 레스팅하는 것이 필요하듯, 뜨거운 열정도 있어야 하지만 잠시 쉬며 천천히 그 열정의 결과물이 내 인생, 가족, 소중한 사람들에게 퍼져나가는 것을 기다리는 기다림과 쉼의 시간도 필요하다.

안식은 하나님의 창조 섭리

이것은 하나님의 섭리이기도 하다. 하나님께서 천지창조를 마치시고 하시던 모든 일을 그치고 일곱째 날에 안식하셨고(창 2:2), 인간에게도 "안식일을 기억하여 거룩하게 지키라"(출 20:8)라고 명하셨다. 하나님께서 그분의 형상을 따라 우리를 지으시고는 "너희도 칠 일째 한 번은 쉬어야 너희들에게 가장 강력하고 아름다운 인생을 살 수 있어"라고 매뉴얼을 주셨으니 우리는 그 설계대로 살아가는 것이 좋다.

AD 313년에 기독교가 로마의 국교로 제정, 공인되면서 그때부터 안식일이 아니라 주일을 지키게 되었다. 주일은 주님이 부활하신 날이다.

우리는 주일을 통해 노동을 금하는 육체의 휴식 정도가 아니라 진정한 안식을 누린다. 노동과 고통으로 힘겹고 고단한 이 땅에서 우린 나그네 일 뿐이며 이 삶에는 끝이 있다는 것, 천국에 영원한 생명과 안식이 있다는 것을 죽음에서 부활하셔서 우리에게 소망으로 알려주신 예수님께 감사하고 기뻐하며 예배하는 것이야말로 진정한 휴식이요 진정한 영적 안식이다.

예수님이 공생애 사역 중에 질병을 고치고 귀신을 쫓아내고 죽은 자를 살리시니 수많은 사람이 예수님께 몰려왔다. 그럴 때 예수님은 계속해서 그리고 반복적으로 한적한 곳을 찾아가서 시간적, 공간적으로 쉼과 휴식을 확보하셨고 쉬면서 또 기도하셨다. 예수님은 하나님이신데도 이 땅에 우리 인간의 모습으로 오니 연약하고 한계가 있어 쉬실 수밖에 없는 존재였음을 우리에게 보여주신 것이다.

하물며 한계가 있는 우리랴! 하나님의 창조질서를 인정하여 6일간은 힘써 일하고 일곱째 날에는 쉬어야지, 주일에도 막 일하고 자녀들 공부시키고 학원 보내서 될 일이 아니다. 할 때는 열심히 하고 주일에는 쉬며 주님 앞에 예배드리고 온전히 안식할 때 영혼이 잘됨과 같이 범사에 잘되고 강건할 것이다. 진정한 휴식을 거부하면 당장은 내 삶에 유익인 것처럼 보여도 절대로 그렇지 않다는 것을 하나님께서 역사 속에서 증명해 주셨다.

역사가 증명하는 안식일의 창조 섭리

프랑스 혁명은 기독교 신앙을 달가워하지 않는 무신론자들이 주체가 된 혁명이었다. 그들은 프랑스에 빨리 근대화를 이루기 위해서 노동에 더 집중시키려고 주일을 10일제로 지키게 했다. 하나님의 설계는 원래 7일에 한 번 쉬는 것인데 그들은 10일에 한 번 쉬게 한 것이다. 6일 일할 것을 9일을 연달아 일하면 더 잘될 것 같았지만 국가 전체의 생산성은 무려 40퍼센트나 하락했다. 그래서 그들은 할 수 없이 하나님의 섭리를 인정하고 7일제로 돌아올 수밖에 없었다.

소련의 공산혁명도 마찬가지였다. 레닌은 신약성서를 통째로 외우기도 했지만 예수 그리스도를 부정하고 기독교를 가장 박해했던 공산당 지도자다. 그는 공산국가를 세우면서 가장 박멸할 대상으로 기독교를 정하고 제일 먼저 7일째이던 주일을 8일째로 바꿨다. 그렇게 하면 1년 52주 중 진짜 주일과 만나는 날이 7,8번뿐이므로 주일을 지키지 못하게 하려는 것이었다. 그런데 그 결과 노동생산성이 무려 30퍼센트나 감소하고 말았다.

그러자 공산당은 "우리는 기독교보다 더 노동자 편이다. 그래서 5일 동안만 일하고 6일 만에 쉬도록 하겠다"라고 노동자들을 현혹하며 제도를 6일제로 바꾸었다. 6일 일할 것을 5일 일하고 쉬게 하니 생산성이 향상될 줄 알았는데 도무지 다시 높아지지 않았고, 결국 하나님께서 말씀하시고 섭리하신 대로 다시 7일째로 돌아오니 노동생산성이 높아졌다고 한다.

사역의 분주함과 인파 속에서도 한적한 곳에서 쉼과 기도의 시간을 가지신 예수님께서 우리 육신의 한계와 연약함을 아시고 오늘도 우리를 이렇게 부르신다.

수고하고 무거운 짐 진 자들아 다 내게로 오라 내가 너희를 쉬게 하리라 마 11:28

진정한 쉼은 예수님께 있다. 그 품에서 우리는 진정한 안식과 쉼을 누릴 수 있다. 내 영혼 주님 품에 안에 있을 때, 주님 안에 거할 때 가장 안전하다. 힘들고 지칠 때 당신은 어디에서 안정과 평안을 누리는가?

11

간절함을 품어라

열두 해를 혈루증으로 앓아 온 한 여자가 있어 많은 의사에게
많은 괴로움을 받았고 가진 것도 다 허비하였으되 아무 효험이 없고
도리어 더 중하여졌던 차에 예수의 소문을 듣고 무리 가운데 끼어
뒤로 와서 그의 옷에 손을 대니 이는 내가 그의 옷에만 손을 대어도
구원을 받으리라 생각함일러라

막 5:25-28

달리기 선수도 따라잡지 못한 여자들

88 서울올림픽 100미터 경기의 금메달리스트 벤 존슨은 칼 루이스와 함께 세계를 제패했던 당대 최고의 육상스타였다. 그가 이탈리아 로마에서 관광할 때의 일이다. 집시 모녀가 그에게 다가와 도와달라고 했는데, 벤이 10살가량 된 어린 소녀를 보고 경계심이 풀린 사이에 소녀는 엄마의 망토 밑에서 지갑이고 뭐고 다 털어갔다. 잠시 후 소매치기당한 것을 깨달은 벤 존슨이 그들을 뒤쫓았지만 결국 못 잡고 이 사건이 해외토픽에 실렸다.

당시 그는 단거리 달리기 선수로서 최고의 전성기 때였는데도 여인과 소녀를 놓쳐버렸다. 제아무리 육상스타 벤 존슨이라 해도 목숨 걸고 뛰는 사람은 따라갈 수 없었던 것이다. 이것이 바로 능력도 실력도 뛰어넘는 간절함의 능력이다. '궁하면 통한다'라는 말은 간절하면 길이 열린다는 뜻이다.

사람들은 대개 자기가 능력이 부족해서 실패한다고 생각한다. 물론 능력도 배경도 스펙도 중요하다. 그러나 능력보다 간절함과 절박함이 인생의 성패와 결과에 더 큰 영향을 미치곤 한다. 내가 보니 조금 능력은 모자라고 스펙은 덜해도 간절하고 더 절박한 자가 승리하는 일이 더 많왔다. 조금 빨리 뛸 능력이 있는 사람도 있고 출발선이 더 앞선 사람도 있지만 그보다 더 중요한 것은 목숨을 건 간절함이다. 절박한 사람은 절대 못 이긴다.

역사학자 아놀드 토인비(Arnold J. Toynbee)는 "역사 속 승리는 죽을지도 모른다는 절박함에서 비롯되고 패배는 과거의 찬란함에 대한 향수에 젖어 일어난다"라고 말했다. 인류 역사를 연구해봤더니, 찬란했던 과거에 대한 향수에만 젖어있던 민족과 공동체는 망하고, 내가 죽을지도 모른다는 절박함이 있는 자들은 승리했다는 것이다. 결국 한 민족의 부흥과 승리, 패배와 쇠락은 그 공동체가 가진 능력과 강성함보다 절박함과 간절함과 더 관계가 있더라는 것이다.

'헝그리 복서'라는 말이 있다. 예전에 간절하고 절박할 때 우리나라는 복싱 강국이었는데, 나라가 풍요해지고 배가 불러지자 언제부턴가 복싱 메달을 따지 못하고 있다. 실력이 떨어져서가 아니다. 오히려 체격과 훈련의 질, 식단 등 환경은 훨씬 좋아졌지만 절박함이 사라지자 다른 것들을 잃게 되는 것을 본다.

간절함에서 기적과 은혜가 시작된다

> 나를 사랑하는 자들이 나의 사랑을 입으며 나를 간절히 찾는 자가 나를 만날 것이니라 잠 8:17

진정한 인생의 승자는 하나님께서 만나주시고 도우시는 사람이다. 그러면 하나님은 어떤 자를 만나주실까? "나를 간절히 찾는 자"라 하신다. 그냥 아무나 만나주시는 것이 아니다. 하나님을 정말로 사랑하는 자들에게 그분의 사랑을 입혀주시고 하나님을 간절히 찾는 자를 만나주신다. "뭐, 만나주시면 좋고 아니면 말고요" 이런 사람은 절대로 하나님 못 만난다. '오늘 하나님을 안 만나면 난 죽는다'라는 마음으로 절박할 때 하나님의 역사는 거기서 시작된다.

간절함에서 능력이 나온다. 신앙의 승리, 영적 승리는 간절함에서 비롯된다. 간절한 자가 하나님을 만나고 그 은혜와 능력도 공급받게 된다. 아무리 배경이 좋고 신앙의 연조가 있어도 간절함이 없으면 하나님의 능력의 도구로 사용될 수 없고, 간절함과 절박함이 없는 공동체는 절대로 하나님의 역사 가운데 사용되지 못한다.

얼마나 간절한가? 언제까지 그 간절함을 유지할 수 있는가? 이것이 바로 그 사람의 능력이며, 결국 성공과 축복의 크기다. 뭔가 없고 모자라는 사람들이 간절할 것 같지만 실은 간절할 수 있는 것도 능력이다. 자신의 배경이나 능력을 따지기 전에 나는 그것에 대해서 얼마나 간절한가를 먼저 생각해보자.

이런 얘기를 하면 사람들은 대부분 자기가 간절하다고 주장하지만 간절함은 주장하고 설명하는 것이 아니라 행동으로 드러나고 증명되는 것이다. 간절함의 증거이자 간절한 사람들의 특징은 겸손과 인내와 도전이다. 정말로 간절하고 절박한 사람들의 삶에서는 그런 행동 양식이 나타난다.

간절함은 겸손이다

간절하면 겸손해진다. 자존심이고 체면이고 다 내려놓고 무조건 매달린다. 간절한 자가 뭘 따지겠는가. 수로보니게 여인의 겸손과 낮춤이 바로 그러한 간절함의 증거다.

이방 사람(헬라)인 수로보니게 여인이 예수님에게 와서 귀신 들린 딸을 고쳐달라고 청하자, 예수님은 "자녀의 떡을 취하여 개들에게 던짐이 마땅치 아니하니라"(막 7:27)라고 거절하신다. 여기서 자녀는 유대인, 개는 이방인, 떡은 은혜를 뜻한다. 이 은혜를 너 같은 이방인에게 줄 수 없다는 거절이다.

얼마나 자존심 상하는 냉정한 거절인가. 우리 같으면 "안 주려면 말지 뭐 이렇게까지 가슴을 후벼 파시냐"라며 돌아선다. "더러워서, 내가! 이 교회 아니면 없나?" 하고 떠난다. 그런데 이런 것이 간절함이 없는 것이다. 따지고 계산하고 주장하는 사람은 자기가 간절하다고 착각하고 있을 뿐 이미 간절함이 없는 것이다. 모든 것을 내려놓고 겸손할 수 있는 것이 진짜 간절함이다.

> 여자가 대답하여 이르되 주여 옳소이다마는 상 아래 개들도 아이들이 먹던 부스러기를 먹나이다 예수께서 이르시되 이 말을 하였으니 돌아가라 귀신이 네 딸에게서 나갔느니라 하시매 여자가 집에 돌아가 본즉 아이가 침상에 누웠고 귀신이 나갔더라 막 7:28-30

무시당하고 자존심 상해서 돌아갔으면 끝났을 것이다. 그런데 간절하니 겸손해졌다. "맞습니다. 저는 개입니다. 그런데 개들도 아들이 먹다 흘린 부스러기, 상 밑에 떨어진 부스러기라도 먹지 않습니까. 그 부스러기 같은 은혜라도 저에게 주십시오"라며 겸손하게 간절함으로 매달리니 그 풀리지 않을 것 같던 문제가 풀려버렸다. 당신은 간절한가? 이것은 겸손하냐는 질문이다. 그 은혜 앞에서 모든 것을 내려놓을 수 있느냐는 것이다.

〈골목식당〉이라는 프로그램을 보면 출연진과 백종원 사이에 아슬아슬하게 줄타기하는 미묘한 긴장감 때문에 화면에서 눈을 떼지 못할 때가 많다. 요리를 평생 해온 사람, 자기 레시피가 있고 자부심을 안고 살아온 사람들이 그 앞에서 자존심 상한 게 보이는데 그래도 돈이 걸리고 생계가 걸리니까 결국은 꾹 참아내고 백종원의 권위를 인정한다.

그걸 보면서 돈만 걸려도 저렇게 자존심도 내려놓을 수 있는 절박함과 간절함이 있는데, 은혜가 걸리고 영혼이 걸린 일에서는 그러지 못하는 우리의 모습이 떠올라 안타까웠다. 우리는 돈 앞에서는 구질구질해도 고개를 숙이는데 은혜와 영혼 앞에서는 결국 겸손함이 없다. 조금만 내 자존심 건드리고 내 자아와 부딪히면 이것을 내려놓질 못한다. 그것의 귀함을 모르니까 간절하고 절박하지 않기 때문이다.

자기를 주장하고 자기 감정과 자존심이 앞선다면 절박하지 않은 것이다. 그러면 내가 열심히 내 위주로 인간 본위로 교회 생활은 잘할 수 있겠지만 성령이 임하시고 하나님이 개입하시는 하나님 역사는 일어나지 않는다. 겸손함으로 모든 것을 내려놓을 수 있는 진짜 간절함이 우리에게 있기를 바란다.

간절하면 끈질기게 인내한다

간절함은 끈질김과 인내로 증명된다. 간절한 사람들은 주장하는 대신 끈질기게 매달린다. 포기하지 않는다. 누가복음 18장에서 불의한 재판장에게 자기의 억울함을 호소하는 과부가 그러하다. 그 재판장은 하나님을 두려워하지도 않고 사람을 무시하는 나쁜 사람이었지만 이 과부가 포기하지 않고 자꾸 찾아와서 억울함을 토로하니까 '내가 이 여자의 말을 들어주지 않으면 계속 나를 번거롭게 하겠구나' 해서 결국 이 과부의 청원을 들어주었다.

> 그가 얼마 동안 듣지 아니하다가 후에 속으로 생각하되 내가 하나님을 두려워하지 않고 사람을 무시하나 이 과부가 나를 번거롭게 하니 내가 그 원한을 풀어주리라 그렇지 않으면 늘 와서 나를 괴롭게 하리라 하였느니라 눅 18:4,5

예수님은 그 이야기를 들어 "끈질기게 간절하게 구하는 것을 불의한 재판장도 들어주는데 하물며 하나님 아버지가 들어주시지 않겠느냐"라고 말씀하셨다. 불의한 재판장에게일지라도 포기하지 않고 끈질기게 억울함을 호소하는 이 과부의 간절함이 우리의 간절함 되어 하나님께 상달되기를 바란다.

간절함은 포기하지 않고 끈질기게 매달리고 참아내는 것이기에 신앙의 능력 또한 간절함이다. 마태복음 20장에 나오는 두 맹인은 예수님이 지나가신다고 하자 자신들을 불쌍히 여겨달라고 소리를 질렀다. 무리가 조용히 하라고 꾸짖어도 계속 "주여 우리를 불쌍히 여기소서 다윗의 자손이여"(마 20:30,31)라고 끈질기게 외쳤고, 그러자 예수님이 불쌍히 여겨 그들을 불러 눈을 고쳐주셨다.

어떤 냉대와 거절에도 끝까지 포기하지 않는 것이 간절함이다. 당신의 간절함을 설명하고 절박함을 주장하려 들지 말라. 오늘 나에게 이런 끈질김이 있는지, 기도제목들 붙들고 얼마나 끈질기게 기도하는지 돌아보라. 이 간절함과 절박함이 있다면 하나님께서 당신의 기도에 반드시 응답해주실 것이다.

간절한 자는 모험하고 도전한다

배부르고 간절하지 않은 사람들은 모험하지 않고 그냥 이 삶 안에서 해결해보려고 하지만, 간절한 사람들은 모험을 감행하고 도전을 시작한다. 이것을 보면 진짜 간절함인 줄 알 수 있다.

하만의 음모로 유다 민족이 다 죽게 되었다. 이 정도로 간절하고 절박한 문제가 아니었으면 대충 어떻게 정치적으로 풀어보고 상황을 기다렸겠지만, 상황이 너무나 절박하니 "죽으면 죽으리이다"(에 4:16) 각오하고 상황적으로 할 수 없는 일을 감행한다.

간절한 자들은 내 형편을 뛰어넘는 도전을 한다. 내가 상황이 이렇고 환경이 이래서 못 한다고 핑계 대지 않는다. 많은 사람, 많은 교회, 많은 목회자가 다 간절하다고 주장은 하는데 헌신의 도전이 없고 순종의 모험이 없다. 그저 할 수 있는 선 안에서, 형편과 시간이 되는 선에서만 움직이면서 자기는 간절하다고 착각한다. 그러니 하나님 역사가 일어나질 않는 것이다.

열왕기하 6장에서 아람 군대가 사마리아를 포위해 성 안에서는 식량이 떨어져 나귀 머리, 비둘기 똥을 먹고 자식까지 잡아먹는 비참한 상황이 벌어졌다. 그러니 나병 환자들의 처지는 더 말할 나위도 없었다. 이제 죽음을 목전에 둔 이 거지들은 "여기서 굶어죽나 적진에 가서 칼에 죽나" 하며 아람군 진영으로 간다. 진짜 절박하면 모험이 시작된다.

당신에게 영적 도전과 모험이 있는가? 내 계산 안에서만 신앙이 돌아간다면 그것은 신앙생활이 아니라 내가 경영하는 경영생활일 뿐이다. 신앙은 하나님을 전적으로 신뢰해서 모험하는 것이다. 쉬운 순종과 헌신은 없다. 항상 하기 어려운 상황에서 모험하는 것이다. 하나님 말씀이 오면 그런 불가능한 형편에서도 모험할 수 있다. 나는 하나님밖에 없으니까 그 절박함이 모험을 가능하게 한다.

'이거 하면 돈 벌 수 있다' 싶어서 땅 사고 건물 사고 뭔가 투자할 때는 리스크를 감수하지 않는가? 그런데 하나님 앞에서는 모험하지 않는다. 왜인가? 돈에 대한 절박함은 있는데 하나님에 대한 절박함은 없기 때문이다. 절박한 줄 알았는데 실은 절박하지 않았던 것이다.

겸손과 끈기, 도전은 함께한다

12년 동안 혈루증을 앓아서 여러 의사를 만나고 돈도 다 썼지만 소용없었던 여인이 있었다. 이제 끝까지 간 것이다. 진짜 절박하고 간절하니까 이 여인은 모험을 감행한다.

나는 이 장면을 '은혜의 인터셉트(Intercept, 구기 종목에서 상대 팀의 패스를 가로채는 행위)'라고 표현하고 싶다. 회당장 야이로의 딸을 구원해주려 예수님이 가시고, 그 기적을 보려는 사람들이 예수님을 에워싸고 따라가고 있을 때였다. 자기에게 향하신 은혜의 장면도 아닌데 갑자기 이 여인이 사람들을 헤집고 들어가 예수님의 옷자락을 만진다. 예수님의 옷자락만 만져도 나을 수 있다고 믿었기 때문이다.

이 행동이 얼마나 모험인지 모른다. 당시 율법에 따르면 이 혈루증은 불가촉(不可觸) 율법에 적용되는 질병이다. 부정한 질병이기 때문에 누구와 접촉하면 안 되었다. 불가촉 율법에 저촉되는 질병과 부정함을 갖고 있는 사람들은 누가 나에게 가까이 오면 비참하게도 "나는 부정합니다!"라고 알려야 할 통보의 의무가 있었다.

그런데 사람들이 몰려오면 그들 앞에서 나는 부정하다고 외쳐야 하는 그 여인이 거꾸로 예수님을 에워싼 군중 속으로 비집고 들어가서 수많은 사람과 스스로 접촉한 것이다. 만약 이것이 드러나면 돌에 맞아 죽는 일이었으나 이 여인은 너무 간절하고 절박했기 때문에 모험을 감행했다. '오늘 여기서 반드시 예수님의 기적과 같은 은혜를 누리리라. 저 옷자락이라도 만지면 내가 살리라'라는 간절함으로 모험을 감행하고 결국 구원받게 되었다.

간절한 사람의 특징 세 가지는 가만 보면 다 똑같다. 간절하니 '난 예수님께 감히 청하여 기도받기도 어려워. 그분의 옷자락이라도 만지려고 해'라는 겸손함이 있었다. 12년 동안 그렇게 어려운 삶의 문제에도 포기하지 않고, 어려운 상황에도 비집고 들어가서 예수님을 만나는 끈질김이 있었다. 결국에는 예수님을 만나려고 목숨 걸고 모험을 감행했다. 모든 간절함에는 겸손과 끈기, 도전의 요소가 다 들어있다.

간절함의 근원지는 사랑

요즘은 각 언어를 통역해서 텍스트와 음성으로 알려주는 앱 덕분에 스마트폰만 들고 다니면 세계 어느 곳이든 언어장벽의 문제없이 소통할 수 있는 시대가 됐다. 그래도 스마트폰에 대고 말하고, 듣고 보여줘야 하는 불편함이 있는데, 2016년 미국의 스타트업 '웨이버리 랩스'(Waverly Labs)에서 간편한 웨어러블 통역기 '파일럿'(Pilot)을 개발했다.

두 개가 한 쌍인 이 장치를 두 사람이 하나씩 나눠 끼고 대화하면 실시간으로 통역해 귀에 들리는 혁신적인 방식으로, 현재 영어, 프랑스어, 스페인어, 이탈리아어의 네 언어를 지원하는데 그중 완벽에 가까울 정도로 가장 잘 되는 것이 바로 영어-프랑스어 간의 소통이다. 그도 그럴 것이 이 제품은 웨이버리 랩스의 앤드류 오초아(Andrew Ochoa) 대표가 프랑스인 여자친구와 대화를 원활하게 할 수 있는 방법을 생각하던 끝에 개발한 것이기 때문이다. 사랑은 참 대단하지 않은가!

목마른 사람이 우물 판다는 속담이 있다. 간절함은 행동과 모험을 이끌어내는 힘인데, 이 모든 간절함의 근원지는 바로 사랑이다. 무엇인가 진실로 사랑하면 자연스럽게 간절해진다. 그 절박함이 바로 사랑이다. 사랑하면 그것을 얻고 지키기 위해 모든 자존심을 내려놓고, 포기할 줄 모르며, 어떤 모험도 감행한다.

부모는 자녀가 아무리 떨어지고 못나게 굴어도 포기하지 않는다. 자녀를 위해서 몸을 사리지 않고 모험도 감행한다. 사랑하기 때문이다. 수로보니게 여인 또한 딸을 향한 사랑 때문에 자신을 개처럼 낮추면서도 주님께 은혜를 간청할 수밖에 없었다.

사도 바울은 복음을 전하며 얼마나 많은 고생을 했는지 모른다. 여러 번 파선도 당하고 바다에서 일주일을 표류하기도 하고 옥에 갇히고 강도의 위협, 배고픔, 헐벗음, 동족의 위험 등 온갖 어려움을 겪었다(고후 11:23-27). 한두 번만 당해도 다 그만두고 싶었을 그 위험과 억울함, 모진 고난에도 어떻게 그는 포기하지 않고 날마다 사역을 이어갈 수 있었을까?

> 이 외의 일은 고사하고 아직도 날마다 내 속에 눌리는 일이 있으니 곧 모든 교회를 위하여 염려하는 것이라 고후 11:28

교회를 위한 염려로 날마다 속이 눌린다는 것은 날마다 교회를 향한 염려와 사랑이 더 커져간다는 말이다. 교회를 너무나 사랑하니까 고초와 고난을 당해도 포기할 수 없는 것이다.

그래서 신앙도 간절함이다. 간절함은 사랑에서 비롯되고 그 간절함이 바로 신앙이다. 당신은 하나님을 얼마나 사랑하는가? 그 질문에 대한 답은 말이 아니라 당신의 현장에서 겸손하고 인내하며 도전하는 삶으로 증명하라. 어떤 상황에도 포기하거나 중단할 수 없는 그 간절함이 당신의 기도 자리에서 증명되고 예배의 자리에서 드러나길 바란다.

12

은혜를 기억하라

이에 주인이 그를 불러다가 말하되 악한 종아 네가 빌기에

내가 네 빚을 전부 탕감하여 주었거늘 내가 너를 불쌍히 여김과 같이

너도 네 동료를 불쌍히 여김이 마땅하지 아니하냐 하고

주인이 노하여 그 빚을 다 갚도록 그를 옥졸들에게 넘기니라

너희가 각각 마음으로부터 형제를 용서하지 아니하면

나의 하늘 아버지께서도 너희에게 이와 같이 하시리라

마 18:32-35

빌레몬을 향한 너무나 힘겨운 명령

빌레몬서는 바울이 빌레몬에게 쓴 편지다. 빌레몬은 사도 바울의 선교여행 중에 말씀을 듣고 은혜받아 회심하였으며 골로새교회의 감독으로 섬기다가 네로 박해 때 순교했다고 알려져 있다. 초대기독교에 역사적 획을 그은 인물임은 분명하다. 옥에 갇혀있는 사도 바울이 빌레몬에게 편지를 쓰는데, 그 편지를 전달하는 오네시모라는 사람을 위해 지극히 개인적인 부탁을 한다.

오네시모는 빌레몬의 종인데 주인에게 물질적 손해를 끼치고 도망간 사람이다. 당시에 종, 노예라는 신분은 주인의 소유물로서 거의 짐승과도 같았고, 주인이 노예를 죽이든 낙인을 찍든 뭐라 할 자가 없는 시대여서 주인 빌레몬을 다시 만난다면 오네시모는 죽음을 면키 어려웠다. 그런데 사도 바울은 이 오네시모를 용서하라고 적었다. 우리도 쉽지 않은 일이지만 그 시대에는 정말 있을 수 없는 일이었다. 게다가 부탁의 정도가 점점 심해진다.

> 다만 네 승낙이 없이는 내가 아무것도 하기를 원하지 아니하노니 이는 너의 선한 일이 억지 같이 되지 아니하고 자의로 되게 하려 함이라 몬 1:14

오네시모를 용서하라고 바울이 명령하는 것이 아니라 빌레몬이 자의로 하기를 원한다는 것이다. 자신에게 손해를 끼치고 도망친, 마땅히 죽어야 하는 이 노예를 오히려 용서해달라면서 더 어려운 부탁을 한다.

> 이후로는 종과 같이 대하지 아니하고 종 이상으로 곧 사랑받는 형제로 둘 자라 내게 특별히 그러하거든 하물며 육신과 주 안에서 상관된 네게랴 몬 1:16

오네시모를 "종과 같이 대하지 않고 사랑받는 형제로 둘 자"라고 말한다. 만일 빌레몬이 그를 종으로 다시 받아들이며 "이제 말 잘 듣고 열심히 일하라" 해도 대단한 주인인데 한 술 더 떠서 종으로 두지 말고 형제로 두라 한다. 내 종이 내 형제가 되는 것이다. 17절의 부탁은 더 심각하다. 빌레몬이 바울을 진짜 목회자로 생각한다면 오네시모를 마치 바울 대하듯 영접하라는 것이다.

> 그러므로 네가 나를 동역자로 알진대 그를 영접하기를 내게 하듯 하고

이것은 시대상황적으로나 빌레몬의 감정적으로나 도저히 풀 수 없는 문제이다. 그런데 놀랍게도 빌레몬은 그 문제를 쉽게 풀었고, 두 사람은 골로새교회를 지키는 든든한 두 기둥이 된다. 어떻게 가능했을까?

빌레몬은 십자가의 은혜를 기억한 것이다. 내 마음 같아서는, 그리고 시대상황적으로는 이 자를 쳐 죽여도 마땅하지만, 십자가의 은혜가 삶 가운데 살아있었던 빌레몬은 자신이 어떤 자인가를 알았다. 내가 노력,

헌신했거나 성숙해서가 아니라 내 모습 그대로 용납받았다는 것을 잊지 않았다. 주님의 십자가 사랑과 은혜를 기억하니 '너나 나나'라는 생각이 들어서 빌레몬은 오네시모를 용서할 수 있었던 것이다.

자신의 머슴을 섬긴 지주

한국기독교 역사에도 비슷한 일이 있었다. 전북 김제 금산리에 가면 ㄱ자 구조로 유명한 한옥예배당 금산교회(전북문화재 제136호)가 있다. 특이한 구조를 가지고 한쪽은 여성, 다른 한쪽은 남성이 나뉘어 예배를 드렸던 금산교회는 1904년, 그 고을의 재력가인 지주 조덕삼의 집에서 시작되었다.

비단, 인삼을 팔며 마방(마구간을 갖춘 주막집)을 운영하던 조덕삼의 마방에 미국인 선교사 테이트(L. B. Tate, 한국명 최의덕)가 묵게 된다. 세상 물정을 알았던 조덕삼은 미국이라는 큰 나라 사람이 조선에 와서 고생하는 것이 의아해 선교사를 안채에 모시고 "왜 살기 좋은 나라를 포기하고 이 가난한 조선 땅에 왔습니까?"라고 물었다.

테이트 선교사는 "우리가 이렇게 만나게 된 것은 하나님이 당신을 특별히 사랑하시기 때문"이라며 이 만남을 통해 당신을 구원하시려는 하나님의 놀라운 계획인 것 같다고 대답했다.

테이트가 전하는 복음을 듣고 큰 감동을 받은 조덕삼은 자기 집 사랑채에서 예배드릴 것을 제안했고, 그렇게 예배를 드린 것이 금산교회의 시작이다. 조덕삼은 자신의 집에서 마부로 일하던 이자익과 마을 사람 박화서에게 복음을 전해 함께 예배를 드렸다.

몇 년 후 금산교회는 세례교인이 30명을 넘어서고 장로를 세우게 되었는데 장로 장립 투표에서 놀랍게도 지주 조덕삼이 아닌 마부 이자익이 장로로 피택되었다. 요즘으로 설명하자면, 한 사람이 자신의 집을 드려 교회를 세우고, 집을 팔아 헌금해서 교회 건축까지 다 하고 자기 회사의 경비원과 신앙생활을 시작했는데 그 경비원이 사장을 제치고 장로로 뽑힌 셈이다.

당시 조선 사회는 신분 질서가 명백하고 천민과 양반이 함께 예배드릴 수 없다는 의식이 팽배해 선교사들이 곤란을 겪던 때였다. 실제로 서울에서는 백정, 갖바치가 장로로 뽑히자 양반들이 별도의 교회를 세우기도 했다. 그런데 조덕삼은 피택 결과가 나오고 자신의 머슴 이자익이 장로가 되자 벌떡 일어나 성도들에게 "오늘 금산교회 성도님들은 정말 훌륭한 일을 해냈습니다. 이자익 영수(領袖)는 저희 집에서 일하고 있지만 신앙은 저보다 훨씬 높습니다. 그를 장로로 뽑아주셔서 참으로 감사합니다"라고 인사했다.

이후 조덕삼은 머슴이었던 이자익 장로를 깍듯이 섬겼으며 2년 후 그도 장로가 되었다. 이자익 장로는 평양신학교에 입학했는데 이때도 조덕삼은 이자익의 학비와 생활비를 지원했다. 5년 후, 이자익은 테이트 선교사를 이어 금산교회 제2대 목사로 부임하는데 그를 담임목사로 모신 사람이 조덕삼이다. 조덕삼이 맨발로 뛰어나가 맞이하고, 이자익 목사의 가방을 들고 다니며 섬긴 일화는 유명하다.

조 장로의 헌신적인 지원을 받으며 사랑으로 교인들을 섬긴 이자익 목사는 장로교단 총회장에 세 번이나 오르며 한국교회사의 거목이 되었다. 1919년, 조덕삼 장로는 "절대로 우상 섬기지 말고 제사는 지내지 마라. 예수를 잘 믿어 나를 만날 수 있도록 신앙생활 잘하고, 내 대를 이어서 목사님을 잘 섬기고 교회를 지켜야 한다"라는 유언을 남기고 52세의 나이로 하나님의 부르심을 받았다.

교회 안에서의 문제는 상황을 보면 안 된다. 관계를 보면 안 된다. 이성적으로 계산하면 안 된다. 논리적으로 따지면 안 된다. 법전 들고 달려들면 안 된다. 십자가를 바라보아야 한다. 잊어가던 십자가의 사랑과 은혜를 기억하고 감격과 눈물이 회복되면 그 순간 아무것도 아닌 문제가 되어버린다.

빌레몬과 오네시모, 조덕삼과 이자익. 시대와 장소는 다르지만 은혜 받은 사람, 천국을 소유하고 살아가는 사람들의 반응은 동일하다. 시공간을 초월하여 십자가의 은혜, 하나님의 사랑, 보혈의 피비린내 나는 감격을 가진 사람들은 똑같은 삶을 살게 된다. 우리의 삶도 그들과 다르지 않아야 한다.

"얘들이 누구인지 기억해라. 나는 다시 돌아온다."

미국 일리노이주 네이퍼플 침례교회의 릭 이젤 목사님이 쓰신 《위기》(생명의말씀사, 2004)라는 책에 제리스 브라간이라는 사람이 교도소에서 본 재미있는 에피소드 하나가 소개되어 있다.

교도소에서 체구가 작고 약한 사람들에게는 수감의 고통보다 힘든 것이 학대와 괴롭힘이다. 그래서 그런 사람들은 오히려 야외활동을 두려워하고, 대개 조폭의 영역인 교정 중앙을 피해 구석에서 눈치를 보곤 한다. 그런데 야외활동 시간에 작고 마른 남자 두 명이 교정 중앙을 겁 없이 활보하고 다니는 것이었다.

이해할 수 없는 이 모습을 보고 의아해진 제리스가 오래 수감돼 있던 죄수에게 이 상황에 관해 물어보자 그 죄수는 "저 사람들의 아버지가 누군지 모르십니까?"라고 되물었다. 그 마른 남자 두 명은 형제인데 아들들이 교도소에 수감되자 그들이 어떤 대접을 받을지 예상한 아버지는 그들을 보호하기 위해 일부러 경찰에 잡혀서 이곳에 같이 수감됐었다고 한다.

거대한 몸집의 터프가이인 그 아버지는 죄수들이 다 모여 있는 자리에서 자기 아들들을 괴롭히는 자는 가만두지 않겠으니 각오하라고 엄포를 놓고, 아들들을 건드렸던 죄수들은 시범케이스로 단단히 혼쭐을 내준 다음, 항상 형제의 곁을 지켰다. 다행인지 불행인지 3년 후 그 아버지는 모범수 집행유예로 출소하게 됐지만, 나가면서 "얘들이 누구인지 기억해라. 나는 여기 없지만 누구든 이 아이들을 건드리면 나는 다시 들어온다"라고 경고했다.

"그래서 여전히 그의 아들들을 괴롭히는 죄수는 없어요. 만약 그의 아들들을 괴롭히는 자가 있다면 그는 언제든지 이곳에 돌아와서 보복한다는 것을 모두가 알기 때문입니다."

이 내용 속에서 하나님이 보이는가? 젊은 두 죄수를 보호하고자 교도소로 들어온 그 아버지에게서 하나님 아버지를 볼 수 있다. 하나님은 골리앗이 가득한 세상에서 살아가는 그의 백성들을 보호하고자 예수 그리스도를 이 땅에 보내셨다. 그분은 우리에게 오셨고, 세상의 공중 권세 잡은 자에게 "이들이 내 아들이고 내 딸이다. 내가 다시 오겠다"라고 선포하셨다.

그 하나님 아버지 덕분에 우리가 거룩하게 이 땅을 넉넉히 살아내고 있다는 사실을 기억하라. 그 은혜를 받은 자들이 뭐가 그렇게 섭섭하고 울분에 차고 짜증이 나는가? 모든 문제는 은혜에 달려있다. 그 십자가의 은혜를 꼭 붙잡기를 바란다.

'은혜받으면'이 아니라 '은혜를 기억하면'

한 목사님의 자서전적인 책 《사도가 코고는 소리》(허봉기, 코람데오, 2002)를 읽다가 펑펑 운 적이 있다. 그 분은 토요일에 친구네 집에 간 딸이 칼에 찔려 죽었다는 소식을 주일 설교 중에 듣게 되었다. 설교를 다 마치고 내려와 딸의 차가운 주검을 붙들고 울며 장례식을 치른 후 이런 글을 썼다.

"나는 이제 아들을 잃으신 하나님을 진짜로 믿는다."

그 분은 딸을 잃으면서 죽음을 경험한 것이다. 자식이 죽으면 자신도 죽게 되는 경험 말이다. 자식을 잃고 오열하면서 하나님이 우리를 정말 얼마나 사랑하셨는지를 깨닫고 진짜 목회를 다시 한다는 고백을 보며 눈물이 흘렀다.

그 사랑의 결과물이 바로 우리다. 믿음 없이도 교회 잘 다닐 수 있고 은혜 없이도 교회는 충분히 부흥할 수 있다. 하지만 그것은 아무 의미가 없다. 그 은혜가 우리 안에 흘러넘쳐야 한다. 그 은혜와 감격이 있는 곳이 바로 교회이고 그 시간이 바로 예배인데 어느 순간 예배 가운데 보혈의 피 냄새가 사라졌다. 십자가로 인해 감격해서 흘리는 눈물의 짠내가 나지 않는다면 가짜다.

십자가에 감격하는 눈물과 보혈의 피비린내가 사라져서 교회와 예배, 우리의 신앙 전반에 온갖 갈등과 문제가 가득한 것 아닌가? 문제가 심각한 것이 아니라 은혜를 놓친 것이다. 십자가를 바라보지 못하는 데서 모든 문제와 갈등이 시작된다.

진정한 문제는 상황이 아니라 내 눈에서 십자가로 인한 감격의 눈물이 마른 것이다. 환경이 아니라 예배 가운데 보혈의 피비린내가 안 나는 것이 문제고, 타인의 몰지각이 아니라 내 안에 십자가의 은혜가 사라진 것이 문제다. 형편이 열악한 것보다 내 안에 십자가를 바라보는 시선이 떨구어진 것이 진짜 문제다. 상황의 변화로 인한 해결은 죽을 때까지 어렵다. 해결되었다면 드디어 완벽한 교회 공동체를 만난 것이 아니라 은혜를 받은 것이다. 은혜가 회복된 것이다. 십자가가 보이는 것이다.

교회 내의 갈등과 복잡한 문제들은 십자가의 은혜를 회복하고 기억할 때 간단하게 풀린다. 그렇다면 오늘 새롭게 은혜받으면 문제가 풀릴까? 아니다. 이미 우리는 은혜를 받았다. 그 은혜를 '기억해야' 한다. 은혜를 잊는 순간 천국을 잃는 것이다. 그 은혜를 기억하고 회복하라.

멱살 잡지 말고 십자가를 붙잡아라

러시아 문학의 거장 톨스토이의 대표작 중 하나인 장편소설 '안나 카레니나'는 다음과 같은 유명한 문장으로 시작한다.

"행복한 가정은 모두 비슷한 이유로 행복하지만
 불행한 가정은 저마다의 이유로 불행하다."

행복한 가정은 사랑하는 가족이 있어서 그 한 가지 이유로 행복하다. 그거면 충분하다. 반면 불행한 가정들은 참 복잡하고 다양한 각각의 이유로 불행하다.

신앙도 똑같다. 행복한 크리스천은 십자가의 사랑이라는 한 가지 이유로 행복하다. 연약한 이대로 사랑해주신 그 은혜 하나면 충분해서 힘들고 열악한 신앙생활에서도 행복해한다. 그러나 십자가의 은혜를 놓친 크리스천은 이 교회는 예배가 너무 길고, 저 교회는 말씀이 은혜가 없고, 그 교회는 너무 찬양이 시끄럽고, 너무 멀고, 엘리베이터가 없고, 교단이 다르고… 수만 가지 이유로 죽을 때까지 불행하다.

그러므로 천국은 그 종들과 결산하려 하던 어떤 임금과 같으니 결산할 때에 만 달란트 빚진 자 하나를 데려오매 갚을 것이 없는지라 주인이 명하여 그 몸과 아내와 자식들과 모든 소유를 다 팔아 갚게 하라 하니 그 종이 엎드려 절하며 이르되 내게 참으소서 다 갚으리이다 하거늘 그 종의 주인이 불쌍히 여겨 놓아 보내며 그 빚을 탕감하여 주었더니 마 18:23-27

만 달란트 빚진 자, 이것이 바로 우리의 정체성이다. 만 달란트는 자기 힘과 능력으로는 갚을 수 없는 어마어마한 돈인데 그것이 탕감되었다. 열심히 벌어서 갚았는가? 아니다. 그냥 은혜로 되었다. 내가 먼저 하나님을 사랑한 것도 아니고 아직 불의하고 하나님과 원수 되었을 때 하나님이 나를 먼저 품고 사랑해주셨다. 아무 이유도, 조건도 없이.

그 모임이 교회다. 껍데기나 시스템이 아니라 그 은혜 받은 자들이 모인 것이 교회다. 교회는 은혜받은 사람들의 모임이고, 그 은혜의 감격을 표출하는 것이 예배다. 갚을 수 없는 수천억의 무시무시한 빚이 한순간 은혜로 없어졌으면 교회는 어떤 모습이어야 하는가? 감격과 행복이 넘쳐야 한다.

그런데 어떤 일이 벌어지고 있는가? 은혜를 받았으면서도 그 은혜를 잊고 당연히 여기면서 백 데나리온 빚진 자의 멱살을 잡는다. 오늘 우리의 모습이고 한국 교회의 자화상이다. 어찌 그렇게 당당하고 떳떳하며 할 말이 많은가? 지금 우리가 붙잡아야 할 것은 상황의 멱살, 누군가의 멱살이 아니라 십자가다. 십자가를 붙잡으면 다 회복된다.

은혜의 흔적

집회하러 다니다 보면 사실 사역 현장에서 말 같지도 않은 몰상식하고 비상식적인 대우를 받으며 눈물 날 때가 많다. 얼마 전에도 그런 일을 당했는데 수행하는 전도사님이 내게 "오히려 더 열심히 하시는 것 같아요"라면서, 자기가 본 결과 목사님은 오히려 그런 데 가면 훨씬 더 오래하고 더 열심히 한다는 이야기를 했다.

인간적으로는 화가 치밀고 참기 힘든데 어떻게 그럴 수 있을까. 실은 분노하다가도 교회 십자가만 보면 다 풀리면서 긍휼한 마음이 들고 더 사랑해줘야겠다는 마음이 들어 온 힘을 다해 피를 토하듯 말씀을 전하게 된다. 그 용납이 나의 인격은 아니다. 십자가의 능력이다.

… 죄가 더한 곳에 은혜가 더욱 넘쳤나니 롬 5:20

내 인생과 목회의 주춧돌이 된 말씀이다. 나는 잊을 수 없는 하나님의 용서를 받은 자다. 나 같은 죄인이 아닌 사람은 얼마든지 불편한 심기를 드러내며 살아갈 수 있을 것이다. 자기 자리가 자신의 당연한 몫이라고 생각하면 별로 고맙지 않을 것이다. 하지만 나는 모든 것이 너무 감사하다. 그냥 십자가만 봐도 눈물이 난다.

그 하나님의 은혜와 내 안의 십자가를 바라보면 진짜 모든 상황이 다 용납되고 이해되고 풀어진다. 내가 죄인 중의 죄인이며 넘치는 은혜를 받은 자임을 알기 때문이다. 그래서 나는 더 열심히 해야 하고, 어떤 대접 받아도 괜찮다는 것을 기억하며 은혜의 자리를 지키는 것이다.

집회 후 숙소에 돌아와 샤워하면서 내 온몸에 덕지덕지 생긴 칼자국을 보면 '그래, 난 죽었었지. 내가 여기 살아있을 사람이 아니지' 하는 생각이 들며 눈물이 쏟아진다. 예전에 불순종으로 여러 번 수술을 받으면서 생긴 이 흉터들은 볼 때마다 다시 원점으로 돌아와 주님 앞에 엎드릴 수밖에 없는 감격의 흉터다. 모든 것을 무장해제 시키고 다시 돌아올 수 있는 내 머릿속 기억의 할례가 있다면 복되다. 그 흔적이 있는 복된 사람이 많아지기를 소망한다.

하나님의 말씀이 우리 심장에 흐려지고 있던 십자가를 다시 선명하게 각인시킬 낯선 검이 되길 원한다. 주님의 은혜로만 살아가길 소망한다. 오늘 이 글이 당신의 심장에 나의 수술 자국처럼 영적 수술의 흔적이 되어 주님의 그 은혜를 다시는 잊을 수 없는 아주 선명한 자국으로 남기를 바란다.

PART 3

새롭게 행하라

예
께
이
시
네
다
고
숨 을 다 하
고 뜻 을 다 하 여
주 너 의 하 나 님 을 사
랑 하 라 하 셨 으 니 이 것 이 크
고 첫 째 되 는 계 명 이 요 둘 째 도
그 와 같 으 니 네 이 웃 을 네 자 신 같 이
사 랑 하 라 하 셨 으 니 이 두 계 명 이 온 율 법
과 선 지 자 의 강 령 이 니 라 요 셉 이 형 들 에 게 이 르
되 내 게 로 가 까 이 오 소 서 그 들 이 가 까 이 가 니 이 르
되 나 는 당 신 들 의 아 우 요 셉 이 니 당 신 들 이 애 굽 에 판 자
라 당 신 들 이 나 를 이 곳 에 팔 았 다 고 해 서 근 심 하 지 마 소 서 한
탄 하 지 마 소 서 하 나 님 이 생 명 을 구 원 하 시 려 고 나 를 당 신 들 보 다 먼
저 보 내 셨 나 이 다 우 리 를 치 러 오 는 이 큰 무 리 를 우 리 가 대 적 할 능 력 이
없 고 어 떻 게 할 줄 도 알 지 못 하 옵 고 오 직 주 만 바 라 보 나 이 다 성 문 어 귀 에
병 환 자 네 사 람 이 있 더 니 그 친 구 에 게 서 로 말 하 되 우 리 가 어 찌 하 여 여 기
서 죽 기 를 기 다 리 랴 만 일 우 리 가 성 읍 으 로 가 자 고 말 한 다 면 성 읍 에 는 이
이 있 으 니 우 리 가 거 기 서 죽 을 것 이 요 만 일 우 리 가 여 기 서 머 무 르 면 여
리 가 죽 을 것 이 라 그 런 즉 우 리 가 가 서 아 람 군 대 에 게 항 복 하 자 그 들 이
를 살 려 두 면 살 것 이 요 우 리 를 죽 이 면 죽 을 것 이 라 하 고 아 람 진 으 로
하 여 해 질 무 렵 에 일 어 나 아 람 진 영 에 이 르 러 서 본 즉 그 곳 에 사 람
도 없 으 니 예 수 께 서 다 시 회 당 에 들 어 가 시 니 한 쪽 손 마 른 사 람 이 있
는 지 라 사 람 들 이 예 수 를 고 발 하 려 하 여 안 식 일 에 그 사 람 을 고 치
시 는 가 주 시 하 고 있 거 늘 예 수 께 서 손 마 른 사 람 에 게 이 르 시 되 한 가 운 데
이 어 서 라 하 시 고 그 들 에 게 이 르 시 되 안 식 일 에 선 을 행 하 는 것 과 악 을
행 하 는 것 , 생 명 을 구 하 는 것 과 죽 이 는 것 , 어 느 것 이 옳 으 냐 하 시
니 그 들 이 잠 잠 하 거 늘 그 들 의 마 음 이 완 악 함 을 탄 식 하 사 노 하 심 으 로
그 들 을 둘 러 보 시 고 그 사 람 에 게 이 르 시 되 네 손 을 내 밀 라 하 시 니
내 밀 매 그 손 이 회 복 되 었 더 라 약 한 자 들 에 게 내 가 약 한 자 와 같 이
된 것 은 약 한 자 들 을 얻 고 자 함 이 요 내 가 여 러 사 람 에 게 여 러 모 습
이 된 것 은 아 무 쪼 록 몇 사 람 이 라 도 구 원 하 고 자 함 이 니 내 가 복 음 을
위 하 여 모 든 것 을 행 함 은 복 음 에 참 여 하 고 자 함 이 라 다 윗 이
셋 사 람 에 게 이 르 되 너 는 칼 과 창 과 단 창 으 로 내 게 나 아
와 나 나 는 만 군 의 여 호 와 의 이 름 곧 네 가 모 욕 하 는 이 스 라 엘
대 의 하 나 님 의 이 름 으 로 네 게 나 아 가 노 라 오 늘 여 호 와 께 서
를 내 손 에 넘 기 시 리 니 내 가 너 를 쳐 서 네 목 을 베 고 오 늘
군 대 의 시 체 를 오 늘 공 중 의 새 와 땅 의 들 짐 승 에 게 주 어 온
땅 으 로 이 스 라 엘 에 하 나 님 이 계 신 줄 알 게 하 겠 고 또
와 의 구 원 하 심 이 칼 과 창 에 있 지 아 니 함 을 이 무 리 로
게 하 리 라 전 쟁 은 여 호 와 께 속 한 것 인 즉 그 가 너 희
리 손 에 넘 기 시 리 라 아 브 람 이 롯 에 게 이 르 되 우 리
친 족 이 라 나 나 너 나 내 목 자 나 네 목 자 나 서 로
하 지 말 자 네 앞 에 온 땅 이 있 지 아 니 하 냐 나 를
가 라 네 가 좌 하 면 나 는 우 하 고 네 가 우 하 면 나
하 리 라 하 나 님 이 아 브 라 함 에 게 약 속 하 실 때 에
켜 맹 세 할 자 가 자 기 보 다 더 큰 이 가 없 으 므 로
를 가 리 켜 맹 세 하 여 이 르 시 되 내 가 반 드 시
복 주 고 복 주 며 너 를 번 성 하 게 하 고 번 성 하
리 라 하 셨 더 니 그 가 이 같 이 오 래 참 아 약 속
았 느 니 라 여 호 와 께 서 기 드 온 에 게 이 르 시
를 따 르 는 백 성 이 너 무 많 은 즉 내 가 그 들
에 미 디 안 사 람 을 넘 겨 주 지 아 니 하 리 니
이 스 라 엘 이 나 를 거 슬 러 스 스 로 자 랑

13

작은 것에 집중하라

다윗이 칼을 군복 위에 차고는 익숙하지 못하므로

시험적으로 걸어보다가 사울에게 말하되

익숙하지 못하니 이것을 입고 가지 못하겠나이다 하고 곧 벗고

손에 막대기를 가지고 시내에서 매끄러운 돌 다섯을 골라서

자기 목자의 제구 곧 주머니에 넣고 손에 물매를 가지고

블레셋 사람에게로 나아가니라

삼상 17:39,40

뉴욕의 '범죄와의 전쟁'

뉴욕은 인구 870만의 거대한 도시다. 뉴욕의 상징이라고 불리는 뉴욕의 지하철은 서울 지하철의 3배나 되는 교통 시스템을 갖추고 매일 500만 시민들의 발이 되어주고 있다. 그런데 1980년대 뉴욕을 여행하는 사람들은 공공연하게 "뉴욕에 가면 절대로 지하철을 타지 마라"라고 말했다. 당시 뉴욕은 경범죄는 물론이고 살인, 강도, 강간 등의 강력범죄가 연간 60만 건 이상 발생하는 위험한 도시였다. 특히 뉴욕의 지하철은 그러한 강력범죄 중 90퍼센트 이상이 벌어지는 범죄의 온상지여서 지하철을 타면 안 된다는 것은 지극히 당연한 상식이었다.

뉴욕의 강력범죄를 해결하기 위해 정치인들이 나서고 여러 시스템이 도입되고 많은 경찰이 동원됐지만 번번이 수포로 돌아갔다. 희망이 없는 것 같던 뉴욕에 개혁의 바람을 몰고 온 이가 있으니, 바로 1994년 뉴욕 시장으로 선출된 루돌프 줄리아니(Rudolf Giuliani)와 신임 검찰국장 윌리엄 브랜튼이다.

범죄와의 전쟁을 선포한 시장과 검찰국장이 지하철 흉악범죄를 줄이기 위해 시작한 것은 '지하철역 낙서 지우기'와 '지하철 무임승차 단속'이었다. 시민들과 언론은 검찰 출신의 줄리아니가 강력 범죄와 싸울 자신이 없어서 경범죄 줄이기를 선택했다며 조롱했으나 줄리아니 시장은 아랑곳하지 않고 6,000개 이상의 지하철 차량 낙서를 지우고, 무임승차를 단속하는 이 일을 무려 5년간 지속했다.

그 결과 범죄율이 점점 감소하기 시작하더니 연간 2,200건에 달하던 살인 범죄가 1,000건 이상 감소하고, 뉴욕 지하철 범죄율이 무려 75퍼센트나 급감하는 기적이 일어났다. 이후 뉴욕 지하철에서 얻은 성과를 뉴욕시 전체에 도입했다. 도시 곳곳의 낙서를 지우고, 담배꽁초나 쓰레기 버리기 등의 기초질서 위반과 경범죄를 강력단속했더니 뉴욕시의 범죄율도 급감하는 놀라운 일이 벌어졌다.

깨진 유리창 하나를 그대로 방치하면 주변에 쓰레기가 쌓이게 되고 그곳의 범죄율이 올라가며 할렘화가 진행된다는 '깨진 유리창 이론'(Broken window theory)이 있다. 이 이론의 대표적인 예시가 뉴욕시 범죄율 급감정책이다. 누구도 해결하지 못할 것 같던 뉴욕의 강력범죄 문제가 쓰레기 투기, 노상방뇨, 무임승차와 같이 작은 문제들을 풀어가자 해결되었다. 문제가 너무 복잡하고 크면 거기에 매달려 아무것도 못볼 때가 있다. 하지만 오히려 작은 것에 집중하면 복잡하고 어려운 문제들이 쉽게 풀릴 수도 있다.

사건 현장에 남겨진 작은 단서 하나

나는 어린 시절 '셜록 홈즈' 같은 추리물을 좋아했다. 다른 책들은 반복해서 읽으면 감동이 커지지만, 추리소설은 결과를 알면 재미가 없다.

그래서 추리소설을 볼 때면 책을 다 읽어가는 것이 아까워서 결론을 일부러 안 읽고 아껴뒀던 기억이 있다.

셜록 홈즈를 보면 경찰들이 몇백 명 동원되어 범죄 현장을 수색하지만 결국 사건을 해결하는 것은 아무도 신경 쓰지 않고 지나친 작은 단서다. 떨어진 단추 조각, 머리카락 하나, 물 마른 자국 등 이런 것으로 큰 문제를 풀어버리는 모습이 참 재미있었다.

우리나라에서도 '우비 살인사건'이라고 미제(未濟)로 남을 뻔했다가 작은 단서를 통해 해결된 유명한 사건이 있다. 강력한 두 용의자는 확실한 알리바이가 있고 어떤 단서도 찾을 수 없었는데 현장 주변에 떨어져 있던 아주 작은 건전지 덮개 플라스틱 조각 하나가 실마리가 되어 결국 사건을 해결할 수 있었다.

우리 삶에는 물질 문제, 건강 문제, 자녀 문제, 관계 문제, 영적인 문제 등 내 힘으로는 해결할 수 없을 것 같은 문제들이 뒤엉켜있다. 그런데 이 복잡한 문제에 대한 해답은 일상의 작은 것에 있을 수도 있다.

재정 문제를 풀고 싶다면 가계부를 쓰고 내 소비패턴을 연구해서 작은 소비 습관부터 바꿔라. 거기서 변화가 일어난다. 한 번에 대박이 터질 로또나 다단계의 다이아몬드에 인생을 걸면 안 된다. 건강해지고 싶다면 산삼을 캐 먹으려 할 것이 아니라, 균형 잡힌 식단으로 소식(小食)하고 간단한 운동을 꾸준히 하라. 매일의 식단과 운동 습관의 작은 변화로 건강 문제를 해결할 수 있다. 부부 관계도 촛불 500개 켜고 욕조에 꽃을 뿌리는 화려한 이벤트보다 작은 서운함 풀어주는 일, 따뜻한 말 한마디로 풀린다.

하나님은 우리 인생에서 풀리지 않는 문제를 해결할 작은 실마리들을 반드시 우리에게 남기신다. 문제를 풀고 싶다면 작은 것에서부터 시작해야 한다. 하나님께서 남기신 일상 속 작은 단서를 바라보고 찾는 것이 영성이요 분별력이다. 그리고 그 작은 것에 집중할 수 있는 것이 바로 믿음의 능력이다.

성경에 나타난 하나님의 실마리

성경에서도 하나님께서 남기신 실마리를 찾아볼 수 있다.

> 다윗이 이같이 물매와 돌로 블레셋 사람을 이기고 그를 쳐죽였으나 자기 손에는 칼이 없었더라 **삼상 17:50**

골리앗은 키가 여섯 규빗 한 뼘, 약 3미터나 되는 거인이다. 게다가 놋 각반과 놋 투구, 60킬로그램이나 되는 비늘 갑옷, 그리고 거대한 칼과 창으로 무장하고 있었기에, 골리앗이 아침저녁으로 나와서 하나님을 조롱하고 이스라엘을 위협해도 이스라엘 진영에서는 한 명도 나가서 맞서지 못했다. 우리 힘으로는 불가능하다는 두려움이 엄습했기 때문이다.

안 될 것 같은 이 상황을 해결한 것은 아무도 기대하지 않는 소년 다윗이었다. 그 누구도 상대할 수 없었던 골리앗을 쓰러뜨린 것은 골리앗보다 더 큰 거인이 아니라 전쟁터에 심부름 온 작은 소년이었으며, 화려한 무기가 아니라 아무도 거들떠보지 않는 강가의 작은 돌멩이였다.

3년 반 동안 비가 내리지 않았던 이스라엘 땅을 위해 엘리야가 간절히 기도했을 때 사람의 손만한 작은 구름(왕상 18:44)이 일어났고 이것이 실마리가 돼서 메말랐던 땅에 폭우가 쏟아졌다. 이 작은 실마리를 볼 수 있는 것이 영성이고 분별력이며 믿음이다.

빚을 갚지 못해 두 아들을 종으로 빼앗길 상황에 놓인 한 과부가 엘리사에게 도움을 청했다. 엘리사는 "네 집에 무엇이 있느냐"라며 과부에게 작은 실마리를 환기시킨다. 과부는 기름 한 그릇밖에 없다고 대답했는데(왕하 4:2) 이 '기름 한 그릇'을 단초로 문제가 해결된다. 믿음대로 빌려온 모든 그릇에 기름이 가득 차올라 이것을 팔아 빚을 갚고 문제를 해결했다.

아람의 군대 장관 나아만은 나라를 구한 영웅이고 용사였지만 소망 없는 나병 환자이기도 했다. 그런데 그의 힘겨운 인생 문제를 푼 것은 전쟁에서 포로로 끌고 온 어린 여종의 한마디, "우리 주인이 사마리아에 계신 선지자 앞에 계셨으면 좋겠나이다 그가 그 나병을 고치리이다"(왕하 5:2,3)라는 말이었다.

엄청난 일이 벌어졌을 때 그 문제가 거대한 해결책으로 풀리지 않는다. 커 보이는 문제를 해결하는 열쇠는 오히려 작을 때가 많다. 다윗의 물맷돌, 어린 소녀의 한마디가 엄청난 문제를 푸는 해결의 열쇠가 되기도 한다. 이 작은 실마리를 하나님 역사의 시작점으로 볼 수 있다.

우리의 문제도 이와 같다. 아무것도 없는 것 같고 해결될 기미가 보이지 않아도 물맷돌이 있고 가정에 작은 구름이 일어나며 자녀의 기름 한 그릇이 있다. 하나님께서 주신 작은 실마리 하나를 잘 붙잡아서 문제를 풀어내길 바란다.

어린아이의 마음으로 단순한 순종을

> 빌립이 대답하되 각 사람으로 조금씩 받게 할지라도 이백 데나리온의 떡이 부족하
> 리이다 … 여기 한 아이가 있어 보리떡 다섯 개와 물고기 두 마리를 가지고 있나이
> 다 그러나 그것이 이 많은 사람에게 얼마나 되겠사옵나이까 요 6:7,9

예수님의 말씀을 들으러 수만 명의 군중이 모여들었다. 성인 남자만 5천 명이었으니 여자들과 아이들까지 합하면 몇만 명이나 되는 사람이 들판에 있었다. 배고픈 이들을 먹여야 하는 상황에서 빌립은 복잡하게 계산하고 2백 데나리온의 떡이 부족하다고 말한다. 이것이 어른들의 사고다. 어른들은 문제를 복잡하게 본다.

그러나 어린아이는 다르다. 어린아이는 순수하고 단순한 믿음을 지니고 있다. 빌립이 복잡하게 계산하고 있을 때 한 어린아이가 물고기 두 마리와 보리떡 다섯 개를 예수님께 드린다. 이것으로 하나님께서 오병이어의 놀라운 역사를 이루셨다.

5 + 5 + 5 = 550 이 등식을 선 하나로 만족시키시오.

(단, 부등호에 손을 대지 마시오)

서울대, 카이스트, 하버드 다니는 수재들이 이 문제를 풀려고 애쓰는 것을 본 적이 있다. 명문대생들이 못 풀고 끙끙댈 때 어린 초등학생 하나가 이 문제를 간단히 풀어버렸다. 맨 앞의 + 위에 사선을 그어 4로 만들자 '5 4 5 + 5 = 550' 이렇게 쉽게 풀린 것이다. 아이들의 시각으로 단순하게 바라보면 복잡한 문제도 아무것도 아닐 수가 있다.

우리는 문제에 너무 복잡하게 접근하고 어렵게 풀려고 할 때가 있다. 어린아이 같은 순수한 마음으로 작은 것에 순종하여 한 걸음 한 걸음 나아가야 한다. 풀리지 않는 영적인 문제도 마찬가지다. 엄청난 금식을 하고 기도원에서 데굴데굴 구르고 하늘이 열려 빛이 쏟아지기를 바라는 것이 아니라 오늘 내게 주어진 자리에서 예배하고 전심으로 찬양하고 성경 한 장 한 장 읽어 내려가면 말씀이 들리고 내 삶에 변화가 일어난다.

허드슨 테일러는 중국선교의 아버지라 불린다. 지금도 중국선교가 쉽지는 않지만 당시 아무것도 없는 맨바닥에서 그가 얼마나 힘들었겠는가. 정말 모든 게 힘들었을 텐데 "이 중국선교를 하면서 가장 힘들고 어려운 것이 무엇입니까?"라는 질문에 그가 울면서 뜻밖의 대답을 했다. 그에게 가장 힘들었던 것은 문화가 다른 것도 음식이나 언어 문제도 아니고, 가족에 대한 그리움도 아니었다고 한다. 딱 하나, 하나님의 일을 하면서 하루도 쉬지 않고 성경 읽고 기도하는 것이 순교보다 어려웠다는 것이다.

영적인 개혁과 혁명은 엄청난 데 있는 것이 아니다. 오직 믿음(Sola fide), 오직 은혜(Sola gratia), 오직 성경(Sola Scriptura), 즉 기본을 지키는 데 있다. 한국 교회도 기본을 안 지키면서 큰 것과 싸우려고 하면 무너지게 된다. 작은 것에 해답이 있다. 하나님을 아빠 아버지라 부를 권세를 주셨으니 예배에 어린아이 같은 마음으로 '아빠'를 만나러 나아와야 한다. 어린아이처럼 울며 찾을 때 하나님의 도우심을 얻을 것이다.

작은 것에 실패하면 큰 것에도 실패한다

1986년 1월 28일, 전 세계가 우주 왕복선 챌린저호의 발사 장면을 숨죽여 지켜봤다. 25번째 우주 왕복선이 카운트다운에 들어가 케네디 우주센터에서 발사되었는데 73초 만에 공중에서 폭발하고 말았다. 이 사건으로 7명의 우주 비행사가 목숨을 잃고 전 세계는 충격에 휩싸였다. 우주선 폭발의 원인을 찾아보니 연료의 주입구를 연결하는 튜브에 있는 'O-ring'의 결함 때문이었다. 1센티미터 크기의 O-ring이라는 고무 밸브 부품 하나가 잘못되어 챌린저호가 폭발한 것이다.

작은 것 하나가 큰 것을 무너뜨린 일은 성경에서도 찾아볼 수 있다. 바로 '아이성 사건'이다. 여리고 정복은 하나님께서 승리를 확정해놓고 시키신 전쟁이었다. 그 전쟁에서 승리한 후 승승장구할 것만 같던 그때, 작은 아이성에서 이스라엘은 참패한다. 전략이 없거나 군사 수가 부족해서가 아니었다. 아간 한 사람이 범죄했더니 민족이 망하고 공동체가 쓰러진 것이다. 결국 아간을 뿌리 뽑으니 아이성은 아무것도 아니게 정복할 수 있었다.

우리도 마찬가지다. 작은 실마리가 민족과 공동체를 살릴 수 있지만 반대로 작은 가시가 가정과 자녀들에게 아픔을 주고 돌이킬 수 없는 어려움에 봉착하게 할 수 있다. 나와 하나님 사이를 막고 있는 것이 무엇인지, 나의 'O-ring'과 '아간'은 무엇인지 발견해서 처리해야 한다. 그다음 나의 '물맷돌'을 발견하여 들고, 나의 '오병이어'를 찾아 먹고, 나의 '기름 한 병'이 무엇인지 생각하여 그것을 소망 삼아 다시 한번 일어나야 한다.

> 또 비유를 들어 이르시되 천국은 마치 사람이 자기 밭에 갖다 심은 겨자씨 한 알 같으니 이는 모든 씨보다 작은 것이로되 자란 후에는 풀보다 커서 나무가 되매 공중의 새들이 와서 그 가지에 깃들이느니라 또 비유로 말씀하시되 천국은 마치 여자가 가루 서 말 속에 갖다 넣어 전부 부풀게 한 누룩과 같으니라 마 13:31-33

천국은 천국처럼 크고 웅장하게 다가오지 않는다. 겨자씨와 누룩같이 작은 단서로 온다. 겨자씨가 나무가 되고 누룩이 서 말을 부풀게 하는 것처럼, 이 작은 단서를 붙들고 순종하여 받아들일 때 천국이 번져나가는 것이다. 믿음은 엄청난 게 아니다. 작은 것을 바라보는 눈이다. 겨자씨 같은 믿음에서 산이 옮겨진다. 아주 작은 믿음에서 하나님의 역사가 시작되는 것이다. 우리 모두 작은 겨자씨 같은 믿음, 작은 단서를 발견하며 살아가야 한다.

> 이르시되 너희 믿음이 작은 까닭이니라 진실로 너희에게 이르노니 만일 너희에게 믿음이 겨자씨 한 알 만큼만 있어도 이 산을 명하여 여기서 저기로 옮겨지라 하면 옮겨질 것이요 또 너희가 못 할 것이 없으리라 마 17:20

14

순서를 바꾸어보라

그러므로 염려하여 이르기를 무엇을 먹을까 무엇을 마실까

무엇을 입을까 하지 말라 이는 다 이방인들이 구하는 것이라

너희 하늘 아버지께서 이 모든 것이 너희에게 있어야 할 줄을 아시느니라

그런즉 너희는 먼저 그의 나라와 그의 의를 구하라

그리하면 이 모든 것을 너희에게 더하시리라

마 6:31-33

내가 왜 이 생각을 못 했지?

예전에 〈골목식당〉의 전신으로 방송된 〈백종원의 푸드트럭〉이라는 프로그램이 있다. 둘 다 장사가 잘 안되고 망하기 직전의 요식업자에게 솔루션을 제시하고 도와주는 프로그램으로, 주로 비법 소스나 새로운 레시피를 전수해주는 경우가 많았는데 수원의 한 돼지 스테이크 트럭은 솔루션이 다른 가게와 달랐다.

백종원이 그 푸드트럭에 가서 영업하고 조리하는 모습을 한참 지켜보더니 "이거 순서가 문제예유, 순서가. 이러면 안 돼유" 하고는 순서를 바꾸었다. 그 청년은 고기를 그릴에 굽고 프라이팬으로 옮겨 요리를 완성했는데, 백종원은 먼저 프라이팬에서 기름에 튀기듯 완전히 코팅해서 육즙을 빠져나가지 않게 한 다음 그릴에 구워 불맛을 입혔다. 그리고 만들어놓은 소스에 고기를 담갔다 꺼내 굽지 말고 고기를 다 구운 다음 소스를 바르도록 했다.

지금까지는 소스를 묻히고 구우니까 양념이 타서 팬이 매번 너무 빨리 더러워졌고, 그것을 닦고 설거지하고 또 바꾸고 하느라 조리 시간이 너무 길었다. 그리고 생고기를 소스에 담갔다 쓰니까 소스도 변질돼서 맛이 변하고 버리는 부분이 많아져 비용도 많이 들었다.

그런데 순서를 바꾸니 그런 문제들이 손쉽게 해결되고 맛도 훨씬 좋아져 이제 2시간을 줄 서서 기다릴 정도로 장사가 잘되기 시작했다. 재료며 소스, 조리법은 다 그대로 하고 조리순서만 바꿨는데도.

우리 인생에서도 뭔가 대단한 해법이 필요한 것 같은데 순서만 바꿔도 술술 풀리는 문제가 상당히 많다. 똑같이 노력했는데도 결과와 삶의 질이 완전히 다르다면, 많은 원인이 있겠지만 어쩌면 그것은 순서, 즉 우선순위의 문제일 수도 있다. 순서를 바꾸니 재료와 소스가 같은데도 음식 맛이 완전히 달라지듯, 어떤 순서로 하느냐 에 따라 인생의 즐거움과 행복도 완전히 달라질 수 있다.

우선순위가 틀리면 답도 틀린다

나는 대학교 1학년 때, 정치학 첫 수업 시간을 지금까지 기억하고 있다. 정윤재 교수님이셨는데, 칠판에 커다란 수조를 하나 그리고 문제를 내셨다.

"수조가 하나 있고, 이 수조에 아주 딱 맞게 들어갈 분량의 큰 돌과 자잘한 작은 돌들, 모래와 물이 있다. 제군들, 이것들을 수조에 남김없이 다 넣으려면 어떻게 해야 할까?"

대부분은 작은 모래나 물부터 넣는데 그러면 다 들어가지 않고 반드시 넘친다. 먼저 큰 돌부터 넣고 그다음에 작은 돌들을 넣고 그 틈으로 모래를 부어 넣어서 채우고 나머지 물을 부어야 그 수조에 다 넣을 수 있다. 교수님은 답을 알려주신 후에 우리 인생이 꼭 이 수조 같다고 말씀하셨다.

"우리 인생이 딱 이렇게 제한적인 수조 같아서 무엇을 먼저 넣어야 할지를 항상 고민하고 살아야 하네."

참 옳은 말씀이라 생각한다. 시간이 중요한 이유는 시간은 유한하기 때문이다. 주어진 시간과 기회가 무한하다면 언젠가는 다 할 수 있겠지만 시간은 제한적이다. 1년 365일, 하루 24시간 1440분. 시간은 누구에게나 동일하다.

약 20년 전 워싱턴 타임즈에 실린 한 기사에 따르면, 현대인이 하루 동안 해야 할 일을 모두 하려면 총 44시간 이상이 필요하다고 한다. 그렇다면 늘 20시간이 부족하다(잠자는 시간을 빼면 더 부족해진다). 그러니 제한된 시간을 효율적으로 쓰기 위해서는 중요도에 따라 일의 순서를 정하고 이것을 할 것인지 말 것인지 선택해야 한다. 그 순서에서 앞에 있는 것을 우선순위라고 한다.

어떤 사람의 우선순위를 보면 그 사람이 중요하게 여기는 것이 무엇인지 알 수 있다. 인생의 가치가 우선순위에 반영되기 때문이다. 말로는 이게 중요하다 주장할지 몰라도, 그 사람이 어떤 일에 재정을 지출하고 열정과 에너지를 쏟는지 살펴보면 그가 정말 중요하게 여기는 것이 무엇인지가 보인다.

수학 연산 문제를 하나 내보겠다. '1+2×3'의 답은 얼마인가? 1+2를 먼저 한 사람은 3×3이니 9라고 답했을 것이고 2×3을 먼저 한 사람은 1+6이니 7이라고 답을 했을 것이다. 답은 7이다. 같은 문제를 똑같이 풀어도 계산 순서에 따라 답이 달라진다. 아니, 누군가는 맞히고 누군가는 틀린다. 1+2가 3인 것도 맞고 3×3이 9인 것도 맞는데 세상에서는 내 답이 틀렸다고 한다. 나는 성실했고 노력도 했는데 내 인생이 틀렸다고 한다. 그게 '실패'라는 것이다.

당신의 삶이 성실하고 노력이 충분했는데도 실패라는 생각이 든다면 이제는 순서가 옳은지, 내 삶의 우선순위가 바로잡혔는지를 점검하라. 우선순위를 잘 정하는 것이 인생의 성공에 기본이고 아주 중요한 요소라 하겠다. 실패하는 사람들은 그 중요한 일들에 대한 배치가 잘못되었을 가능성이 크며 그때는 삶의 순서, 일의 순서를 빨리 재배치해야 한다.

교수님께 중요한 교훈을 배운 그때부터 나는 일이 급하고 분주해지면 항상 나에게 큰일은 무엇인지, 급한 일이 아니라 중요한 일이 무엇인지 생각하고 그것부터 한다.

그래서 밥을 굶고 잠을 안 자도 설교 준비가 무조건 우선이다. 누구를 만나지도, 호텔 밖에 나가 돌아다니지도 않고 무조건 설교 준비를 한다. 만일 이런 부분이 부족하고 안 되어 있으면 교단 총회든 인터뷰든 다른 것은 모두 포기한다. 내게 중요한 건 설교 말씀이고 우리 교회이기 때문이다. 이 분명한 원칙이 흔들리지 않으니까 하나님께서 이 벌레 같은 부족한 종을 그나마 좀 사용해주시는 것 같다.

당신의 삶에도 참 많은 일이 있을 텐데 무조건 해서 되는 게 아니다. 꾸역꾸역 넣기만 하면 되는 게 아니라 큰 것, 중요한 것부터 잘 선택해서 먼저 해야 한다. 그것이 바로 삶의 우선순위다.

중요한 일부터 하라

《성공하는 사람들의 7가지 습관》(김영사, 2003)에서 저자 스티븐 코비는 시간 관리에 대해서 멋진 조언을 해주었다. 우리 삶에서 해야 할 일들은 긴급도와 중요도에 따라 다음과 같이 넷으로 구분할 수 있다.

첫째, 매우 중요하면서도 아주 급한 일
둘째, 중요하지만 덜 급한 일
셋째, 급한데 덜 중요한 일
넷째, 별로 중요하지 않고 급하지도 않은 일

이 중 '중요하고 급한 일'을 가장 먼저 하면 되고, '중요하지도 급하지도 않은 일'은 포기하거나 마지막에 시간이 남으면 하면 된다. 문제는 두 번째와 세 번째, 즉 '중요하지만 덜 급한 일'과 '지금 급하지만 조금 덜 중요한 일'이다.

사람들은 대부분 당장 눈앞에 급한 일부터 한다. 그런데 지금은 덜 급하더라도 그것이 정말 중요한 일이라면 반드시 언젠가는 급한 일이 된다. 그러므로 오늘 '덜 중요하지만 당장 급한 일'을 하느라 시간에 쫓기며 살다 보면 '중요하지만 덜 급한 일'이 어느 순간 덜컥 '중요하고도 급한 일'로 다가온다. 그러면 부랴부랴 그거 하느라고 또 급한 일을 놓치고, 그렇게 일의 완성도가 떨어진 채 허접한 인생을 계속 살아가게 된다. 그래서 성공하는 사람들은 눈앞에 당장 급한 일보다 중요한 일부터 처리한다는 것이다.

이 법칙은 신앙뿐만 아니라 일, 공부, 재정관리 등 일상생활에서도 똑같이 적용된다. 강남의 유명한 학원들이나 공부 잘하는 사람들의 특강에서도 공부의 비법보다 공부하는 순서부터 알려준다. 공부 못하는 학생은 항상 발등에 떨어진 불 끄느라 바쁜데 공부 잘하는 학생은 중요한 것 먼저 공부하고, 그러면 발등에 급한 불이 떨어질 일도 별로 없다는 것이다.

돈도 마찬가지다. 평소에 별로 쓸데없이 허접한 데 돈 쓰고 중요하지 않은 것을 사들이는 사람은 맨날 카드빚 갚고 급한 불 끄며 살아가느라 돈 모일 새가 없다. 그러나 차라리 밥을 굶어도 허접한 데 안 쓰고 진짜 중요한 것부터 하는 사람은 부자가 된다.

당면한 발등의 불만 끄지 말고, 근본적으로 매우 중요한 일들에 집중하고 그 중요한 가치에 당신의 대가를 지불해야 한다. 매일 급한 일만 쳐나가는 것이 아니라 무엇이 내 삶에 중요한지 알고 그 중요한 일을 하는 사람이 승리하고 성공한다.

그러니 중요한 일부터 하라. 일은 똑같이 해도 급한 일에 매일 쫓기는 사람이 있고 중요한 일부터 해나가서 완성도를 올리는 사람이 있다. "뭣이 중헌디"라는 영화 대사가 유행한 적이 있다. 당신도 자신에게 이 질문을 해보라. "뭣이 급한디"가 아니라 "뭣이 중헌디"다. 그 중요한 것이 바로 인생의 우선순위다.

아빠만 있으면 돼

요즘 아이들이 너무 유약한 것 같아서 자립심을 키워주려고 한번은 우리 집 3남매를 불러서 "이번에 아빠가 미국 집회 갈 때 너희들 데려가면 집회 후 여행할 때부턴 아빠가 하나도 안 도와줄 거야. 숙소, 이동과정, 먹고 마시는 거 너희가 알아서 할 수 있도록 지금부터 준비해"라고 했다. 그러자 아이들이 막 분주해졌다. 여행정보 책도 사고 통역 앱과 구글지도 앱도 깔고 짐도 싸느라 정신이 없었다.

그런데 오빠들은 여행 준비에 바쁜데 막내딸 안나는 가만히 있다가 내 팔짱을 딱 끼며 "아빠 사랑해요"라고 한마디를 했다. 이 아이의 가장 큰 준비물은 아빠였던 것이다. 오빠들은 저러니 버릇이 없어진다고 혀를 차는데 내게는 그 모습이 문득 지혜로워 보였다. 하나님만 내 편이면 되지 않는가?

재벌총수 부인은 남편과의 관계만 건강하고 올바르면 버스비, 전기세 걱정 안 하고 산다. 라면값이 얼마가 오르든 신경 안 쓰고 살아도 된다. 우리는 세상에서는 이것을 당연하다고 여기면서 만군의 주 하나님과의 관계에서는 이것을 잊고 살지 않는가. 우리는 그저 사랑하는 아빠만 함께 있으면 된다. 아빠와 함께하며 하나님의 나라와 그의 의를 구하면, 즉 하나님과의 관계를 먼저 정립하고 하나님의 일을 먼저 하면 하나님께서 모든 것을 다 더해주실 텐데 우리는 늘 그 순서가 잘못됐다.

연산의 법칙은 왼쪽부터 오른쪽으로, 괄호 먼저, 곱셈과 나눗셈 먼저 하고 덧셈과 뺄셈은 나중이다. 연산의 순서가 바뀌면 틀린 답이 나오듯 시간과 일의 우선순위가 잘못되면 실패를 맛본다. 당신의 인생에서 먼저 해야 할 괄호, 당신의 곱셈과 나눗셈은 무엇인가? 그것을 먼저 해야 했는데 자꾸 덧셈, 나눗셈 같은 허접한 일만 하다가 실패라는 오답을 얻었던 일들을 기억하는가?

삶의 우선순위가 잘못되면 실패한 인생이 된다. 인생에서 가장 중요한 것은 바로 하나님과의 관계다. 삶의 괄호와 곱셈, 나눗셈이 바로 신앙과 믿음의 선택이다. 이제 내가 먼저 풀어야 할 괄호, 먼저 해야 할 곱셈, 나눗셈이 무엇인지를 반드시 점검하고 발견할 수 있기를 바란다.

인생의 우선순위는 하나님의 나라와 의를 구하는 것

> 그러므로 염려하여 이르기를 무엇을 먹을까 무엇을 마실까 무엇을 입을까 하지 말라 이는 다 이방인들이 구하는 것이라 너희 하늘 아버지께서 이 모든 것이 너희에게 있어야 할 줄을 아시느니라 너희는 먼저 그의 나라와 그의 의를 구하라 그리하면 이 모든 것을 너희에게 더하시리라 마 6:31-33

예수께서 답을 주셨다. 이방인, 즉 믿음 없는 사람들은 "무엇을 먹을까 무엇을 마실까 무엇을 입을까" 먹고 사는 일에 시간과 에너지를 쓰며 살아가지만, 너희는 그들처럼 이것저것 염려하지 말고 "먼저 그의 나라와 그의 의를 구하라"라고 하신다. 하나님의 나라와 그의 의를 구하는 것이 우선순위라는 것이다.

너희의 하늘 아버지께서 이 모든 것이 너희에게 있어야 할 줄 아시니까 너는 그 하늘 아버지의 뜻과 그 나라를 위해서 먼저 일하라는 것이다. 수조에 큰 돌부터 넣으면 작은 돌과 모래 같은 것들은 자연스럽게 채워지듯 우리 삶에서도 가장 중요한 일부터 하면 먹고사는 모든 잡다한 문제들도 공급되고 채워진다는 것이다.

그런데 우리는 이것을 거꾸로 한다. "나중에 형편이 되면 하나님의 일을 할게요", "지금은 당장 먹고사는 문제가 급해요", "지금은 이것 때문에 너무 바빠요"라며 하나님의 일을 미룬다. 하지만 삶의 모든 선택 가운데 우선순위를 하나님나라와 하나님의 뜻에 두어야 한다. 그것이 가장 중요하다. 당신의 인생에 뭣이 중헌디!

목회도 신앙생활도 똑같다. 나도 개척해서 뭘 먹고 뭘 입을까 고민하지 않았다. 있는 대로 먹고 없으면 굶었다. 대신 내 고민은 이것 하나뿐이었다. "하나님이 무엇을 기뻐하실까?" 하나님께서 나에게 무엇을 원하시고, 이 교회를 통해 무엇을 이루길 원하실까를 생각했다.

하나님나라와 그 영광을 위해 사는 것이 우리 인생의 목적이다. 인생의 궁극적 목적은 하나님을 영화롭게 하는 것이다. 그것이 성도의 삶이고 교회의 목적이라면 우리 중 누구도 피해갈 수 없다. 사역자의 길은 좁고 평신도의 길은 조금 더 넓은 것이 아니고, 예수님의 제자로서의 길은 누구나 똑같다.

천국을 선물로 받은 우리는 나그네 같은 이 짧은 인생에서 이제는 내 뜻이 중요한 게 아니다. 우리는 내 뜻을 이루기 위하여 교회에 나오는 것이 아니라 하나님의 뜻이 하늘에서 이루어진 것같이 그 뜻이 오늘 내 삶과 우리 교회와 내 가정, 더 나아가 내 자녀와 다음세대를 통해서 이루어지게 해달라고 그 뜻을 구하러 나오는 것이다. 그래서 하나님의 나라, 그 교회, 그분의 영광을 위해서 힘쓰고 마음을 들이고 물질을 드리고 시간을 사용하는 것이다. 하나님은 그걸 받으시고 입 싹 닫지 않으신다. 내 모든 필요를 다 아시는 하나님은 하나님을 선택하는 사람을 채워주신다.

선주후사의 법칙

'어떤 행위를 했느냐'도 중요하지만 하나님은 행위의 순서에도 지대한 관심을 보이신다. 그래서 순서가 옳을 때 매우 기뻐하시고 그 인생에 축복을 마다하지 않으신다.

솔로몬이 다윗의 뒤를 이어 왕이 되었다. 전대미문의 왕 다윗을 계승하고 얼마나 부담이 컸겠는가. 그리고 그때 정치적으로 위급한 일도 많았고 외교와 군사적으로도 결단해야 할 것도 많았다. 솔로몬은 그 위급한 시기에 무엇부터 했는가?

> 이에 왕이 제사하러 기브온으로 가니 거기는 산당이 큼이라 솔로몬이 그 제단에
> 일천 번제를 드렸더니 기브온에서 밤에 여호와께서 솔로몬의 꿈에 나타나시니라
> 하나님이 이르시되 내가 네게 무엇을 줄꼬 너는 구하라 **왕상 3:4,5**

일천번제를 하나님께 올렸다. 그 시급한 중에도 하나님께 일천번제를 통해 먼저 예배드리는 그를 하나님이 너무 기뻐하셔서 솔로몬의 꿈에 나

타나 "너는 내가 무엇을 줄꼬 넌 나에게 구하라" 하셨다. 그런데 솔로몬이 구한 것이 또 하나님을 기쁘게 했다. 솔로몬이 지혜를 구했다. 자기는 너무 작은 아이라서 하나님이 맡기신 일을 감당할 힘이 없다며 "듣는 마음"(9절), 즉 "송사를 듣고 분별하는 지혜"(11절)를 구했더니 그 기도가 하나님의 마음에 쏙 들었다.

하나님의 마음에 든 것은 우선순위의 옳음이었다. 첫째, 그렇게 위급함에도 하나님께 예배드리는 것이 우선순위였다. 둘째, 바라고 소원하는 일들이 많았겠지만 그는 먼저 하나님의 나라를 위해서 기도했다. 그런 그에게 하나님은 "네가 이것을 구하도다 자기를 위하여 장수하기를 구하지 아니하며 부도 구하지 아니하며 자기 원수의 생명을 멸하기도 구하지 아니하고 오직 송사를 듣고 분별하는 지혜를 구하니"(11절)라고 하셨다.

> 내가 네 말대로 하여 네게 지혜롭고 총명한 마음을 주노니 네 앞에도 너와 같은 자가 없었거니와 네 뒤에도 너와 같은 자가 일어남이 없으리라 내가 또 네가 구하지 아니한 부귀와 영광도 네게 주노니 네 평생에 왕들 중에 너와 같은 자가 없을 것이라 왕상 3:12,13

솔로몬도 여느 사람같이 오래 살고 싶고 부자 되고 싶고 대적과 싸워서 승리하고 싶었을 것이다. 물론 이런 것도 기도해도 된다. 그런데 '먼저'가 중요한 것이다. 그런 것들보다 먼저 하나님이 맡기신 나라를 어떻게 더 잘 섬길까, 어떻게 더 하나님의 뜻을 위해 살아갈 수 있을까를 생각하고 그래서 그것을 위한 지혜를 구했다. 그러자 하나님은 그가 구한 대로 지혜롭고 총명한 마음을 주실 뿐 아니라 그가 구하지 아니한 부귀와 영광도 주겠다고 하셨다.

마태복음 6장과 열왕기상 3장이 내용과 배경은 달라도 본질은 똑같다. 나는 이 본질을 '선주후사(先主後私)의 법칙'이라 부르고 싶다. 내가 지은 말이긴 한데, 먼저(先) 주님(主)을 구하고 나의 개인적인 것(私)은 그다음(後)에 구한다는 것이다. 내 것을 구하지 말라는 것이 아니다. 먼저가 중요하다.

> 엘리야가 그에게 이르되 두려워하지 말고 가서 네 말대로 하려니와 먼저 그것으로 나를 위하여 작은 떡 한 개를 만들어 내게로 가져오고 그 후에 너와 네 아들을 위하여 만들라 이스라엘의 하나님 여호와의 말씀이 나 여호와가 비를 지면에 내리는 날까지 그 통의 가루가 떨어지지 아니하고 그 병의 기름이 없어지지 아니하리라 하셨느니라 왕상 17:13,14

열왕기상 17장에서 사르밧 과부를 만난 엘리야가 말도 안 되는 요구를 한다. 먹을 것이 없어서 장작불도 아니고 나뭇가지 몇 개 주워다가 아들과 음식 조금 만들어 먹고 죽으려고 하는 여인에게 '먼저' 자기에게 떡을 만들어 가져오고 그 후에 모자가 먹을 것을 만들라고 한다. 먼저 드리고 나면 가루 한 움큼에서 뭐가 남겠는가.

그러나 '먼저'가 중요하다. 하나님은 꼭 그러신다. '먼저' 이삭을 드리면 그 후에 여호와 이레의 역사를 펼치신다. 오늘도 먼저 이것을 드리면 그 후에 할 게 없을 것 같지만 다 할 수 있도록 하나님께서 공급하신다.

엘리야가 사르밧 과부에게 전했듯 나도 똑같이 하나님의 말씀을 전한다. 다른 덧셈, 뺄셈 먼저 하지 말고 하나님의 말씀, 드린 서약, 믿음과 순종, 비전과 헌신, 이것들을 괄호 쳐놓고 먼저 하라. 그러면 당신이 사는 날 동안 하나님의 은혜와 공급하심이 절대로 당신을 떠나지 않으실 것이다. 먼저 그의 나라와 그의 의를 구하면 하나님께서 다 채워주실 줄 믿는다.

이 '선주후사'의 법칙이 신앙에서 하나님을 기쁘시게 하고 승리하고 풀리는 법칙인 줄 믿고, 인생에서 가장 중요한 것을 하나님으로 괄호 치고, 맡은 사역으로 괄호 치고, 말씀에 순종하고 헌신하는 것을 괄호 쳐 놓는 지혜로운 인생 되기를 바란다.

15

회개하라

여호와의 손이 짧아 구원하지 못하심도 아니요
귀가 둔하여 듣지 못하심도 아니라 오직 너희 죄악이
너희와 너희 하나님 사이를 갈라놓았고 너희 죄가
그의 얼굴을 가리어서 너희에게서 듣지 않으시게 함이니라

사 59:1,2

"투셰(Touché)! 내가 찔렸습니다."

내가 스포츠를 좋아하는데도 펜싱은 참 익숙해지지 않는 종목이다. 칼이 너무 빨라서 누가 공격에 성공했는지 아무리 봐도 알 수가 없다. 그런데 실은 심판도 모르고 정작 찌른 당사자도 알 수가 없을 정도라서 칼이 닿았는지를 전자 스코어링 장비로 판단한다.

그런데 펜싱은 중세시대부터 행해졌는데 전자 장비가 없던 옛날에는 어떻게 승부를 판정할 수 있었을까? 의외로 해결책은 간단했다. 펜싱에서 누가 칼에 맞았는지 아는 사람이 단 한 사람 있는데 심판도 코치도 관중도 아닌, 바로 '칼에 맞은 사람'이다.

펜싱에서 공격이 성공하면 "투셰!"(Touché)라고 외치는데 이 말은 "찔렀다"가 아니라 "찔렸다"라는 뜻이다. 당연히 찌른 사람이 아닌 찔린 사람이 외쳐야 한다. 펜싱은 실점한 사람이 손을 들고 패배를 인정함으로써 상대편에게 점수를 주는 경기다. 경기에서 이기려면 찔렸어도 아니라고 우기기라도 해야 할 판인데, 나밖에 모르는 실점을 "투셰! 나 찔렸소"라고 스스로 인정하며 손을 드는 것으로 승패를 가리다니 어떻게 이것이 가능할까?

펜싱은 본래 무예였다. 무예의 목적은 무공을 쌓아서 적에게서 내 가족과 사랑하는 사람을 지키는 것인데 그 무공은 역설적이게도 "투셰!"라고 외칠 때마다 쌓인다. 스스로 "투셰!"를 외치며 자기 패배를 인정하고, 그때마다 '이게 실전이었으면 나는 죽은 거야. 이때 내가 뭐가 부족했지? 아, 그때 내가 조금만 이렇게 할 걸' 하며 더 강하게 훈련할 때마다 그들은 성장했다.

찔려도 입 다물고 안 찔린 척하면 워낙 빠르니까 아무도 그것을 판단하거나 지적할 수가 없어서 그냥 넘어갈 수도 있지만, 그렇게 "투셰"를 외치지 않는다면 그때 손해 보는 사람은 바로 찔린 당사자다. 당장의 창피함과 패배감은 면할 수 있겠지만 무공이 쌓이지 못해서 결국 실전에서 나와 내 가족을 지킬 수 없기 때문이다.

회개는 하나님 앞에 "투셰!"를 외치는 것

나의 실수와 패배를 인정하기란 참 쉽지 않다. 더욱이 요즘처럼 경쟁이 치열한 시대에는 내 단점과 허물은 감추고 장점과 성공을 어필해야 살아남을 수 있을 것 같다. 하지만 그러면 성장은 점점 묘연해진다. 신앙도 마찬가지다. 아무도 모르는 내 허물과 죄를 고백하지 않는다고 누가 뭐라 하지 않는다. 그러나 그 때문에 결국 하나님의 영광이 떠나고 하나님의 보호와 개입이 떠나서 무기력하고 처참한 인생, 신앙의 패배자가 되면 누가 손해인가?

펜싱의 목적은 놀이가 아니라 내 생명과 사랑하는 사람들을 지키는 것이므로 지금은 창피해도 자꾸 손을 들어 패배를 인정하고, 같은 실패를 답습하지 않도록 몸부림치며 훈련하는 것이 지혜롭다. 예배의 목적 또한 교회에 와서 종교활동을 하고 우리끼리 놀고 즐기는 것이 아니다. 언젠가 내게도 시험의 때가 오고, 영적으로 내가 무너지고 혼탁해져서 하나님의 뜻대로 살지 못할 때가 올 것이기에 지금 스스로 투세를 외쳐야 한다.

죄를 변명하고 합리화한들, 회개를 거부하고 심지어 교회를 옮긴다한들 뭐라 할 사람은 없지만, 하나님 영광이 떠나고 하나님의 역사가 사라진 상태에서 그저 교회만 다니는 종교인 되다가 끝나면 누가 손해인가? 우리가 예배 가운데 하나님을 만나고 하나님과 거룩한 교제를 누려야 하지 않겠는가? 하나님의 영광이 우리에게 불같이 임해서 우리의 심령을 살려야 하지 않는가? 그러려면 자꾸 "그럼 누가 손핸데?"라고 스스로 묻고, 주님 앞에 나의 부족함을 고해야 한다.

"투세! 내가 죄인입니다, 하나님!"

"투세! 주여, 내가 오늘도 실수하고 넘어졌나이다!"

이것이 내가 살 길이고, 내 사랑하는 가족과 공동체를 지키는 유일한 길이다.

또한, 회개는 나를 성장시킬 뿐 아니라 나의 문제들을 풀어낸다. 삶이 안 풀리고 답답한가? 간절히 기도하고 하나님께 긍휼과 은혜를 구하는데도 나의 문제들은 풀리지 않고 머물러 있으니 망망대해에 나 혼자 떠도는 듯, 하나님께서 나를 버리고 외면하시는 것만 같아서 속상한 마음이 드는가?

여호와의 손이 짧아 구원하지 못하심도 아니요 귀가 둔하여 듣지 못하심도 아니라

오직 너희 죄악이 너희와 너희 하나님 사이를 갈라놓았고 너희 죄가 그의 얼굴을

가리어서 너희에게서 듣지 않으시게 함이니라 사 59:1,2

하나님의 팔이 짧아서도 아니요, 귀가 어두워서도 아니다. 하나님이 깜빡 당신을 잊으신 것도 아니다. 오히려 하나님은 지금 우리의 문제를 해결해주고 기도에 응답해주고 싶어 안달이 나셨지만, 딱 하나, 죄로 인해 우리와 하나님 사이에 담이 쌓여 막혀있기 때문이다. 하나님은 한 번도 당신에게서 눈을 뗀 적 없고 당신에게 집중하고 계시지만 죄로 하나님과의 사이에 담이 막혀서 삶에 하나님의 역사와 개입이 일어나지 못하는 것이다.

그 죄의 담을 허무는 유일한 무기가 회개다. 주님 앞에 투세를 외치고 회개하며 나아가 하나님과의 사이에 막혀있는 이 죄의 담을 무너뜨리면 그 풀리지 않는 내 삶의 지긋지긋한 문제들이 풀어진다. 어떤 숙련된 기술도 복잡한 과정도 필요 없다. 단 하나, 주님 앞에 정직히 나와 "투세! 주님, 내가 범죄하였나이다. 내가 여호와께 죄를 범하였나이다" 하고 인정하는 이것 하나면 충분하다.

대조되는 인생의 두 거울, 사울과 다윗

회개 설교를 할 때마다 가장 대표적인 예로 언급되는 사람들이 바로 사울 왕과 다윗 왕일 것이다. 그들은 똑같이 죄를 지었지만 그들의 인생

을 갈라놓은 것은 범죄 여부가 아니라 회개의 여부였다.

사울은 '투세'를 외치지 않고 변명과 합리화로 계속 죄를 덮으려 했다. 아니, 하나님께 나와서 회개하고 고해야지, 사무엘을 이해시켜서 뭐할 것인가? 아말렉을 진멸하라는 말씀에도 불순종하고 자꾸 변명하더니 결국은 "됐고, 내 백성의 장로들 앞과 이스라엘 앞에서 나를 높여달라"(삼상 15:30 참조)라고 청했다. 그는 쪽팔리고 사람들 앞에서 자존심상하는 것에만 연연해서 하나님께 진정으로 잘못을 인정하고 회개하는 영적인 투세를 외치지 못했다.

자기 부하의 아내인 밧세바를 범하고, 그 죄를 덮으려다 자기의 충신우리아를 죽인 다윗은 사실 사울보다 더 추악한 죄인이다. 시간이 흐른 뒤 어느 날 나단 선지자가 찾아와 그에게 양과 소를 많이 가진 부자와암양 한 마리 가진 가난한 사람의 비유를 통해 그의 죄를 돌려 말한다.다윗이 그 부자에 대해 노하자 나단은 "당신이 그 사람이라"(삼하 12:7)라며 12절까지 하나님의 책망을 전한다. 그러자 13절에서 너무나 놀라운 일이 일어난다.

> 다윗이 나단에게 이르되 내가 여호와께 죄를 범하였노라 하매 나단이 다윗에게 말하되 여호와께서도 당신의 죄를 사하셨나니 당신이 죽지 아니하려니와 **삼하 12:13**

나단의 말이 끝나자마자 다윗이 바로 "내가 여호와께 죄를 범하였노라"라고 대답했다. 그러자 곧바로 나단이 "여호와께서도 당신의 죄를사하셨나니 당신이 죽지 아니하려니와"라고 말한다. 이 한 절 안에서 회개와 용서가 단박에 이루어진다. 우리 죄는 너무도 추악하고 복잡하게 뒤엉켜 있지만, 우리가 진심으로 통회하고 자복하고 하나님 앞에 나아오면 하나님의 영이 우리에게 임하셔서 단박에 우리 죄를 속하여 주시고 우리를 자유케 풀어주실 것이다.

그 은혜를 사모하라. 완전하고 의로운 척하지 말고 주님 앞에 바짝 엎드려 "투세"를 외치며 죄를 고백하라. 안 해도 된다. 숨겨도 누가 뭐라고 안 하니 모른 척하고 시치미를 뚝 떼도 상관없다. 그러나 질문해봐야 한다. "하나님의 영이 떠나가시면(삼상 16:14) 누가 손핸데?"라고.

다윗의 복은 징계의 축복이다

사무엘하 7장에서 다윗이 자기는 하나님의 축복으로 백향목 궁전에 사는데 하나님의 궤는 아직도 장막에 있는 것이 너무 안타까워서 하나님께 성전 건축할 것을 소원한다. 그러자 하나님이 기쁘셔서 그에게 축복의 약속을 주신다. 9-12절에 다윗을 축복하시고 13-15절에서 후손에 대한 축복을 말씀하시는데 그중 후손에 대한 복의 내용을 보자.

> 그는 내 이름을 위하여 집을 건축할 것이요 나는 그의 나라 왕위를 영원히 견고하게 하리라 나는 그에게 아버지가 되고 그는 내게 아들이 되리니 그가 만일 죄를 범하면 내가 사람의 매와 인생의 채찍으로 징계하려니와 내가 네 앞에서 물러나게 한 사울에게서 내 은총을 빼앗은 것처럼 그에게서 빼앗지는 아니하리라 삼하 7:13-15

하나님께서 다윗에게 "내가 네 아들의 아버지가 되어줄게"라고 하신
다. 그래서 아버지시니까 만일 그가 범죄하면 그냥 놔두지 않고 "사람
의 매와 인생의 채찍"으로 징계하리라 약속하신다. 우리는 매와 채찍을
축복이라 생각하지 않지만 하나님께서 다윗에게 주신 축복은 다름 아닌
징계와 책망의 은혜였다. 하나님은 "사람의 채찍을 통해서라도 너희는
절대 버리지 않을게. 사울은 버려졌지만, 내가 절대로 네 자녀들만큼은
사울에게서 그 은혜를 빼앗은 것처럼 은혜를 빼앗지 않을 거야"라고 말
씀하신다. 이보다 더 큰 은혜가 어디 있는가.

> 주께서 그 사랑하시는 자를 징계하시고 그가 받아들이시는 아들마다 채찍질하심
> 이라 하였으니 너희가 참음은 징계를 받기 위함이라 하나님이 아들과 같이 너희를
> 대우하시나니 어찌 아버지가 징계하지 않는 아들이 있으리요 징계는 다 받는 것이
> 거늘 너희에게 없으면 사생자요 친아들이 아니니라 히 12:6-8

징계는 아픈 것이다. 하지만 징계의 채찍을 맞는 사람들은 하나님께
서 사랑하시는 자다. 하나님은 사랑하는 자를 징계하시기 때문이다.
아버지가 징계하지 않는 아들이 없듯이, 하나님이 징계하신다는 것은
아들과 같이 대우하신다는 뜻이다. 8절에 징계는 다 받는 것이고, 징계
가 없는 사람은 사생자요 친아들이 아니라고 하신다. 우리는 죄인이기
에 징계는 누구든 다 받으며, 징계가 없다면 그 사람은 하나님의 아들이
아닌 것이다.

사랑으로 꾸짖어줄 부모와 어른이 필요하다

어느 작은 교회에 집회하러 갔는데 뒤쪽에 청소년이 한 열댓 명 있었다. 교회 규모에 비해서 청소년이 좀 많은 편이었는데 아이들의 태도가 무례를 넘어 비정상이라 할 만큼 엉망이어서 깜짝 놀랐다. 이게 교회냐고, 예배를 가르쳐야지 예배도 이렇게 드리면서 무슨 신앙의 유업을 물려주겠냐고 내가 막 야단을 쳤다.

다음 날 담임목사님이 특수한 교회라 그러니 이해해달라고 하셨다. 그 교회는 한 보육원 앞에 있어서 그곳의 아이들과 교사들, 직원들이 출석 성도의 대부분(교회 중직자들조차 자기 자녀를 다른 교회에 보낸다)인 특수한 목회 현장으로, 조금만 혼을 내도 애들이 대들고 바로 경찰에 신고해버리니 아무도 아이들을 건드리지 않는다고 했다.

그 얘기를 듣고 이해가 되면서도 너무 가슴이 아팠다. 부모 없어서 불쌍한 것보다 저렇게 잘못된 인생을 살아도 잘못됐다고 따끔하게 얘기해줄 사람 없는 것이 너무 불쌍해서 눈물이 났다.

다음 날 내가 예배 시간에 아이들을 엄청 혼냈다. 덤비는 녀석도 있고 한바탕 난리를 치렀다. "똑바로 앉아, 인마. 너 목사한테 맞아본 적 있어? 그 특별한 경험을 오늘 밤에 한번 해볼래? 너희들 이러다가는 인마, 아무것도 못 돼!" 하면서 진짜 내려가 혼을 내는데 너무 안타까워서 막 눈물이 났다.

그런데 놀랍게도 아이들의 눈빛이 변하고, 내가 말을 섞지 않는데 고마워하는 게 느껴졌다. 그리고 마지막 날 마지막 예배 때 정말 달라져서 깜짝 놀랐다. 수행하는 전도사님도 내게 이런 말을 했다.

"목사님! 애들이 완전히 달라졌어요. 예배를 드리면서 자세도 안 흐트러지고 목사님을 집중해서 보는데 혼날까 봐 그러는 게 아니라 정말 진심으로 고마워서 쳐다보는 게 느껴져요."

내가 그 아이들에게 너무 고마웠다. 아이들이 갈구했던 것이다. 직장에서 사무적으로 행정적으로 편하려고 혼내는 거 말고 진짜 사랑으로 꾸짖어줄 부모, 그런 어른을…. 그 아이들은 처음 그렇게 혼나면서 진심을 느끼고 감동한 것이다. 내게 또 와달라고 해서 부르면 언제든지 오마고 약속하고 왔다.

고아의 불쌍함은 혼내줄 사람이 없다는 것이다. 내가 잘못된 길로 가고 어그러진 행동을 하는데도 바로잡아줄 사람이 없다는 것이 진짜 안타까운 것이다. 그런데 오늘날 멀쩡히 살아서 자녀를 고아로 만드는 부모가 많다. 사랑한다는 핑계로 잘못을 바로잡지 않고 자식을 스스로 망치는 부모가 바로 자녀를 고아처럼 기르는 부모다.

2020년 10월 13일, 부모의 자녀 체벌을 원칙적으로 금지하는 내용의 민법 개정안이 국무회의를 통과해 2021년 1월 21일부터 시행된다. 꼭 매질을 하라는 얘기가 아니다. 아닌 것을 권위 있게 혼내라는 것이다. 나는 아들들과 친구처럼 놀고 아이들이 7,8세 때부터는 한 번도 매를 댄 적이 없지만 내 말 한마디면 아이들이 벌벌 떤다. 내 원칙과 삶으로 '말의 회초리'의 권위를 높여놨기 때문이다. 부모의 삶에 권위가 없으면 말에도 권위가 없어져 자녀들이 듣지 않는다. 부모는 '말의 회초리'의 권위를 높여가야 한다.

매를 아끼는 자는 그의 자식을 미워함이라 자식을 사랑하는 자는 근실히 징계하느니라 잠 13:24

채찍과 꾸지람이 지혜를 주거늘 임의로 하게 버려둔 자식은 어미를 욕되게 하느니라 잠 29:15

자녀를 꾸짖을 줄 아는 것이 진짜 사랑이다. 매를 아끼고 혼내지 않는 것을 자식 사랑인 줄 착각하지만 결국은 자식의 인생을 망치는 영적 아동학대다. 자녀들이 맘대로 하도록 놔두면 그것은 반드시 부모에게 욕이 되고, 후회와 불행으로 돌아온다. 자녀를 정말 사랑하고 그들이 잘되기를 원한다면, 정말 아닌 건 아니라고 단호하게 혼내고 바른길로 인도해주어야만 한다.

영적 자녀들을 고아 만드는 삯꾼 목자들

가정뿐 아니라 이 시대 교회에도 멀쩡히 영적 부모가 살아있는데도 누구도 전혀 꾸지람해주지 않는 영적 고아들이 수두룩하다. 영적 아비인 목사가 자녀인 성도를 더 이상 책망하지도 꾸짖지도 않고 고아처럼 기른다. 어느 순간 교회는 등록시키면 끝이고 어르고 달래서 주저앉혀놓으면 되는 곳이 되었고, 성경보다 심리학을 이야기하며 감동적인 이야기를 들려주고 위로하는 상담실같이 되었다.

교회는 그런 것을 하는 곳이 아니다. 이 마지막 때에 우리가 영적 전쟁에서 넘어지거나 죽지 않으려고 하나님 앞에 나와 거룩한 훈련과 연습을 하는 곳이다. 투세를 외치지 않아도 되지만 그럼 죽는다. 시험 중에 죽고 환란 중에 죽고 마지막 때에 죽는다. 그러니 끝까지 책망의 회초리가 있어서 자꾸 찔려야 한다. 하나님 말씀으로 내 영이 다듬어져야 한다. 그런데 요즘 그 찔림이 있는가.

지금은 회개를 이끌어내는 회초리 같은 말씀이 사라진 시대다. 하나님께서 영적 지도자를 세우셨는데, 성도가 엉망으로 살아가고 영적으로 망할 게 뻔히 보이는데도 자기 밥그릇 지키려고, 평안함 깨뜨리기 싫어서 입 다무는 목회자들이 많아졌다. 예배와 설교는 많아졌는데 진짜 책망하고 깨우치는 회초리 같은 설교는 없어졌다. 그래서 내게도 와서 책망과 회초리 같은 설교를 해달라고, 시대를 살려달라고 여기저기서 요청이 계속 들어온다.

반면, 교회 성장만을 원하는 교회에서는 죄라는 단어를 가급적 언급하지 않고, 회개 설교는 하지 않으려 한다. 피(보혈) 얘기는 안 하는 게 교회 성장에 도움이 된다고까지 말하는 이들이 있다. 그것은 하나님의 뜻이 아니기에 그런 숫자적 성장의 부흥이라면 단호히 거절해야 한다. 아프고 꺼려 해도, 시대의 인기는 잃어버리고 손해 볼지라도, 시대의 대세와 기호에 맞춰주는 인본주의 맞춤형 설교가 아니라 하나님의 기호를 맞추는 신본주의 맞춤형 설교를 선포해야 한다.

예배는 보혈의 피비린내가 넘치고 채찍과 같은 하나님 말씀이 넘쳐나야 한다. 하나님은 택하신 백성을 양육하기를 자기 자녀를 혼내는 부모처럼 하시는 분이시기에 목사는 아닌 건 아니라고 말해줘야 한다. 반발하고 설령 떠나는 사람이 있을지라도 그리 해야 한다. 분명히 영적으로 잘못된 것을 보면서도 말해주지 않고 회초리를 들지 않는 목자는 삯꾼이고 가짜다.

나는 우리 교인들을 내 영적인 자녀로 여기고 그들에 대해 분명한 기준이 있다. 누가 잘못하고 있을 때 '내 아들 안드레가 저렇게 살아간다면 나는 화가 났을까 안 났을까' 생각해서 '난 분명히 혼 냈겠다' 싶으면 혼을 낸다. 또 어떤 사람을 포기하고 싶을 때도 '우리 성주였다면 이 정도에 실망하고 버렸을까?' 생각해봐서 아니라면 품는다. 그것이 내가 우리 성도들을 사랑하는 방법이며, 내 자녀를 기준으로 보는 이 기준이 아직은 분명하다.

그러므로 당신이 정말로 분노해야 할 대상은 채찍질과 징계가 아니라, 징계가 사라져버린 설교와 강단이다. 내가 이렇게 잘못 살고 있는데 왜 나를 책망하고 징계하지 않느냐고 화내야 한다. 정직하게 주님 앞에 서서 때로는 따끔한 말씀의 회초리도 맞을 수 있고, 잘못한 것에 대해서 징계받고 책망 듣고 혼나는 것을 감사하는 성숙함이 있기를 바란다.

회개를 멈추지 말자

신앙은 끊임없이 회개하며 주님 앞에 나아가는 것이다. 우리가 완전하지 않기에 회개는 끊임없이, 끝까지 해야 한다. 노아, 모세, 다윗…. 당대 완전한 자라고 칭함 받았지만 그들이 정말 의인인가? 그들은 완전한 인생이 아니라 넘어져도 회개하고 용서받기를 반복한 사람들이었다.

스스로 사라져버리는 죄는 없다. 용서받은 죄가 있을 뿐이다. 하나님의 백성은 죄를 짓지 않고 완전하게 살아가는 것이 아니라 넘어지고 죄를 지어도 끝까지 회개하기를 멈추지 않는 사람들이다.

하나님은 우리를 포기하고 버리지 않으시는데 우리가 회개를 포기한다. 나 자신이 봐도 내가 소망 없고 안 될 것 같아서 "야, 됐다~"라면서 스스로 은혜의 자리를 떠난다. 온갖 변명을 다 대는데, 아니다. 자기 스스로 회개를 포기하고 떠났지 하나님은 한 번도 버린 적이 없으시다. 나도 거울에 비친 나를 보며 '야, 안호성. 너 같은 놈이 무슨 목사냐' 싶고 도망치고 싶을 때도 많지만 나를 버리지 않으시는 하나님을 믿고 "투세! 제가 오만했군요. 제가 본질 아닌 것을 붙들고 살았군요. 제가 속이는 삯꾼이었군요" 하고 계속 회개하며 가는 것이다.

당신도 넘어지고 쓰러지지만, 안 넘어진 척하지 말고 당신을 사랑하고 포기하지 않으시는 하나님의 징계의 축복, 책망의 은혜를 사모하며 끝까지 회개하는 복된 인생 되기를 바란다. 징계를 좋아하는 사람은 없다. 혼나는 사람도 혼내는 사람도 슬프고 가슴 아프다. 그러나 그것을 견뎌내면 의와 평강의 열매를 맺게 해주실 것이다.

무릇 징계가 당시에는 즐거워 보이지 않고 슬퍼 보이나 후에 그로 말미암아 연단 받은 자들은 의와 평강의 열매를 맺느니라 히 12:11

예수님은 "마음이 청결한 자는 복이 있나니 그들이 하나님을 볼 것"(마 5:8)이라 하셨다. 수건으로 창문을 닦듯 회개로 영의 눈을 맑게

닦을 때 우리는 하나님을 보게 될 것이다. 정직하게 "투셰! 제가 범죄했습니다. 제가 넘어졌습니다. 제가 불충했습니다!" 인정하고, 절대 나를 포기하지 않으시는 하나님께 돌아가자.

16

말씀대로 살라

내 아버지여 선지자가 당신에게 큰 일을 행하라 말하였더면

행하지 아니하였으리이까 하물며 당신에게 이르기를

씻어 깨끗하게 하라 함이리이까 하니

나아만이 이에 내려가서 하나님의 사람의 말대로

요단강에 일곱 번 몸을 잠그니 그의 살이

어린아이의 살같이 회복되어 깨끗하게 되었더라

왕하 5:13,14

종이 찢지 마!

정서가 불안해서 자리에 앉기만 하면 가만히 있지 못하고 자꾸 종이를 찢는 사람이 있었다. 정신과 의원을 찾으니 의사들이 "종이에 벤 적이 있느냐?", "종이 뭉치에 맞은 적이 있느냐?" 등의 질문을 던지며 과거의 경험이나 상처에서 원인을 찾으려 하였으나 그런 적이 없어 적절한 처방이 나오지 않았다.

마지막으로 한 군데만 더 가보기로 하고 찾아간 병원에서 그 환자는 "자리에 앉기만 하면 불안해서 종이를 찢지 않고는 견딜 수가 없습니다"라며 어떡하면 좋겠냐고 호소했다. 그러자 그 정신과 의사가 "이제부터 종이 찢지 마세요! 안 찢으면 될 거 아니에요"라는 것이었다. 그랬더니 환자가 "예" 하고는 그때부터 종이를 찢지 않았다.

어떻게 보면 어렵게 내적 치유, 과거의 경험 찾을 게 아니라 그냥 안 찢으면 된다. 나를 납득시킬 이유를 찾고 이해하려고 애쓰기보다 그냥 순종하면 되는데 우리는 쉬운 일을 너무 어렵게 생각하고 아는데도 하지 않을 때가 많다. 아는데 안 하는 것. 안 해서 그렇지 그게 답이다. 하나님을 믿는 자라면 그분의 말씀을 믿어야 한다. 그 말씀에 권위를 두고 그 말씀대로 믿고 따라야 한다.

맨날 똑같은 실수를 반복하고 안 풀리는 것은 말씀보다 내가 앞서기 때문이다. 결국은 내 자아가 앞서고 내 생각이 앞서서 내 상황과 처지, 형편에 따라 말씀을 쪼개고 늘 변명하고 합리화하며 살아가기 때문이다. 이제 거꾸로 해보자. 상황 때문에 말씀을 어기는 것은 이제는 그만하고 말씀 때문에 상황을 이겨내자. 하나님께서 시키시는 대로 순종하며 그 말씀대로 살면 풀리지 않을 것 같았던 답답하고 복잡하게 엉켜 있는 문제들이 풀리게 될 것이다.

나아만의 실수와 회복의 분기점

왕의 신임과 세상의 부귀, 명예를 다 가진 아람의 군대장관 나아만이 나병에 걸렸다. 이스라엘에 아주 유명한 하나님의 사람이 있다는 얘기를 듣고 찾아왔는데 그가 그저 요단강에 가서 일곱 번 씻으라고 하니 분노하며 떠나려 했다. 내가 상상하고 생각한 것과 달랐기 때문이다.

> 나아만이 노하여 물러가며 이르되 내 생각에는 그가 내게로 나와 **왕하 5:11**

나아만은 하나님의 사람이 자기를 영접하고 앞에 서서 환부에 손을 얹고 여호와의 이름을 부르며 통성기도를 하고 안수해주는 세리머니를 기대한 것 같다. 그런데 자기가 이래 봬도 대국의 군대장관인데 엘리사가 건방지게 나오지도 않고 그냥 앉은 채로 "가서 요단강에 씻으세요" 하니까 분노한 것이다.

다메섹강 아바나와 바르발은 이스라엘 모든 강물보다 낫지 아니하냐 내가 거기서
몸을 씻으면 깨끗하게 되지 아니하랴 하고 몸을 돌려 분노하여 떠나니 **왕하 5:12**

이것이 이 시대의 모습이다. 하나님의 말씀을 들었으면 말씀대로 해보
면 되는데 항상 자기 생각과 기준에 가로막힌다. 시퍼렇게 살아 날뛰는
자아(ego)가 하나님 말씀보다 더 위에 있어서 오늘도 분노하는 것이다.

교회 안에서 분노하고 맨날 성질내고 다니는 사람은 상황과 처지, 대
우의 부당함 때문에 그런 것이 아니다. 이유는 딱 두 가지다. 십자가 바
라보지 못하거나 말씀보다 위에 서 있거나. 말씀 아래에 있으면 절대로
교회 안에서 분노하고 화를 내지 못한다. 이것을 끝내고, 내 생각과 자
아가 원하는 대로가 아니라 하나님께서 말씀 주시는 대로, 시키시는 대
로 하기 바란다.

나아만의 실패와 회복은 말씀의 순종에서 갈렸다. 인생의 승리와 회
복의 성패는 '말씀대로 행하느냐? 아니면 자신의 생각대로 복잡하게 풀
어가려 하느냐?'에 달려 있다.

어찌 보면 그의 종들이 지혜로웠다. 그들은 "아니, 더 큰 일을 하래도
했을 거 아닙니까" 하고 말했다. 나아만에게 차라리 앞구르기를 5천 번
하고 코끼리코 20바퀴를 돈 다음 외다리로 15분 서 있으라고 했으면 아
마 했을 것이다. 우리는 뭔가 이렇게 어렵고 힘든 일을 시키면 한다. 그
런데 아주 간단하고 단순한 하나님 말씀에 순종하지 않는다. "아니, 이
거 뭐라고 안 합니까. 뭐 어려워요. 한번 해보면 되지"라는 말이 나아만
을 회복으로 이끌었듯 이 메시지가 당신의 삶과 행동을 돌려놓는 귀한

터닝포인트가 되었으면 한다.

무슨 말씀을 하시든지 순종하는 것이 자기부인

예수님의 공생애에서 첫 번째 기적이 가나의 혼인 잔치에서 일어났다. 예수님이 육신의 어머니 마리아와 함께 참여한 그 혼인 잔치에서 잔치가 끝나기도 전에 포도주가 떨어지는, 유대 문화에서는 큰 흉이고 중대한 사건이 일어났다.

물론 우리는 이 문제가 어떻게 해결되었는지 안다. 그런데 생각해보자. 포도주가 담겨야 할 항아리에 물을 길어다 담으라고 한다. 당신이 그 명령을 받은 하인이라면 납득할 수 있었을까? 혹시 "지금 장난합니까! 지금 안 그래도 열 받아 죽겠는데 아, 좀 비키세요!" 이러지 않았을까? 그런데 그 전에 이런 권면자가 있었다.

> 그 어머니가 하인들에게 이르되 너희에게 무슨 말씀을 하시든지 그대로 하라 하니라 요 2:5

마리아의 이 권면이 그 납득할 수 없었을 상황을 종료한 것이다. 마리아는 어떤 일이 일어날지는 몰랐지만 예수님이 기적을 일으킬 때는 우리의 사고로는 납득되지 않을 일이 있다는 것을 분명히 알았다. 아니나 다를까 예수님은 빈 항아리에 물을 가득 채우라는 이해 안 되는 말씀을 하셨다. 그래도 "무슨 말씀을 하시든지 그대로 하라"라는 권면이 있어서 하인들이 순종했더니 결국 훨씬 좋은 최상급의 포도주가 나오는 기적을 맛보게 되었다.

말씀을 순종하면 기적과 회복이 일어난다. 그러나 말씀을 순종해야 하는 더 중요한 이유는 그것이 신앙의 본질이고 믿음이 성숙하는 길이기 때문이다. 내 주관, 내 생각, 내 자아를 버리는 훈련이 바로 신앙의 성숙 과정이다. 그래서 예수님도 이렇게 말씀하셨다.

> 이에 예수께서 제자들에게 이르시되 누구든지 나를 따라오려거든 자기를 부인하고 자기 십자가를 지고 나를 따를 것이니라 마 16:24

나의 십자가를 지고 예수님을 따르는 것이 자기부인이며 그것이 신앙이다. 신앙이 무엇이고 믿음의 성숙이 무엇인가. 내 자아를 계속 깨는 작업이다. 납득되지 않는 것을 깨뜨려가다 보면 나중에 결과물을 보며 '그래, 이거였구나' 하게 된다. 한 번도 못 봤다는 사람은 문제를 아직 안 풀어서 그렇다. 문제 풀지도 않은 사람의 답안지는 채점할 수 없으니 이제는 문제를 풀어보시기 바란다.

내 자아가 살아서 내 지식, 내 경험 주장하며 내 감정으로 살면 너무 힘들어진다. 목회도 그렇다. 나도 목회 시작하고 돌아버릴 뻔했다. 내 뜻대로, 내 경험과 지식대로, 내 경영철학과 논리대로 되는 게 하나도 없었다. 그래서 싸우다가 내린 결론은 "내 자아가 죽으면 끝난다"였다. 나를 다 내려놓고, 하나님이 가라시면 가고 시키시면 했더니 인생이 평안하고 행복해졌다. 지금도 자아가 살아서 내 자아가 앞서고 내 지성이 앞설 때, 그래서 목회가 힘들 때면 나는 좋아하는 책도 끊고 그저 엎드려 기도만 한다. 그래야 편해지고 내가 산다.

이해할 수 없는 하나님의 훈련

하나님께서 당신에게 왜 그렇게 힘들고 이해 안 되는 명령을 내리실까? 사실 성경에 기적과 같은 은혜와 축복이 시작될 때마다 납득되지 않는 하나님 말씀이 먼저 선포되는데 이것이 훈련이다. 하나님은 그분이 사용하시고 복 주시고 더 깊은 영적 세계로 이끄실 자들에게 반드시 이 훈련을 시키신다. 아브라함, 요셉, 모세, 다윗에게도 그리하셨고, 택하신 민족 이스라엘도 그렇게 훈련하셨다.

아브라함

아브라함은 75세에 이민을 떠나라는 명령을 받았다. 75세는 이민 갔다가도 다 정리하고 돌아올 나이인데 그 나이에 정든 본토 친척 아비 집을 떠나 낯선 땅으로 떠나라 하시니 이게 납득이 가는 일인가. 하지만 거기서 그는 복의 근원이 되었다. 또 그가 100세에 얻은 소중한 아들 이삭을 번제로 바치라는 명령도 받았다. 이전에 만났던 하나님과는 경험적으로 이해되지 않고 상황적으로도 말도 안 되는 명령이다.

하나님은 그에게 납득되지 않는 말씀으로 그 자아를 깨셨다. 자기의 생각과 경험과 자아를 깨뜨린 그때 비로소 아브라함은 여호와 이레의 하나님, 기가 막힌 하나님의 선하심을 맛본다.

모세

하나님은 아무것도 할 수 없는 80세 노인 모세를 불러 거대한 출애굽 프로젝트의 지도자로 선봉에 세우신다. 예전의 양 치는 인생과는 비교도 할 수 없는 위대한 인생으로 변화시키실 때 먼저 그에게 명령하신 것은 네 발에서 신을 벗으라는 것이었다(출 3:5). 발에서 신을 벗는 행위는 종들이나 하는 것이고, 룻기에서 보듯 내가 내 모든 권리를 이양했다는 증거다(룻 4:7,8).

종들은 주인의 말씀이 자기 인생의 주권이며, 자기 스스로는 아무것도 할 수 없고 오직 주인의 명령을 따라 하는 존재다. 종이 신을 벗듯 우리는 정말로 말씀 앞에 신을 벗어야 한다. 내 신을 벗는다는 것은 스스로 인생을 이끌어가지 말고 삶의 모든 주권과 권리를 주님께 드리고 주 뜻대로 살아가는 것이다.

이스라엘 백성

하나님께서 한번 확 보여주시고 순종하라시면 안 할 사람이 없을 것이다. 미리 홍해를 갈라놓고 "봤지! 내가 왜 여기로 오자고 했는지 이제 알겠지!" 하시면 얼마나 좋겠는가. 그런데 홍해는 막혀 있고 요단강은 막 굽이쳐 흐른다. 요단강은 물이 철철 흘러넘치는 강물에 발을 담글 때에야 갈라진다. 여리고성도 미리 자동문처럼 드르륵 열리면 좋겠는데 꼭 열세 바퀴를 돌고 나서야 무너지게 하신다.

하나님께서 그것 조금 먼저 하실 능력이 부족한 것이 아니라 내 자아와 이성을 허무는 작업을 하시는 것이다. 우리가 왜 그분의 말씀을 들어야 하는지, 왜 하나님이 우리 인생의 주권자가 되셔야 하는지 알게 하기 위해서 일부러 갈라놓지 않으시는 것이다.

우리가 나아갈 길은 길고 하나님은 계속 그렇게 우리를 훈련시켜 가실 것이다. 그러니 상황과 형편으로도 내 경험과 지식으로도 내 감정과 관계적으로도 납득되지 않는 것이 내게 말씀으로 선포되거든 하나님께서 크게 쓰시려고 기회를 주셨다는 사인인 줄 깨달으라. '아, 나도 그렇게 거룩하게 택하심을 받았구나', '하나님께서 나와 우리 가정에 큰일을 준비하셨구나' 생각하고, 그 축복의 기회를 놓치지 않기를 바란다.

내 삶 속에서 하나님 말씀의 가치를 높여라

자기 삶에서 하나님 말씀의 가치를 높이는 것이 복된 인생인데 당신의 삶 속에 하나님 말씀의 가치는 얼마인지 묻고 싶다. 하나님께서 우리에게 말씀을 맡기셨다. 먼저 구원해주셔서 하나님께서 이 땅과 시대에 전하시는 말씀의 가치를 높이고 지키는 사명을 주셨다.

2019년 5월 27일, 홍콩의 한 경매장에 붉은 점이 가득 찍힌 그림이 한 점 올라왔다. 그 그림의 사진을 우리 교회 성도들에게 보여주니 별로 관심 보이는 사람은 없었다. 그런데 그 그림이 72억 달러에 팔렸다. 바로 김환기 화백의 1967년작 〈무제〉였다. 이 그림을 어떤 사람은 줘도 안 가지려 하고, 어떤 사람은 72억 달러에 샀다. 같은 그림이지만 사람마다 보는 가치는 달랐다.

이 땅의 시장경제 원칙에서는 생산자, 판매자가 값을 매기지만 유일하게 소비자, 구매자가 가격을 정하는 영역이 있으니 바로 이러한 예술품이다. 그런데 영적으로도 그런 분야가 있다. 바로 은혜이고 말씀이다. 예술품처럼 은혜도 말씀도 소유하고 싶은 자가 그것의 가치를 결정하고 대가를 지불한다.

서울 성북동에 국내 최초의 사립미술관인 간송미술관이 있다. 설립자인 간송 전형필(澗松 全鎣弼, 1906-1962) 선생은 서울에 기와집 2천 채를 가진 어마어마한 부자였는데 일제 강점기에 우리의 문화재가 수탈되는 것을 두고 볼 수 없어서 자기 전 재산을 팔아 그 문화재를 사들이고 보존하고 지켜냈다.

그는 문화재를 구입할 때 금액을 깎는 법이 없었고 주인이 작품의 가치를 몰라 싼값을 부르면 오히려 값을 올려 지불했다고 한다. 특히 그가 훈민정음 해례본을 살 때 원래는 기와집 한 채 값인 천 원에 내놓은 것을 주변에서 비싸다고 만류하는데도 "이렇게 소중한 보물을 내가 천 원에 살 수 없다"라며 오히려 그보다 열 배나 비싼 만 원, 기와집 열 채 값을 주고 샀다는 일화는 유명하다.

그런 간송 선생 덕분에 정말 귀중한 훈민정음 해례본이 지켜져 훈민정음의 창제 원리와 과학성, 배경 등에 대한 연구가 시작될 수 있었다. 누군가는 먹고살기 바쁠 때 누군가는 자기 인생을 바치고 자기가 가진 전부를 바쳤다. 기와집 2천 채를 바쳐도 아깝지 않은 가치가 거기 있었기 때문이다.

우리 교회에는 말씀을 듣기 위해 정든 이웃과 생활의 편의와 출퇴근의 편리함을 포기하고 교회 근처로 이사 온 성도들이 아주 많다. 말씀을 위한 대가 지불이었다. 말씀의 대가로 어떤 사람은 목숨을 내놓고 어떤 사람은 자존심을 내려놓는다. 어떤 사람은 만 원짜리, 천 원짜리 말씀을 사고 어떤 사람은 거저 줘도 안 받는다.

내게 말씀이 얼마짜리인지, 내가 대가를 지불할 수 있는 가치가 얼마인지는 나 스스로 결정하는 것이다. 당신은 말씀의 가치를 얼마나 높이 사고 있는가?

말씀을 붙들어야 하는 이유
우리는 왜 대가를 지불하고라도 말씀을 붙들어야 할까.

말씀은 변치 않는 가치이므로
인류 역사 동안 금과 다이아몬드는 귀한 가치로서 통용되어왔고 모든 사람이 갖고 싶어 한다. 그것은 우선 희소성 때문이다. 만일 돌처럼 많고 흔했다면 그렇게까지 사람들이 관심 갖지는 않았을 것이다. 다음으로는 불변성 때문이다. 금과 다이아몬드는 변하지 않는 가치로 인정받아왔다. 그런데 사실은 금과 다이아몬드도 변한다. 질량도 줄어들며, 깎이고 연마된다. 시대와 경제적 상황에 따라 시세가 달라진다. 그러나 하나님의 말씀은 태초부터 지금까지 변함이 없다. 시대가 변하고 상황과 환경이 어떠하든 말씀은 절대로 변함이 없다. 변하는 가치를 붙들면 안 된다.

풀은 마르고 꽃은 시드나 우리 하나님의 말씀은 영원히 서리라 하라 사 40:8

여호와를 경외하는 도는 정결하여 영원까지 이르고 여호와의 법도 진실하여 다 의
로우니 금 곧 많은 순금보다 더 사모할 것이며 꿀과 송이꿀보다 더 달도다
시 19:9,10

말씀은 축복의 열쇠이므로

현지인들이 줄 서서 먹는 햄버거 전문점 칙필레(Chick-fil-A)는 우리나
라에는 잘 알려지지 않았지만 미국에서 스타벅스, 맥도날드에 이어 손
꼽히는 3대 프랜차이즈 외식업체다. 이 기업의 창업자 트루엣 케시(S.
Truett Cathy)는 이 잠언 말씀을 경영 이념과 철학으로 삼아, 항상 '돈을
얼마나 버느냐'보다 하나님의 말씀과 은혜와 자기 신앙의 영적인 명예를
지키는 쪽을 선택하며 경영을 해나갔다.

많은 재물보다 명예를 택할 것이요 은이나 금보다 은총을 더욱 택할 것이니라
잠 22:1

그가 말씀대로 살아갔더니 주일에 모든 매장을 닫음에도 불구하고
연 50억 달러 이상의 매출을 올리며 42년 연속 매출이 성장하는 복을 받
았고, 그는 생전의 바람대로 '바른 순서 안에서 우선순위를 지켰던 사람'
으로 기억되는 복된 인생이 되었다. 말씀은 축복의 비결이니 어떤 대가
를 지불하고도 사는 것이 현명한 투자다.

말씀이 축복의 열쇠라고 했는데 신명기 28장에는 정말 많은 복이 열거되어 있다. 세계 열방 가운데 뛰어나고, 성읍에서도 들에서도 복을 받고, 토지의 소산과 자녀와 가축의 새끼가 복을 받고, 들어가도 나가도 복을 받고, 원수 대적이 한 길로 치러 왔다가도 일곱 길로 도망가는 승리의 복! 이런 복을 언제 받을 수 있다고 하는가?

> 네가 네 하나님 여호와의 말씀을 삼가 듣고 내가 오늘 네게 명령하는 그의 모든 명령을 지켜 행하면 신 28:1

하나님 말씀대로 살아가면, 말씀에 청종하여 주의 뜻대로 살아가면 이렇게 복을 받는다. 그리고 18절에서 이러한 결론을 내린다.

> 이러므로 너희는 나의 이 말을 너희의 마음과 뜻에 두고 또 그것을 너희의 손목에 매어 기호를 삼고 너희 미간에 붙여 표를 삼으며 또 그것을 너희의 자녀에게 가르치며 집에 앉아 있을 때에든지, 길을 갈 때에든지, 누워 있을 때에든지, 일어날 때에든지 이 말씀을 강론하고 또 네 집 문설주와 바깥 문에 기록하라 신 11:18-20

말씀에 순종하면 복을 받는데 이 말씀을 기억해야 순종할 것 아닌가. 그러니 이 말씀 잊어버리지 않도록 말씀을 마음과 뜻에 두고, 손목에 매어 기호로 삼고, 미간에 붙여 표를 삼으라 한다. 절대 잊으면 안 되는 중요한 준비물 있으면 손바닥에라도 쓰는 것처럼.

이 말씀이 복이니 자녀에게 꼭 가르쳐주고 집에 있든지 길을 가든지 앉았든지 누워 있든지 일어날 때에든지 이 말씀을 나누고 계속 중얼중얼 읊조리고 묵상하자. 또한 집 문설주와 바깥문에 세상 사람들은 부적 붙이고 명태 달아놓고 '입춘대길' 써 붙이지만 우리 믿는 자들은 하나님 말씀을 붙여놓고 드나들 때마다 보며 늘 기억하자.

만약 어느 학생이 교무실에 갔다가 우연히 이번 시험의 답지를 보게 되었다면 그는 어떻게 할까? "1342351233345…" 일단 죽어라 외우고, 잊지 않도록 계속 중얼중얼하며 외울 것이다. 또 투자의 귀재인 친구가 너만 알고 있으라며 땅값 오를 정보와 토지 지번을 알려준다면 당신도 그것을 열심히 외울 것이다. 이게 복인데 흘려듣고 잊어버리면 그 사람은 바보 아니겠는가.

그런데 말씀이 복이라서 우리가 늘 성경을 읽는 것이다. 시편 1편에 말씀을 늘 묵상하는 사람의 복이 나와 있다.

> 복 있는 사람은 … 오직 여호와의 율법을 즐거워하여 그의 율법을 주야로 묵상하는도다 그는 시냇가에 심은 나무가 철을 따라 열매를 맺으며 그 잎사귀가 마르지 아니함 같으니 그가 하는 모든 일이 다 형통하리로다 시 1:1-3

하나님 말씀이 복인 줄 아는 사람은 종일 말씀을 묵상하고 새벽에도 일어나 이 말씀을 읊조린다(시 63:6). 그것이 그에게 가치가 있기 때문이다.

말씀은 천국의 열쇠이므로

세 번째로, 대가를 지불하고라도 말씀의 붙들어야 하는 이유는 말씀이 바로 천국열쇠이기 때문이다. 천국 가는 영원한 생명의 비밀이 말씀에 있다.

> 누구든지 주의 이름을 부르는 자는 구원을 받으리라 그런즉 그들이 믿지 아니하는 이를 어찌 부르리요 듣지도 못한 이를 어찌 믿으리요 전파하는 자가 없이 어찌 들으리요 롬 10:13,14

누구든 주의 이름을 부르는 자는 구원받는데 믿지 않으면 어찌 부르겠으며, 듣지도 못한 일을 어떻게 믿겠는가. 누가 전해줘야 듣고, 들어야 믿음이 생기고, 믿어야 주의 이름을 불러서 구원을 받을 수 있지 않겠는가.

> 그러므로 믿음은 들음에서 나며 들음은 그리스도의 말씀으로 말미암았느니라 롬 10:17

결국 믿어야 구원받는데 믿음은 말씀을 들어야 생기고, 그리스도의 말씀이 믿음의 원동력이기 때문에 우리가 믿음을 지키고 유지하는 길은 말씀밖에 없다. 성경은 우리가 거듭난 것은 "썩지 아니할 씨"인 "살아 있고 항상 있는 하나님의 말씀"으로 되었다고 말씀한다(벧전 1:23). 우리는 살아 있는 하나님의 말씀으로 거듭나기에 말씀이 중요한 것이다.

예수님은 마태복음 13장에서 천국은 마치 밭에 감추인 보화 같아서 어떤 사람은 돌아가서 전 재산을 팔아 그 밭을 산다고 말씀하셨다(마 13:44). 그 천국의 비밀이 바로 말씀이므로 우리는 말씀과 내 은혜를 지키는 데 어떤 대가도 지불할 수 있어야 한다. 자존심이든 육체의 피곤함이든 물질이든 관계든, 오늘 당신이 그것들을 포기하고 하나님 말씀을 지킬 수 있는 천국의 주인공이 되기를 주님의 이름으로 축복한다.

말씀과 맞서지 말라

> 하나님의 말씀은 살아 있고 활력이 있어 좌우에 날선 어떤 검보다도 예리하여 혼과 영과 및 관절과 골수를 찔러 쪼개기까지 하며 또 마음의 생각과 뜻을 판단하나니 히 4:12

말씀이 그냥 글자인 것 같고 모양도 형체도 없으니 별것 아닌 듯 보이지만 하나님 말씀은 살아 움직이는 능력이다. 선포되는 말씀은 암덩어리도 떨어뜨리고, 죽은 자도 살리고, 꽉 막힌 삶의 진로도 열고, 답답하게 엉키고 꼬여 풀리지 않는 삶의 문제들도 끊어낸다.

우리 교회에도 그런 일이 많이 일어났다. 초창기 때 큰 간암 수술을 앞둔 어떤 분이 교회에 처음 나오셨다. 그 주일 말씀이 야곱과 요셉에 관한 것으로, 야곱은 보이는 상황에 속아서 요셉이 죽은 줄 알고 울지만 하나님은 요셉의 길이 축복임을 아시기에 울지 않으신다는 내용이었다.

그래서 "상황, 처지, 문제로 겁먹고 염려하거나 절망하지 말고 나의 목자 되시는 하나님을 신뢰하고 담대하자"라고 말씀을 전했는데 이분이 교회 처음 와서 들은 그 말씀에 은혜받아서 설교 테이프를 한 달 동안 매일 들었다고 한다. 그 후 서울대병원에 갔는데 그 암덩어리가 싹 사라진 놀라운 일이 벌어졌다.

하나님 말씀은 살아 역사한다. 말씀은 좌우에 날선 어떤 검보다 예리한 검이다. 검과 맞서면 내가 진다. 내 영이 죽는다. 말씀은 따라가는 것이지 맞서는 게 아니다. "사람의 마음에는 많은 계획이 있어도 오직 여호와의 뜻만이 완전히 서리라"(잠 19:21)라고 했다. 결국 하나님 말씀이 승리하고 하나님 말씀이 이루어지니 말씀에 맞서는 것만큼 미련한 게 없다.

> 복음에는 하나님의 의가 나타나서 믿음으로 믿음에 이르게 하나니 기록된 바 오직
> 의인은 믿음으로 말미암아 살리라 함과 같으니라 롬 1:17

의인은 믿음으로 말미암아 사는데 그 믿음의 근원지가 말씀이므로 결국 말씀은 내 영혼의 생명이 걸린 문제다. 말씀이 들려야 한다. 그래서 말씀이 들리는 곳으로 가야 하고, 은혜를 위해서 대가를 지불해야 한다. 말씀의 은혜가 있고 말씀이 들리는 곳으로 가라. 말씀이 들리는 축복과 말씀이 믿어지는 은혜가 있도록 기도하라. 그 말씀에 순종하여 말씀대로 살아가서 기적을 맛보는 인생이 돼라!

17

좋은 만남을 추구하라

모압 여인 룻이 나오미에게 이르되 원하건대 내가 밭으로 가서

내가 누구에게 은혜를 입으면 그를 따라서 이삭을 줍겠나이다 하니

나오미가 그에게 이르되 내 딸아 갈지어다 하매

룻이 가서 베는 자를 따라 밭에서 이삭을 줍는데

우연히 엘리멜렉의 친족 보아스에게 속한 밭에 이르렀더라

룻 2:2,3

꼴찌 소년이 누린 만남의 복

중국 저장성 항저우에 성적 미달로 중학교를 진학하지 못하고 초등학교를 1년 더 다닌 소년이 있었다. 소년은 중학교에 가서도 여전히 꼴찌였는데 짝사랑하는 지리 선생님의 한마디에 인생이 변하게 되었다.

"여러분, 영어공부를 열심히 해야 합니다. 만약 외국인이 와서 당신에게 영어로 질문했는데 대답을 못 한다면 그건 중국 전체를 망신시키는 것입니다."

소년은 외국인과 대화하는 것이 영어공부에 도움이 될 거라는 말을 듣고 집에서 45분 거리에 있는 항저우 호텔로 가서 외국인들에게 말을 걸기 시작했다. 관광객들에게 가이드를 자처하면서 9년간 노력한 결과 그는 항저우사범대학에서 영어교육을 전공하고 영어 강사와 여행가이드로 활동할 수 있었다.

1997년, 여행가이드로 일하던 그는 만리장성에 관광을 하러 온 야후의 창업자 제리 양을 만났고, 제리 양의 도움으로 2000년에 창업을 시작한다. 이후 사업이 위기를 맞이했을 때는 재일교포 사업가 손정의 소프트뱅크 회장의 사업 설명회에 찾아가 사업 구상을 설명하며 1-2억 엔 정도 투자를 요청했는데 그의 눈빛을 본 손정의 회장은 놀랍게도 그에게

20억 엔(약 200억 원)을 빌려주었다.

그 회사가 바로 미국 주식시장에서 시가 총액 선두를 다투고 있는 중국 최고의 기업 '알리바바'이며, 그 청년은 바로 알리바바의 창업자이자 개인재산만 무려 40조가 넘는 중국 최고의 재벌 '마윈' 회장이다.

그는 한 인터뷰에서 "어린 시절 지리 선생님이 없었다면 여행가이드를 하지 않았을 것이고, 그럼 제리 양을 만나지 못했을 것이며, 그를 만나지 않았으면 알리바바 그룹을 세울 수도 없었을 것이다. 내가 그랬듯, 내가 살아온 인생이 누군가에게 좋은 선생이길 희망한다"라고 말했다.

마윈 회장의 복을 한마디로 말하면 만남이다. 좋은 만남은 이렇게 복이 된다. 좋은 만남을 소중히 여기는 자가 인생에서 성공하며 이것은 성경적인 교훈이다. 우리는 하나님의 축복의 계획을 알면서도 만남을 소홀히 여기고 잠깐의 내 감정과 유익 때문에 만남을 가치 없게 대할 때가 많다. 부디 이 장을 통해 만남의 중요성을 깨닫고 소중히 여기게 되었으면 한다.

인생을 바꾼 복된 만남들

하나님께서 복을 주실 때는 먼저 복된 만남을 주시고 그 만남을 통로로 하늘의 은혜와 축복을 흘러보내 주신다. 성경을 보면 복받는 사람은 모두 만남을 통해 그 복이 시작된다.

룻을 보라. 그녀는 인간의 방법으로는 문제를 풀어낼 수 없는 처지에 있었다. 이방인 과부였고, 집안의 남자가 다 죽고 계대의 의무를 질 사람이 없어서 시어머니를 홀로 모셔야 했으며, 이삭을 주워 겨우 먹고살아야 했다. 그런데 룻이 보아스를 만나자 그 인생이 달라진다. 그저 먹고사는 문제만 해결된 것이 아니다. 보아스와 결혼해서 예수 그리스도가 오실 통로가 되는 다윗의 중조할머니가 되는 놀라운 축복도 얻었다.

아브라함의 조카 롯도 그런 사람이다. 그는 큰아버지 아브라함을 만난 것이 큰 복이어서, 복의 근원 아브라함과 함께 있었던 것만으로 축복을 받았다. 만남만으로도 복을 받을 수 있다.

아람의 군대장관 나아만은 많은 것을 누리고 살았지만 나병으로 그 모든 것을 잃게 되었다. 그런데 자신이 전쟁에서 포로로 잡아 온 계집종의 한마디 덕분에 하나님의 사람 엘리사를 만나 나병이 깨끗이 낫게 되었다. 계집종과의 만남이 나아만에게 복이 된 것이다.

라합은 어떤가. 여리고의 많은 여인숙 중에 라합의 집에 이스라엘 정탐꾼들이 들어온 것은 라합에게 복이었다. 이 만남 덕분에 라합의 가문 전체가 살게 되었으며 라합도 예수님의 족보에 오르는 큰 복을 받았다.

성경 속 만남은 아니지만 온달 장군도 만남의 복을 누린 사람이다. 바보 온달이 평강공주를 만나지 않았다면 그의 인생은 이름 모를 동네 형으로 끝났을 것이다. 그러나 우리가 지금 온달이라는 이름을 아는 것은 평강공주가 있었기 때문이다.

2080치약, 하나로 샴푸, KTF의 'SHOW를 하라!' 등 수많은 히트 브랜드를 탄생시킨 마케팅의 귀재 조서환 대표는 그의 인생에서 아내를 만난 것이 복이었다. 그는 군 복무 중 팔을 잃었지만, 아내와의 만남이 그에게 살아갈 힘을 주었고 그를 복으로 이끌었다.

만남의 중요성을 알아야 한다. 그것을 알았다면 먼저 만남의 축복을 위해 기도하라. 만남을 통해 하나님의 계획하신 축복이 완성되며, 만남에 따라 천국을 살 수도 있고 지옥을 살 수도 있기 때문이다. 특히 자녀의 '만남의 축복'을 위해서도 기도해야 한다. 좋은 배우자를 위한 기도는 아무리 빨라도 빠르지 않고, 아무리 넘쳐도 넘치지 않는다. 또한 좋은 만남만을 꿈꿀 것이 아니라, 내가 누군가에게 좋은 만남이 되어주길 바라야 한다.

나도 누군가의 좋은 만남이 되기를 꿈꾸라

보스턴의 한 보호소에 앤(Ann)이라는 소녀가 있었다. 일찍 엄마를 잃고 알코올 중독자인 아빠의 폭행과 학대로 많은 상처를 입은 앤은 보호소에 함께 온 동생마저 죽자 그 충격으로 미치고 실명까지 하고 말았다. 앤은 수시로 자살을 시도하고 괴성을 질러대다 결국 회복 불능 판정을 받고 정신병동 지하 독방에 수용되었다.

모든 사람이 치료를 포기했지만 딱 한 사람, 나이 많은 간호사 로라가 이 외로운 앤을 돌보겠다고 자청했다. 로라는 앤에게 정신과 치료를 해주기보다는 친구가 되어주기로 했고, 날마다 과자를 들고 가서 동화책을 읽어주고 기도를 해주었다. 앤이 쉽게 마음을 열지 않았지만 그래도 한결같이 사랑을 쏟던 어느 날, 로라는 앤 앞에 놓아준 초콜릿 접시에서 초콜릿 하나가 없어진 것을 발견했다. 앤이 초콜릿을 먹은 것이다. 드디어 마음이 조금씩 열리고 있다는 것을 알게 된 로라는 용기를 얻어 더 극진하게 그 아이의 말벗이 되어주고 사랑을 전했다.

앤은 점점 마음을 열기 시작하고 반응을 보였다. 가끔 정신이 돌아온 사람처럼 얘기하고 그 빈도수도 늘어가더니 마침내 2년 만에 정상인 판정을 받아 퇴원해 파킨스 시각장애아학교에 입학했으며, 교회에 다니면서 밝은 웃음을 되찾았다. 이후 로라가 죽는 시련도 겪었지만 앤은 희망을 볼 수 있는 마음의 눈으로 시련을 이겨내고 최우등생으로 학교를 졸업했다.

그런데 앤의 이야기는 여기서 끝이 아니다. 한 신문사의 도움으로 개안 수술을 받아 시력까지 회복한 앤은 신문에서 '보지 못하고, 듣지 못하고, 말하지 못하는 아이를 돌볼 사람 구함!'이라는 구인광고를 보게 된다. 광고를 본 순간 그 아이가 꼭 자신같이 느껴진 앤은 아이에게 자신이 받은 사랑을 돌려주기로 결심했다. 사람들은 안 될 거라고 했지만 앤은 "저는 하나님의 사랑을 확신해요"라며, 자신을 진심으로 사랑해준 로라 할머니처럼 자신도 누군가에게 소망을 주는 사람이 되고 싶다는 마음으로 그 집을 찾아갔다.

태어난 지 19개월 만에 청각과 시각을 모두 잃어버려서 보지도 듣지도 말하지도 못하는 아이에게 자신의 경험을 살려 손바닥에 글씨를 쓰며 글을 가르쳤다. 그런 노력의 결과로 그 아이는 학업에 뛰어난 능력을 발휘해 하버드대에 들어갔다. 이 20세기 최고 기적의 주인공이 헬렌 켈러(Helen Keller)이고, 사랑으로 이 기적을 만들어낸 선생님이 바로 앤 설리번(Ann Sullivan)이다.

헬렌은 "내 인생에서 가장 중요한 날은 나의 선생님, 앤 설리번이 내게로 온 날이다. 그녀는 나에게 모든 것들을 열어주고자, 아니 그보다도 나를 사랑해주러 오셨다"라는 말로 앤 선생님과의 만남을 표현하며 "항상 사랑과 희망과 용기를 불어넣어 준 앤 설리번 선생님이 없었으면 나도 없었을 것이다. 만약 내가 볼 수 있다면 가장 먼저 설리번 선생님을 보고 싶다"라고 했다.

앤은 완전히 무너졌던 인생이 로라라는 한 사람을 만나 회복되는 놀라운 축복을 경험했고, 로라에게 받은 사랑으로 누군가에게 좋은 만남이 되어주었더니 그 만남이 다시 인류 역사에 큰 영향을 끼쳤다. 우리에게는 좋은 만남을 계속 이어갈 선순환의 의무가 있다. 좋은 만남을 바라고 기도하되, 나도 좋은 만남이 되어주는 멋진 인생을 꿈꿔라!

적극적으로 좋은 만남을 사모하라

만남의 가치와 중요성을 알았다면 적극적으로 좋은 만남을 사모하고 좋은 만남의 장소를 확보해야 한다. 감나무 밑에서 입 벌리고 누운 사람처럼 좋은 만남을 꿈꾸고만 있지 말고, 좋은 만남이 이루어질 곳을 적극적으로 찾아가라.

세계적으로 존경 받는 투자가 워런 버핏은 지난 2000년부터 매년 '버핏과의 점심'이라는 자선경매 행사를 이어오고 있다. 2019년의 주인공은 가상화폐 '트론'(Tron·TRX)의 설립자인 저스틴 선 대표로, 버핏과의 점심 낙찰가는 역대 최고가인 456만 7,888달러(약 54억 원)였다. '점심 한 번 먹는데 54억이라니?'라고 놀랄 수 있지만 잘되는 사람들은 만남의 가치를 알기에 대가를 지불한다. 당신도 가치 있는 만남을 확보하기 위해 노력하라.

'근묵자흑(近墨者黑) 근주자적(近朱者赤)'이라는 옛말이 있다. 먹을 가까이하면 반드시 검어지고 붉은 것을 가까이하면 붉어진다는 뜻이다. 먹을 가까이하면 검은 것이 묻기 마련이고 인주(印朱)를 갖고 놀면 붉은 것이 묻지 않을 수 없다. 이처럼 어떤 사람과의 만남이 잦아지면 나도 그 사람을 닮아간다. 만남은 나를 변화시키기 때문에 누구를 만나느냐는 매우 중요하다.

그러므로 내가 닮아도 좋을 사람을 만나야 하고, 저렇게 되어도 좋을 사람 앞에 자녀를 두어야 한다. 만나고 오면 맨날 욕하는 사람을 만나면 안 된다. 대가를 지불해서라도 내가 닮아도 좋을 사람 곁에 있어야 그 사람을 닮아가고, 그 사람의 미래를 함께 공유할 수 있다. 클럽 가서 경건 찾지 말고 로또방 앞에서 성실하게 살려고 애쓰지 말라. 차라리 가장 경건하고 가장 성실한 사람들이 모이는 새벽기도 자리에 나오라. 맹모삼천지교(孟母三遷之敎)처럼, 좋은 만남이 이루어질 곳을 찾아가고 대가를 지불해서라도 가치를 인정하고 거기 있는 것이 바로 지혜다.

모든 관계보다 하나님과 말씀이 우선이다

교회 안에서의 어떤 관계도 말씀의 관계, 하나님과의 관계보다 앞서면 안 된다. 어떤 사람이 아무리 좋아도 끝까지 좋을 수 없고, 아무리 내가 믿고 존경하는 사람이라도 반드시 한 번은 흔들린다. 그런데 그 관계가 내 선택과 결정에 가장 큰 영향을 끼치는 최고의 요인이 되면 어떻게 될까. 그 사람이 영적으로 무너지면 나 또한 모든 것을 잃을 수 있다. 시험든 한 사람 때문에 전체가 망하는 일이 얼마나 많은가. 사람과의 관계가 아무리 좋고 친해져도 절대로 어느 선을 넘지 않고 하나님과의 관계보다 앞서지 않아야 안전하다.

그래서 어떤 면에서는 부부가 참 위험한 관계다. 부부는 함께 믿음 생활하며 한 사람이 흔들릴 때 다른 한 사람이 권면하고 일으키는 관계가 되어야 하는데, 한 사람이 삐딱하면 같이 무너지는 모습을 참 많이 보게된다. 게다가 믿는 사람 둘이 만나도 힘든데 믿지 않는 사람과 만나면 그 결혼생활이 얼마나 어렵겠는가. 도박하는 심정으로 안 믿는 사람 만나지 말고 정말 믿는 사람을 만나라.

우리 인생에서 가장 귀한 만남은 하나님과의 만남, 예수님과의 만남이다. 예배는 주님과의 만남이 이루어지는 회복의 자리다. 우리는 완벽하지 않아서 주님으로부터 이탈할 수 있으므로 말씀을 통해 지속적으로 주님을 만나야 한다. 아무 교회나 대충 가지 말고 교회를 다른 조건으로 택하지 말고, 정말 말씀이 들리는 곳, 은혜받는 곳으로 가야 한다. 신앙인이 말씀의 통로에서 무너지고 관계의 통로에서 신뢰를 잃으면 다나나 마나, 아니 오히려 멸망으로 가는 길이 된다.

주의 종과의 만남을 소중히 지켜라

그러므로 우리는 말씀의 통로가 되는 주의 종과의 만남 또한 소중히 여겨야 한다. 주의 종과의 관계가 허물어지면 내 안에 쌓여 온 모든 영적 작업들까지 다 무너질 때가 많다. 성경에서도 주의 종과 관계가 바르게 세워질 때 그 시대와 공동체, 가정과 자녀가 축복을 받았다.

사르밧 과부와 엘리야

사르밧 과부가 엘리야를 만나지 않았다면 그냥 굶어 죽었을 것이다. 하나님은 엘리야 선지자와의 만남을 통해 그녀의 가정에 양식을 공급해 주셨고, 후에 과부의 아들이 죽었을 때도 엘리야를 통해 살려주셨다. 하나님은 긍휼히 여기며 복을 주실 때 주의 종과 말씀을 통해서 주신다.

수넴 여인과 엘리사

수넴 여인은 순회 사역을 다니는 엘리사를 보고 마음이 쓰여서 자기 집에 방을 만들어 그를 섬겼다. 그녀가 선택해서 희생하고 섬기는 것 같지만 이런 마음이 드는 것도 하나님께서 이미 그 가정에 축복을 계획하셨다는 사인이다.

이렇게 엘리사를 섬긴 수넴 여인에게 하나님은 그 여인이 기대도 하지 못한 아들의 축복을 주시고, 후에 그 아들이 죽었을 때도 살려주시고, 더 훗날 기근으로 집안이 망했을 때도 엘리사와의 만남이 단초가 되어 왕에게 긍휼을 입음으로 모든 것이 회복되는 복을 주셨다.

하나님의 계획은 주의 종과의 만남을 통해 이루시고 말씀을 통해 이루실 때가 많다. 말씀의 공급자인 주의 종을 잘 섬기고 그 만남을 소중하게 여길 때 자신의 한계를 뛰어넘는 축복의 은혜가 일어날 것이다.

웃시아 왕과 스가랴

남유다의 왕 웃시야는 선한 왕 중 하나인데 그의 말로는 비참하다. 그 이유가 역대하 26장에 기록되어 있다.

> 웃시야가 그의 아버지 아마샤의 모든 행위대로 여호와 보시기에 정직하게 행하며 하나님의 묵시를 밝히 아는 스가랴가 사는 날에 하나님을 찾았고 그가 여호와를 찾을 동안에는 하나님이 형통하게 하셨더라 대하 26:4,5

웃시야는 아무것도 모르는 16세 어린 나이에 왕이 되었지만, 그의 곁에는 하나님의 말씀을 전해주는 스가랴 선지자가 있었다. 웃시야는 스가랴와 함께하는 동안 항상 하나님을 찾았고, 하나님은 그를 형통하게 하셨다. 그에게 복은 바로 스가랴였고, 그가 강성해지는 복을 받은 것은 하나님의 기이하신 도우심 때문이었다.

> … 그의 이름이 멀리 퍼짐은 기이한 도우심을 얻어 강성하여짐이었더라 그가 강성하여지매 그의 마음이 교만하여 악을 행하여 그의 하나님 여호와께 범죄하되 곧 여호와의 성전에 들어가서 향단에 분향하려 한지라 대하 26:15,16

그러나 웃시야는 강성해진 후 교만해져서 제사장의 일을 자신도 할 수 있다고 생각했다. '내가 무엇을 할 수 있다. 내가 다 했다'라고 생각하는 것이 교만이다. 우리 또한 하나님의 성전, 하나님의 사랑, 하나님의 일 등을 다른 것으로 대체할 수 있다고 생각한다면 웃시야와 다를 바가 없다. 내려놓고 겸손해지지 않으면 그 복은 거기서 끝난다. 웃시야의 모습에서 내 모습을 발견하고 영적 거울로 삼아야 할 것이다.

웃시야는 하나님의 말씀을 잘 듣던 사람이었으나 이제 교만해지니 아사랴와 제사장 80명이 와서 말해도 들리지 않았다. 결국 내려놓으라는 제사장의 말을 듣고도 화를 내다가 그 자리에서 문둥병에 걸려 비참한 말로를 맞이한다. 말씀이 안 들린다면 교만해진 것이다. 교만을 꺾고 말씀을 들어야 살 수 있다.

다윗과 선지자들

다윗 왕에게 가장 큰 축복은 그의 왕관이 아니라 그와 함께한 주의 종들이었다. 다윗에게는 사무엘, 갓, 나단이라는 선지자가 있었다. 다윗도 실수와 죄를 저지르곤 했으나 그때마다 그의 잘못을 책망하고 진실되게 권면하는 주의 종들이 있었기에 죄에서 돌이켜 회개하고, 유다 땅으로 하나님 앞으로 돌아갈 수 있었다.

그는 처음부터 끝까지 완전하고 의로운 길로 간 것이 아니라 죄를 짓고 교만해지기도 했지만 다시 낮아지고 돌아오고 회복한 것이다. 다윗처럼 연약해서 또 넘어지고 실패할 수밖에 없는 우리도 말씀 붙들고, 주의 종과의 만남을 귀하게 여기며 살아야 한다.

또한 자녀의 좋은 만남을 위해 기도하고, 좋은 만남의 자리를 찾아주듯 자녀가 목회자와 사무적인 관계로 지나쳐버리지 않도록, 자녀 또한 주의 종과의 관계를 소중히 여기고 말씀 안에서 그 관계를 잘 세워가도록 도와주기 바란다.

18

협력하라

그들이 때를 따라 백성을 재판하게 하라 큰 일은 모두 네게
가져갈 것이요 작은 일은 모두 그들이 스스로 재판할 것이니
그리하면 그들이 너와 함께 담당할 것인즉 일이 네게 쉬우리라
네가 만일 이 일을 하고 하나님께서도 네게 허락하시면
네가 이 일을 감당하고 이 모든 백성도 자기 곳으로 평안히 가리라

출 18:22,23

맨손으로 차를 들어 올린 시민 어벤져스

2019년 6월, 부산에서 50대 남성 A씨가 비탈에서 구르기 시작한 자신의 승합차를 세우려다 차에 깔리고 말았다. 마을버스에서 이 사고를 목격한 여고생 5명이 달려가서 차를 밀며 A씨를 구조하려 애썼고, 그러자 이 모습을 본 시민들도 달려와서 힘을 모아 차 주인 A씨는 무사히 빠져나올 수 있었다. 경찰은 학생들에게 표창장을 주며 '여고생 어벤져스'라는 별명을 선물했다.

8월에는 대전에서 어떤 차가 횡단보도를 건너던 할머니를 치었다. 할머니는 사고 직후 하반신이 차에 깔려 꼼짝도 못 하는 상태였는데 인근에서 사고를 목격한 어느 회사의 물류센터 직원 4명이 부리나케 달려가 힘을 모아 승용차를 들어 올렸고, 주변에서 달려온 또 다른 시민이 할머니의 팔을 잡아 승용차 아래에서 끌어냈다.

2020년 2월에는 경남 진주에서 한 소형차가 초등학생을 치고 그 학생을 차체 아래 매단 채 몇 미터를 더 달리다 멈췄는데 옆 차선에서 신호 대기 하다 사고를 목격한 시민 5명이 깜빡이를 켜고 급히 내려 현장으로 달려갔다. 너나 할 것 없이 모닝 차량을 맨손으로 들기 시작한 이들은 수차례 "하나, 둘, 셋" 구령을 외치며 애쓴 끝에 마침내 사고당한 학생을 구조할 수 있었다.

뉴스에서 이런 소식을 듣고 현장 CCTV 영상을 보면서 참 마음에 감동이 되고 협력이란 참 대단하다는 생각이 들었다. 한 사람이 혼자서는 도저히 할 수 없는 일이지만 여럿이 모여 힘을 합치면 그 무거운 차도 들어올리고, 그 어렵고 힘든 문제도 손쉽게 풀어낼 수 있다. "협력하면 풀린다." 가장 고전적인 진리이면서도 우리가 간과하기 쉽고 잘 이행하기 어려운 '협력'. 그러나 협력은 하나님께서 명령하시는 신앙의 비밀이자 성공의 능력이 된다.

이드로의 조언

출애굽하여 광야를 지나는 동안 모세는 장정만 60만 명, 딸린 가족들을 다 합치면 약 200만 명에 달하는 어마어마한 인원을 혼자 통솔하고 이끄느라 정말 죽을 지경이었을 것이다. 몇백 명 되는 교회 담임하는 것도 힘든데 수백만 명을 홀로 감당하는 것이 얼마나 힘들었을까.

모세의 일 중에는 백성들의 재판을 담당하는 것도 있었다. 사람이 많으면 그만큼 이해관계가 얽히고 갈등하는 일이 많아진다. 수많은 사람이 달려와 "모세님, 쟤가 저래요", "쟤가 더 그래요" 하며 언성을 높이고, 판결을 해줘도 누군가는 삐지는 일들의 연속이었을 것이다.

이런 일이 너무너무 중다(衆多)해서 모세 홀로 그 일을 감당할 수 없을 지경일 때 하나님께서 그의 장인 이드로를 통해서 해법을 주셨다. 그것은 천부장, 백부장, 십부장 등 리더들을 세워 그 일을 나누어 짐으로써 함께 감당하도록 하라는 권면이었다.

이에 모세는 열 명씩의 소그룹을 감당하는 리더, 그 위에 오십 명을 감당하는 리더, 백 명씩 분담하는 리더, 천 명을 담당하는 리더를 차례로 세우고 자기가 다 감당해왔던 일들을 그들에게 나누기 시작했다. 이제 그는 두 가지만 하면 되었다.

> 그들에게 율례와 법도를 가르쳐서 마땅히 갈 길과 할 일을 그들에게 보이고 … 큰
> 일은 모두 네게 가져갈 것이요 출 18:20,22

옛날에는 자잘한 일에 일일이 다 개입해야 했지만, 이제는 마땅히 갈 길과 할 일의 큰 그림만 그들에게 제시해주면 나머지 구체적이고 세부적인 일들은 각 분야와 소그룹의 리더들이 맡아서 하게 되었다. 그리고 그 리더들 선에서 해결되지 않는 크고 중대한 일을 모세가 맡으면 되었다.

이드로는 처음에 모세 혼자 백성들을 재판하는 일이 모세에게 너무 중해서 "네가 혼자 할 수 없으리라"(18절)라고 했다. 그런데 이제 천부장, 백부장, 오십부장, 십부장을 세워서 분담하고 협력하게 했을 때의 결론은 "이 일이 네게 쉬우리라"(22절)가 되었다. 일이 달라지거나 줄어든 것은 아니었다. 일의 중다함이나 복잡함은 똑같은데 혼자 감당할 수 없었을 일이 수월해졌다.

사역의 중다함과 리더의 피곤함으로 출애굽의 여정이 중단될 뻔했던 위기를 하나님은 더 큰 능력을 주셔서가 아니라 이미 주신 만남을 통해 협력함으로써 해결하게 하셨고, 협력이라는 해법을 모세가 하나님께서

주시는 권면으로 받아들였을 때 출애굽 광야 여정의 완주가 가능케 되었다.

'같이'의 가치를 보여주는 기러기

TV에서나 혹은 산과 들, 바다에서 철새인 기러기들이 겨울을 나기 위해 V자를 그리며 날아가는 것을 본 적이 있을 것이다. 꼭 누가 맞춰주고 호루라기 부는 것처럼 얼마나 예쁘게 대열을 맞춰서 날아가는지 모른다. 그런데 이렇게 날아가는 것이 멋 부리려고 하는 것은 아니고 여기에는 과학적인 이유가 있다고 한다.

리더 기러기가 선봉에 서고 각각의 새들이 줄지어 날개를 저으면 공기저항이 줄어들면서 그 뒤에 있는 새에게 기류의 양력(Lift force)을 만들어주어 뒤따르는 새들이 훨씬 수월하게 날 수 있다. 기러기 중에는 어리고 약해서 장시간의 먼 거리 비행이 불가능한 개체들도 있는데 이런 V자 대형으로 비행하면 혼자 날 때 갈 수 있는 능력치보다 무려 75퍼센트를 더 갈 수 있다는 것이다.

리더 기러기는 그 모진 바람과 맨 앞에서 마주하며 공기저항을 받기 때문에 가장 에너지를 많이 쓰고 지치기 쉽다. 기러기들이 날아가면서 끊임없이 "꽉꽉" 소리를 내는 것은 이렇게 앞에서 수고하는 리더 기러기를 응원하는 것이라고 한다.

그래도 어느 순간 너무 지쳐서 더 이상 안 될 때가 오면 리더 기러기는 뒤로 빠지고, 바로 뒤에 있던 기러기가 앞으로 나와 무리를 이끈다. 대장 기러기는 뒤에서 기력을 회복한 후 다시 앞으로 나와 기러기 무리를 이끌고 자기들의 목적지까지 날아가게 된다. 기러기들이 약 4만 킬로미터를 끝까지 날아갈 수 있는 것은 이러한 리더의 희생과 모두의 협력 덕분이다.

"빨리 가려면 혼자 가고 멀리 가려면 함께 가라"라는 말이 있다. 우리 인생과 신앙도 마라톤같이 오래 가야 하고 광야같이 외롭고 힘든 길이기에 협력하고 함께 가야 완주할 수 있으며, 훨씬 쉽고 빠르게 목적지에 이르고 좋은 성과도 얻을 수 있다.

풀리지 않는 문제가 있다면, 더 큰 능력을 구할 수도 있겠지만 이것들을 풀 수 있는 좋은 협력관계와 만남의 복을 달라고 기도하는 것도 중요하다. 하나님은 우리에게 부모와 자녀 관계, 부부, 교회 공동체를 주시고 우리가 가족공동체, 교회 공동체와 함께 믿음의 여정을 걸어가기를 원하신다. 혼자 갈 수 없는 인생길, '같이'가 인생의 성공 비밀이고 '같이'의 가치를 아는 사람이 능력 있는 인생을 살아갈 수 있다.

전쟁도 사역도 동역자와 함께

출애굽 여정에서 이스라엘 백성은 아말렉과 전쟁을 치르게 되면서 위기를 맞이했다. 이때 모세는 여호수아를 보내 싸우게 하고 자신은 높은 곳에 올라가 기도하는데 그가 팔을 올리고 간절히 기도하면 이스라엘이 승리하지만, 힘들고 지쳐서 팔이 내려가면 아말렉이 이겼다. 그때 하나님은 모세에게 더 큰 능력을 주셔서 힘을 더 내게 하시거나 "손 위로 바짝 들어! 왜 이걸 자꾸 내리는 거야!" 하고 다그치지 않으셨다.

하나님의 처방은 계속 손을 들고 기도할 수 있도록 도와줄 사람을 붙여주시는 것이었고, 그렇게 붙여주신 아론과 훌이 돌을 가져다가 의자 삼아 그를 앉히고 그의 팔을 붙들어 올려 그의 손이 내려오지 않게 했다. 그 결과 이스라엘은 아말렉에게 승리를 거두었다. 협력을 통해서 리더십이 다시 힘을 얻자 이스라엘 공동체 전체가 승리하고 다 함께 살아났다.

당신의 삶과 신앙생활에서 대장 기러기가 지치듯 주의 종이 지치고 당신의 리더가 힘들 때는 당신도 뒤에 있는 기러기처럼 아론과 훌처럼 그 뒤를 받쳐주며 응원하고 섬겨주기를 부탁한다. 그것은 목사를 도와주고 리더를 도와주는 것만이 아니라 당신의 가족을 살리고 당신이 속한 공동체를 살리고, 나아가 우리나라와 민족을 살리는 일이기도 하다.

사도 바울, 하면 '바울과 실라'처럼 디모데, 바나바, 마가, 브리스길라와 아굴라 등 그와 짝지어 떠오르는 이름이 많다. 또 로마서 16장에는 수많은 사람의 이름이 나온다. 그것을 통해 우리는 사도 바울이 그때마다 그를 돕고 협력한 동역자들 덕분에 그 엄청난 시대적 사명들을 감당할 수 있었음을 알 수 있다.

모세와 바울뿐 아니라 오늘 우리도 동역자가 필요하며 우리 또한 누군가의 동역자가 되어주어야 한다. 항상 협력할 자세를 갖추어라. 공동체 안에서 자꾸 배려받고 섬김받을 생각만 하지 말고 오늘 내가 희생하고 섬기고 배려할 것이 무엇인지를 찾아라. 항상 뒤꽁무니에서 편하게만 가려고 하지 말고, 리더가 힘들고 내 앞의 동역자가 힘들 때 그 자리를 교체해주고 자기 역할을 감당해주어라.

혼자 갈 수 없다. 풀리지 않는 삶의 문제도 협력을 통해 간단하게 풀릴 수 있으며, 전쟁을 이기고 복음의 사역을 감당할 영적인 능력도 협력을 통해 하나님께 공급받을 수 있다. 협력은 하나님께서 우리에게 승리를 주시는 귀한 통로다.

협력으로 큰 축복을 누리는 유대인

협력의 정신으로 큰 축복을 누리는 대표적인 사람들이 유대인이다. 이스라엘은 강원도 크기 정도의 작은 땅덩어리에 인구도 얼마 안 되지만 세계 경제와 정치를 장악해서 누구도 함부로 건드릴 수 없는 강력한 민족이 된 비결은 그들이 '협력'하기 때문이다.

뉴욕 맨해튼에 다이아몬드 거리로 유명한 미드타운이 있는데 전 세계에서 미국으로 모여든 다이아몬드의 90퍼센트가 이곳에서 거래된다고 한다. 이곳에는 약 2,600개의 보석상이 있는데 그중 약 98퍼센트가 유대인의 가게로, 이들 보석상의 협회장도 거의 유대인이 맡고 전체 다이아몬드의 수입부터 가격, 마케팅 등을 다 그들이 결정한다.

우리는 한인 가게 옆에 같은 업종의 한인이 들어오면 경쟁자로만 여겨서 맨날 싸우고 사이가 안 좋게 지낸다는데 유대인들은 동종업종이 모이면 서로 협력해서(예를 들면 공동구매를 해서 더 신선한 재료를 저렴하게 들여오는 식으로) 아주 강력한 공동체를 만들고 그래서 둘 다 더 잘되게 만든다고 한다.

청바지의 대표적인 브랜드인 리바이스에도 유대인의 협력 스토리가 있다. 천막 천을 팔던 유대인 리바이 스트라우스(Levi Strauss)는 작업복이 쉽게 해진다고 불평하는 광부들의 이야기를 듣고는 재고가 쌓여 있던 천막 천으로 청바지를 만들어 팔았고, 이 청바지는 질겨서 인기를 얻었다. 어느 날, 제이콥 데이비스라는 재단사가 한 손님에게 주머니가 잘 떨어진다는 불만을 듣고 고민 끝에 구리 리벳(rivet)으로 주머니의 이음새를 고정했더니 디자인도 멋지고 아주 튼튼한 청바지가 되었다.

제이콥은 특허를 내고 싶었지만 그럴 돈이 없자 같은 유대인인 리바이에게 대신 특허를 내달라고 부탁했다. 리바이는 그를 도와서 당시 상당히 큰돈이었던 65달러를 들여 특허를 내주었고, 제이콥은 특허권을 얻은 대신 리바이에게 독점 생산권을 넘겼다. 리바이스 청바지는 그 구리 리벳이 상징이 되어 더욱 인기를 얻었고, 청바지가 잘 팔릴수록 특허권을 가진 제이콥도, 독점 생산하는 리바이도 이익을 보게 되었다. 서로 협력함으로써 함께 성공하게 된 것이다.

유대인들은 협력하는 게 아주 몸에 배어 있다. 예를 들어, 광야 생활을 하는데 나그네가 찾아오면 그가 설령 내 원수일지라도 3일은 무조건 떡과 물을 제공하고 보내주는 것이 불문율이다. 사막 지역에서 나도 언젠가 어떤 곤경을 겪을지 모르는 법이기 때문이다. 이런 열악한 환경과 기후, 그리고 민족 수난의 역사 속에서 협력하지 않으면 죽는다는 것을 삶으로 배운 유대인은 생존처럼 협력과 공생을 붙들었고, 그 덕분에 엄청난 복을 누리고 있다.

교회 안의 불쾌한 수컷본능

수컷들은 종족 보존과 자기 영역 확장의 본능이 있어서 여기에 온 에너지를 쏟는다. 고양이들은 다른 고양이가 다닐 법한 길에 고의로 배변을 하는 미드닝(middening)을 하는데 이 행위는 동물들이 자기 영역을 확보하고 존재감을 과시하는 아주 전형적인 방법이다.

수컷 개가 다리를 들고 오줌을 싸는 이유는 최대한 높은 곳에 오줌을 묻혀 자기 키가 커 보이기 위해서이고 다른 개의 똥을 먹는 것은 자기 영역 속에 싸놓은 다른 수컷들의 영역표시를 거두는 전형적인 방법이라 한다. 인간 남성도 소변기 두 개가 나란히 붙어 있으면 확연히 차이가 날 정도로 소변 시간이 훨씬 더 길어진다는 심리학 연구결과가 있다.

이런 텃세, 영역표시 욕구 같은 수컷본능들은 문명화되고 인격적인 사회보다는 야생적이고 덜 문명화된 집단에서 더 많이 나타나는데, 우리 사회에서 흔히 볼 수 있는 수컷본능의 대표적 사례는 대중교통에서 충분히 그냥 앉을 수 있는데도 다리를 최대한 벌리는 '쩍벌남'이다. 덜 문명화돼서 그런 것이니 '아유, 저 사람은 아직도 야생성이 남아있구나' 하고 불쌍하게 봐주기 바란다.

이런 수컷본능이 문명화된 사회에서 볼 때는 매우 예의 없고 불쾌한 일인데 이렇게 덜 문명화된 짐승 같은 행동이 교회 안에서 보일 때가 있어 걱정스럽다. 자기 영역 넓히고 종족 보존을 위해 무던히 애쓰는 그런 개교회주의와 교단·교파주의, 또 진정한 협력으로서 교제하는 것이 아니라 기호와 코드에 맞는 사람을 만나며 자기 세력을 늘리려 하는 정치질 등 덜 문명화되고 불쾌한 모습이 교회 안에 상당히 많다.

너희는 아직도 육신에 속한 자로다 너희 가운데 시기와 분쟁이 있으니 어찌 육신
에 속하여 사람을 따라 행함이 아니리요 고전 3:3

초대 교회에서도 이런 수컷본능 같은 분열과 갈등의 모습이 있었던 것
같다. 편 가르고 텃세 부리고 자기 세력 넓히는 것이 육신에 속한 사람의
행함이다. 고린도교회 사람들은 바울파, 아볼로파 등으로 맨날 편을 갈
랐다. 요즘으로 말하자면 교파, 교단 따지고 사람에게 줄 서는 것이다.
이런 사람들은 관심사가 늘 영역 확장, 영역표시라서 만나면 늘 "너 어
느 쪽이야? 무슨 파야?" 하고 묻는다.

대파인지 쪽파인지 양파인지 알 게 뭔가. 우리가 예수님께 속했지 파
가 어디 있는가? 천국에는 장로교도 없고 감리교도 없고 순복음도 없고
오직 하나님의 백성들만 있을 뿐이다. 목사들은 이렇게 우상에 가까워
진 교단주의를 회개하고, 평신도도 교회 안에서 자기들만의 놀이집단처
럼 파벌 이루는 것을 회개해야 한다.

은혜받은 자들이 이기주의를 허물고 섬겨야 한다

인천에는 세계에서 가장 큰 야외 벽화가 있다. 인천 항구 앞에 서재에
꽂힌 책처럼 일렬로 서있는 사일로(silo, 원통형의 큰 곡물 저장창고)들의 몸
체에 예쁘게 그림이 그려져 있는데 이것이 미국과 독일에서 디자인어워드
본상을 수상하고 '세계 최대 야외벽화'로 기네스북에도 등재되면서 세계
적인 명물이 되었다.

그런데 '사일로'는 원통 구조로 꽉 갇혀있는 폐쇄적인 조직처럼, 회사 안에서 담을 쌓고 다른 부서와 소통하지 않는 부서, 또는 그렇게 옆 부서와 교류하거나 협력하지 않고 자기 부서의 내부 이익만을 추구하는 조직간 이기주의를 지칭하는 말로도 쓰인다. 자기를 보호하기 위해서 벽돌을 쌓다 보니 너무 높아져서 갇혀버린 모습이랄까. 인천의 사일로는 아름답지만, 우리 삶과 신앙생활에서 사일로 같은 모습이나 의식구조는 정말 백해무익해서 버리고 깨뜨려야 할 존재다.

이제 교회 안에서도 끼리끼리 모이고 자기 영역 지키며 분열과 갈등하는 집단 이기주의는 버리자. 교회 내 대부분의 갈등과 문제는 은혜받고 성숙해서 섬기고 베풀 자들이 그러지 못하는 데서 생긴다. 하나님은 은혜 많이 받은 사람들이 그 은혜를 가지고 청지기처럼 하나님나라와 그 의를 위해서 연약하고 믿음이 부족한 자들을 섬기기 원하신다. 그런 빛과 소금의 역할을 하라고 주신 은혜다.

그만큼 은혜받고 힘을 얻었으면 이제는 연약한 지체들을 세우고 섬겨야 할 텐데 그런 사람들이 직분만 받아놓고 오히려 텃세나 부리는 것, 돌봐야 할 지체들에게 무관심하며 돌보지도 않는 것, 자기 기호와 취향에 맞는 사람들만 만나서 자기유익과 관계와 즐거움의 영역을 넓히는 일에만 몰두하는 것, 시기하고 분쟁하여 교회의 협력을 깨뜨리고 결국 분열시키는 것을 하나님은 절대 원치 않으시며, 그런 자들에게서 결국은 그 은혜를 빼앗아 가실 것이다.

은혜받은 자들이여, 흩어지고 은혜를 나누라. 섬기고 희생하라. 그게 권위를 주고 리더를 세우는 하나님의 방법이며 공동체 전체가 사는 비결이다. 누가 나 도와주기만 기다릴 것이 아니라 내가 먼저 섬길 때 그것이 결국 돌고 돌아 유기적인 협력이 된다. 공동체는 상대방을 인정하고 존중하는 것이며, 그로 인하여 발생하는 감동으로 공동체는 정체에서 유동으로 바뀌게 된다.

하나님은 형제의 연합을 기뻐하신다

오늘날 한국 교회에서 공교회 의식이 상실되는 비극을 본다. 우리는 사도신경에서 "거룩한 공회를 믿사오며"라고 같이 고백하지 않는가? '내' 교회를 믿는 게 아니라 전체의 공교회성을 믿는 것인데, '우리는 다 같은 교회'라는 공교회 의식을 잃어버리고 있다.

예전에 CBS가 이단에 공격당할 때, 국민일보가 공격당할 때 우리 교회는 특별새벽기도를 하고 헌금했다. 극동방송에서 생방송하다가 "우리 공격당하고 있는 CBS를 위해 기도합시다!" 해서 함께 기도한 적도 있다. 우리 하나님의 영토가 공격당하는데 우리 부대에 일어나지 않았다고 그게 남의 일이겠는가? 부대가 다르고 싸워야 할 각자의 위치와 사역이 다를 뿐, 우리는 다 하나님의 군대니까 우리 군대의 문제다.

"저 교회는 어떻고 그 교회는 어떻다"라고 서슬 퍼런 정죄와 비판을 쉽게 쏟아내는 사람이 많다. 그러나 저 교회, 그 교회가 아니라 다 예수님의 몸 된 '우리' 교회다. 공교회성을 잃어버리고 무심히 비판하고 흠집 내고 성토하는 것은 의로움이라 할 수 없다. 오히려 올바른 공교회성을 회복하여 그들의 수치가 아닌 우리의 수치, 우리의 실수와 상처로서 슬

퍼하며 함께 기도해야 할 일이다. 이 성숙한 공교회성 의식은 덜 문명화
된 의식구조에서는 절대 나올 수 없는 생각이다.

> 오직 사랑 안에서 참된 것을 하여 범사에 그에게까지 자랄지라 그는 머리니 곧 그
> 리스도라 그에게서 온몸이 각 마디를 통하여 도움을 받음으로 연결되고 결합되어
> 각 지체의 분량대로 역사하여 그 몸을 자라게 하며 사랑 안에서 스스로 세우느니
> 라 엡 4:15,16

교회는 주님이 머리 되신다. 몸이 각 지체가 서로 돕고 유기적으로 연
합할 때 성장하고 자라는 것처럼, 우리 한국 교회, 이 시대 모든 우리 공
교회가 머리 되신 주님을 따라 각 지체와 마디들이 연합하여 스스로 사
랑 안에서 성장하고 무럭무럭 자라나는 아름다운 공동체로 세워지길 원
한다. 또한 이것이 바로 형제의 연합을 기뻐하시는 우리 하나님의 뜻인
줄 믿는다.

> 보라 형제가 연합하여 동거함이 어찌 그리 선하고 아름다운고 시 133:1

PART 4

계속 나아가라

수 서 예 께
이 도 미 를
시 음 다
네 을 하
다 하
고 목
숨 을 다 하

고 뜻을 다하여
주 너의 하나님을 사
랑하라 하셨으니 이것이 크
고 첫째 되는 계명이요 둘째도
그와 같으니 네 이웃을 네 자신같이
사랑하라 하셨으니 이 두 계명이 온 율법
과 선지자의 강령이니라 요셉이 형들에게 이르
되 내게로 가까이 오소서 그들이 가까이 가니 이르
되 나는 당신들의 아우 요셉이니 당신들이 애굽에 판 자
라 당신들이 나를 이 곳에 팔았다고 해서 근심 하지 마소서 한
탄하지 마소서 하나님이 생명을 구원하시려고 나를 당신들보다 먼
저 보내셨나이다 우리를 치러 오는 이 큰 무리를 우리가 대적할 능력이
없고 어떻게 할 줄도 알지 못하옵고 오직 주만 바라보나이다 성문 어귀에
병환자 네 사람이 있더니 그 친구에게 서로 말하되 우리가 어찌하여 여기
서 죽기를 기다리랴 만일 우리가 성읍으로 가자고 말한다면 성읍에는 흉
이 있으니 우리가 거기서 죽을 것이요 만일 우리가 여기서 머무르면 여
리가 죽을 것이라 그런즉 우리가 가서 아람 군대에게 항복하자 그들이
를 살려 두면 살 것이요 우리를 죽이면 죽을 것이라 하고 아람 진으로
하여 해 질 무렵에 일어나 아람 진영 끝에 이르러서 본즉 그 곳에 한
도 없으니 예수께서 다시 회당에 들어 가시니 한쪽 손 마른 사람이 가
는지라 사람들이 예수를 고발하려 하여 안식일에 그 사람을 고치
주시하고 있거늘 예수께서 손 마른 사람에게 이르시되 한 가운데
어서라 하시고 그들에게 이르시되 안식일에 선을 행하는 것과 악
하는 것, 생명을 구하는 것과 죽이는 것, 어느 것이 옳으냐 하시
들이 잠잠하거늘 그들의 마음이 완악함을 탄식하사 노하심으로
을 둘러 보시고 그 사람에게 이르시되 네 손을 내밀라 하시니
매 그 손이 회복되었더라 악한 자들에게 내가 약한 자와 같이
은 약한 자들을 얻고자 함이요 내가 여러 사람에게 여러 모습
것은 아무쪼록 몇 사람이라도 구원하고자 함이니 내가 복음
하여 모든 것을 행함은 복음에 참여하고자 함이라 다윗이
셋 사람에게 이르되 너는 칼과 창과 단창으로 내게 나아 오
와 나는 만군의 여호와의 이름 곧 네가 모욕하는 이스라
대의 하나님의 이름으로 네게 나아가노라 오늘 여호와께
를 내 손에 넘기시리니 내가 너를 쳐서 네 목을 베고 또
군대의 시체를 오늘 공중의 새와 땅의 들짐승에게 주
땅으로 이스라엘에 하나님이 계신 줄 알게 하겠고 또
와의 구원하심이 칼과 창에 있지 아니함을 이 무리로
게 하리라 전쟁은 여호와께 속한 것인즉 그가 너희
리 손에 넘기시리라 아브람이 롯에게 이르되 우리
친족이라 나나 너나 내 목자나 네 목자나 서로 다
하지 말자 네 앞에 온 땅이 있지 아니하냐 나를
가라 네가 좌하면 나는 우하고 네가 우하면 나
하리라 하나님이 아브라함에게 약속하실 때에
켜 맹세할 자가 자기보다 더 큰 이가 없으므로
를 가리켜 맹세하여 이르시되 내가 반드시 너
복 주고 복 주며 너를 번성하게 하고 번성하
리라 하셨더니 그가 이같이 오래 참아 약속
았느니라 여호와께서 기드온에게 이르시
를 따르는 백성이 너무 많은즉 내가 그들
에 미디안 사람을 넘겨 주지 아니하리니
이스라엘이 나를 거슬러 스스로 자랑

19

기도하라

구하라 그리하면 너희에게 주실 것이요 찾으라 그리하면 찾아낼 것이요

문을 두드리라 그리하면 너희에게 열릴 것이니 구하는 이마다 받을 것이요

찾는 이는 찾아낼 것이요 두드리는 이에게는 열릴 것이니라

너희가 악한 자라도 좋은 것으로 자식에게 줄 줄 알거든 하물며

하늘에 계신 너희 아버지께서 구하는 자에게 좋은 것으로 주시지 않겠느냐

마 7:7,8,11

기도는 실재하는 능력이며 모든 문제의 열쇠

이 〈풀림〉 시리즈를 통해 그동안 생각지 못했던 신앙의 법칙을 성경에서 찾아보며 삶의 문제를 새로운 관점으로 보고자 하는데, 사실 이 책의 핵심 메시지는 바로 '기도'라는 이 열쇠다. 진부해 보여도 기도가 능력이다. 진부해도 진리는 진리다(어쩌면 진리는 항상 진부할지도 모른다). 문이 크고 두껍다고 열쇠도 그만큼 크고 두꺼운 게 아니듯 문제가 복잡하다고 해결도 복잡하게 하는 것은 아니다. 삶의 모든 문제를 열 수 있는 만능열쇠가 바로 기도다.

형을 속여 장자권을 빼앗은 꾀쟁이 인생 야곱. 형을 피해 외삼촌의 집으로 도망쳤다가 20여 년 만에 큰 부를 이루고 이제 고향으로 돌아오고 있지만 아직 해결되지 않은 문제, 아니 영원히 해결될 수 없는 형과의 문제로 그의 마음은 답답하고 두렵다.

아니나 다를까, 형 에서가 나를 죽이려고 400명의 병사를 이끌고 오고 있다는 소식이 들린다. 국가 제도가 잘 정비되지 않은 당시에 400명의 사병은 어마어마한 군사력이다. 야곱은 그를 감당할 수 없어 두렵고 답답했지만 할 수 있는 것은 고작해야 함께한 동행자와 양과 소와 낙타를 두 떼로 나누는(창 32:7) 것밖에 없었다. 그 마음에는 이것밖에 할 수 없는 비참함과 두려움이 가득했을 것이다.

　사람들이 다 강을 건너갔으나 야곱은 홀로 남아 얍복 나루터에서 간절히 기도했다. 내 힘과 능력으로는 풀 수 없는 죽음의 위기 앞에서 밤새도록 하나님께 기도하며 씨름했을 때 기적이 일어났다. 그의 인생에 획기적인 변화가 일어났다. 다음날, 그렇게 두려웠던 형 에서와 대면했을 때 이 기도로 인하여 어떤 일이 벌어졌는가?

> 자기는 그들 앞에서 나아가되 몸을 일곱 번 땅에 굽히며 그의 형 에서에게 가까이 가니 에서가 달려와 그를 맞이하여 안고 목을 어긋맞추어 그와 입맞추고 서로 우니라 **창 33:3,4**

　일어날 수 없는 일이 일어났다. 20년 동안 복수의 칼을 갈다가 야곱을 잡아 죽이려고 400명의 군대를 거느리고 어제까지도 살기등등했던 형 에서가 야곱을 보더니 갑자기 껴안고 우는 역사가 벌어졌다. 함께한 400명이 환영 인파였던 것이 아니다. 에서는 그를 죽이러 왔으나 기도가 그의 마음을 바꿔놓은 것이다. 기도는 사람의 마음도 바꾸고 환경과 처지도 뒤집어엎는 능력이 있다.

　뿐만 아니라 더 기적 같은 일이 일어났다.

> 에서가 이르되 우리가 떠나자 내가 너와 동행하리라 **창 33:12**

　이 '동행'한다는 것은 보호해주겠다는 뜻이다. 어제까지만 해도 나를 해하려 하던 사람들이 지금은 나의 호위대로 바뀌는 기적이 어디에서 시작됐는가? 기도다. 이 메시지는 오늘 당신을 당신의 얍복 나루터로 초대하는 초대장이다. 잊고 있었던 당신의 기도 자리를 회복하라. 처지를 핑계 대지 않고 형편을 변명 삼지 않고 감정에 휘둘리지 않고 기도의 처소가 회복될 때 당신의 문제가 풀리게 될 줄 믿는다.

기도는 기적의 신호탄이며 기적을 부르는 실재하는 능력이다. 기도의 능력을 믿지 않는 자들에게는 기도만큼 어리석고 무의미하고 나약해 보이는 일이 없겠으나 기도의 능력을 알고 믿는 자에게는 기도는 용사의 검이요 사자의 발톱이며 호랑이의 이빨 같은 능력이다.

당신은 기도가 실재하는 능력인 줄 믿는가? 그런데 왜 기도하지 않는가? 기독교 역사상 가장 큰 기적은 홍해가 갈라진 게 아니고 오병이어가 아니고 하나님을 믿는다면서 기도하지 않는 것이다. 하나님의 능력을 믿는데 기도하지 않는 기적의 주인공, 혹시 당신은 아닌가?

사람들은 점점 성경의 이야기를 전설같이 생각하고 믿지 않는다. 기독교인조차 성경을 읽지도 믿지도 않으니 안타깝다. 성경 속 인물들의 이야기는 진부하고 전설적인 신화로만 치부해버리니 당신이 믿을 만한 몇 가지 사례를 소개하고자 한다.

현대사의 미스터리, 덩케르크 철수 작전

2017년 7월 개봉한 영국의 전쟁 영화 〈덩케르크〉는 제2차 세계대전 당시인 1940년 5월 26일부터 6월 4일까지 프랑스 북부 덩케르크 해안에서 실제로 벌어진 연합군의 철수 작전(일명 다이나모 작전)을 소재로 만들어진 영화다.

2차 세계대전 중에 영국은 인접국인 프랑스를 침공한 독일에 맞서 자국군 35만 명을 파견한다. 독일군은 막강한 군사력으로 프랑스·벨기에 국경지대의 프랑스 방어선을 돌파하고 영국해협을 향해 서쪽으로 밀고 나갔다. 그 과정에서 영국, 프랑스, 벨기에 연합군은 덩케르크 해안까지 밀려나서 퇴로가 막힌 채 고립되고 말았다.

탄약은 8시간 버틸 분량밖에 없고 바닷속에는 유보트(U-boat, 독일군 잠수함)가, 공중에는 독일 전투기가 진을 치고 있어서 도버해협을 건너는 것도 암담해 보였다. 덩케르크 해안의 지형은 완전히 개방되어 있어서 약 15-20킬로미터 앞까지 몰려온 독일 전차부대가 공격을 쏟아부으면 연합군은 전멸할 위기였다.

영국은 해안에 고립된 연합군을 철수시킬 작전을 세웠지만 그저 무기도 다 버리고 어떻게든 도망치라는 게 명령이었다. 수십만 군사 중 단 몇만 명이라도 구해보자는 것뿐이었고, 주력부대로 그들을 엄호하고 돕는 게 아니라 본토 공습을 대비하는 전술로 전환한 상태였다. 사상 최대의 철수가 아니라 사상 최악의 전멸을 눈앞에 둔 이 철수 작전은 사실상 '미션 임파서블'로 여겨졌다.

그런데 이때, 기적이 벌어졌다. 기껏 해안에 연합군을 몰아놓은 독일군이 갑자기 공격 중지 명령을 내려 공세를 3일간이나 멈춘 것이다. 이에 따라 5월 26일부터 6월 4일까지 대대적인 철수 작전이 시작됐다. 어선들까지 동원 가능한 배들은 모두 와서 영국군 22만 6천 명과 프랑스·벨기에군 11만 2천 명을 살려내는 사상 최대의 수송 작전과 철수 작전이 기적처럼 이루어졌다.

약속의 말씀을 붙든 국가 기도의 날

전쟁 역사에서는 이 불가능한 철수 작전의 성공 요인을 독일군의 연속된 오판과 당시의 기이한 기상 조건, 이 두 가지로 본다.

독일은 엉뚱하게도 다 잡은 연합군의 측면공격을 대비하고 영국과의 평화 회담에 신경을 썼으며, 직접 방문한 히틀러는 아예 무기를 내려놓으라는 명령을 내렸다. 완벽한 찬스에 오히려 겁을 먹은 게 아닌가 싶을 만큼 황당하고 이제까지의 전황과 전쟁의 논리 안에서는 납득할 수 없는 패착이었다.

그리고 5월 28일, 강력한 태풍이 독일군 진영으로 불어닥쳐 전투기도 뜨지 못하고 탱크도 움직일 수 없을 정도였다. 반면 연합군은 태풍과 폭우 속에서 어둠을 타고 이동할 수 있었고, 영국 해협 바다는 저수지같이 고요하여 마치 홍해 앞 구름기둥처럼 그들을 보호해주는 놀라운 기상 현상이 뒤따랐던 것이다.

그때 철수한 인원이 세를 규합하고 다시 정비해서 유명한 노르망디 상륙 작전의 기반이 되고, 그로써 연합군의 사기가 올라가 2차 세계대전의 승리로 이어지면서 이 덩케르크 철수 작전은 사상 최대규모의 철수 작전인 동시에 전쟁사에 꼽히는 미스터리한 승리의 이야기로 기록되었다.

전투기도 필요 없고 기갑부대로만 공격해도 끝날 텐데 독일군이 왜 그런 결정을 내렸는지는 지금까지도 미스터리라고 하지만 이 사건은 아무 맥락 없이 생긴 게 아니다. 신앙의 관점으로 보면 철수 작전이 감행되기 직전에 영국에서는 강력한 영적 대비가 있었다. 영국은 이 작전이 불가능함을 알았지만 절망만 하고 있지 않았다. 그들에게는 군사력 이전에 신앙의 힘이 있었다.

당시의 국왕 조지 6세는 온 나라에 '국가 기도의 날'을 선포하고, 5월 26일 오늘만큼은 모든 일을 다 내려놓고 전 국민이 함께 기도하자고 호소했다. 조지 6세와 내각 국무위원들은 웨스트민스터 교회당에 가서 예배드렸고, 영국의 모든 교회가 다 문을 열고 종일토록 하나님의 이름을 부르짖으며 기도했다.

환난 날에 나를 부르라 내가 너를 건지리니 네가 나를 영화롭게 하리로다 시 50:15

그때 조지 6세가 이 시편 말씀을 선포했다. 그들은 하나님의 이 약속을 믿었다. 환난 날에 하나님을 부르면 그들을 건지셔서 그들로 하나님을 영화롭게 할 것을 믿고, 이것을 약속하신 하나님을 부르며 목숨 걸고 기도했다. 그럴 때 기적이 일어났다. 기차는 어디든 갈 수 있지만 철길 위로만 달리듯, 하나님의 역사는 무엇이든 이루실 수 있지만 우리의 기도 위로만 운행하신다. 하나님의 개입과 역사가 시작되려면 우리가 기도의 레일을 깔아야 한다.

기도는 실재하는 능력이다

냉전 시대의 종식을 알리는 독일 통일의 주된 요인에는 1981년부터 시작된 성 니콜라이 교회의 월요 기도회가 항상 꼽힌다. 1165년 설립된 성 니콜라이 교회는 독일 분단 당시 동독의 평화와 민주화 시위를 촉발시킨 것으로 유명하다. 서독에서 군비증강에 반대하는 데모가 일어났을 때 동독에서는 월요일 오후 5시에 성 니콜라이 교회에서 평화를 위한 기도회가 열렸다.

젊은이들이 모여 다 함께 기도하며 비폭력 투쟁을 지향했던 성 니콜라이 교회의 평화 기도 운동은 점점 확대되었다. 처음에는 기독교인들이 모인 작은 규모의 기도 운동이었으나 점점 라이프치히 이외의 지역으로 확산되면서 일반인의 참여도 늘어났다. 1989년 10월 9일, 동독 경찰이 이 기도회에 해산명령을 내리고 무력 봉쇄를 경고하였으나, 2천여 명의 사람들이 삼엄한 감시 속에서 기도회를 마치고 나갔을 때, 7만여 명이 촛불을 들고 나와 그들과 함께했다.

동독 공안당국은 이 비폭력 평화시위대를 무력으로 제압하려 했으나, 민주화와 평화를 위한 사람들의 염원을 꺾기에는 역부족이었다. 이 시위는 동독 전체에 요원의 불길처럼 번져 나갔는데, 한 사람도 돌을 들지 않고 경찰 역시 단 한 발의 총도 쏘지 않는 기적 같은 일이 벌어졌다. "예수 그리스도의 영이 함께한, 승자도 패자도 없는 놀랍도록 평화로운 분위기"였다고 한다.

그리고 한 달 뒤인 1989년 11월 9일 베를린 장벽은 거짓말처럼 무너졌다. 9년 전에 시작된 니콜라이 교회의 '월요 평화 기도회'가 독일 통일의 불씨였다. 신학교가 아니라 일반 학교의 정치학에서 배우는 내용이다. 기도가 능력이라고 정치학에서도 인정하는 것이다.

이번에는 의학계의 사례를 소개하겠다. 포천중문의대 차병원 차광렬 학원장(컬럼비아의대 교수)과 로저리오 A. 로보(Dr. Rogerio Lobo) 컬럼비아의대 산부인과 과장은 1998년부터 1999년까지 서울 차병원에서 불임 치료를 받은 환자 199명과 미국과 캐나다, 호주의 기독교도를 대상으로 기도와 임신 성공률의 관계를 조사했다.

이 연구는 불임치료를 받는 환자들이 실험 내용을 전혀 모르는 상태에서 진행되었는데, 연구진은 불임치료를 받는 환자의 사진을 미국과 캐나다, 호주에 있는 각기 다른 기독교 종파 신자들에게 주고 이들이 임신에 성공하도록 기도해달라고 부탁한 뒤 기도해주는 사람이 없는 환자 그룹과 임신 성공률을 비교했다.

그 결과 기도 받은 불임치료 여성들의 임신 성공률이 기도해주는 사람이 없었던 여성들보다 2배나 높은 것으로 나타났다. 의학계에서 2배라는 차이는 엄청난 것이다. 그래서 공동연구자인 로보 박사는 연구 결과가 도저히 있을 수 없는 일처럼 느껴졌기 때문에 발표해야 할지 오랫동안 고민했으나, 두 그룹 사이의 임신율 차이는 아주 컸기 때문에 무시할 수가 없었다고 말했다.

두 사람은 '기도와 불임 환자들의 임신 성공률'에 관한 이같은 연구 결과를 생식의학 전문지 〈저널 오브 리프로덕티브 헬스〉(Journal of Reproductive Health)에 발표했고, 뉴욕타임스에서는 이 내용을 기사로 소개하면서 "이전의 연구에서는 전혀 모르는 사람의 기도가 심장질환 환자의 치료에도 도움이 된다는 결과가 나왔었다"고 덧붙였다. 이 기사는 2001년 10월 4일자 국민일보와 동아일보에도 소개되었다.

나에 대해서 알지도 못하는 사람의 기도만 받아도 임신율이 두 배나 높아지는 것은 의학 연구논문의 결과다. 우리 교회만 해도 그런 기적의 주인공들이 많이 있다. 기도는 실재하는 능력이다. 당신도 기도하고 기도를 부탁하라. 기적은 일어난다.

힘들 때 진짜 신앙이 보인다

힘들고 어려울 때 하나님 바라보고 기도해야 하는데 어떤 사람은 염치가 없어서 못 하겠다고 한다. "목사님, 제가 맨날 힘들 때만 찾아와 기도 부탁해서, 이제 염치가 없어서…"라고. 아니다. 그래도 기도해야 한다. 뻔뻔해도 좋으니 하나님 찾고 기도하라. 그것이 하나님의 원하심이다.

이것만 기억하라. 나 자신이 꼴 보기 싫고 내가 나를 포기한 적은 있어도 하나님은 단 한 번도 우리를 포기하신 적이 없다. 내가 나에게 실망해서 나를 버려둔 적은 있어도 하나님은 단 한 번도 나를 떠나신 적이 없다. 하나님은 우리를 너무도 사랑하셔서 절대로 뻔뻔하다 욕하지 않고 오히려 더 기뻐하시는 분임을 믿으라.

힘들 때 모습을 보면 그 사람의 진짜 신앙이 보인다. 힘들고 어려울 때 원망하기도 하고 절망하고 숨고 도망치고, 각자 모습이 다르지만 그런 모습이 실은 다 불신앙이다. 뻔뻔해도 좋으니 힘들 때 하나님께 나아와 기도하고 매달려라.

다윗도 범죄하고 하나님께 볼썽사나운 모습을 보여드렸지만 힘들고 어려우면 항상 하나님만 찾았다. 어찌 보면 좀 뻔뻔해 보이지만 하나님 께서 이 다윗의 모습을 너무너무 사랑하셨다는 것을 꼭 기억하며 다윗의 고백을 들어보라.

> 내 마음의 근심이 많사오니 나를 고난에서 끌어내소서 나의 곤고와 환난을 보시고 내 모든 죄를 사하소서 내 원수를 보소서 그들의 수가 많고 나를 심히 미워하나이 다 내 영혼을 지켜 나를 구원하소서 내가 주께 피하오니 수치를 당하지 않게 하소 서 내가 주를 바라오니 성실과 정직으로 나를 보호하소서 시 25:17-21

> 하나님께서 구하시는 제사는 상한 심령이라 하나님이여 상하고 통회하는 마음을 주께서 멸시하지 아니하시리이다 시 51:17

마음에 근심이 많을 때, 곤고와 환난을 겪을 때, 원수와 대적이 당신 을 둘러서 진 칠 때 당신은 누구를 찾고 누구에게 의지하는가? 힘들고 어려울 그때 당신이 누구를 의지하는지, 누가 당신의 피난처인지를 알 수 있다. 당신의 진짜 신앙은 입술이 아니라 고난의 때 당신이 찾고 의지 하는 것을 통해 드러난다.

하나님께서 구하시는 제사는 상한 심령이다. "하나님, 이 상하고 통 회하는 마음을 멸시치 말아주세요"라는 다윗의 고백이 이제 당신의 기도 가 되길 바란다. 오직 다윗처럼 하나님만 의지하기를, 야곱처럼 얍복 나루터에서 하나님과 기도로 씨름하기를 간절히 청한다.

기도는 내가 결단하는 것 같지만 사실 기도의 마음을 주신 분은 하나님이시다. 나는 하나님께서 건지고 회복시키실 사람에게 기도의 마음을 주신다고 믿는다. 기도의 마음이 들었다면 그것은 하나님께서 그를 회복시키시려고 응답과 축복을 마련해두고 부르신 것이다.

그러니 아무리 상황이 열악하고 가능성이 희박해보여도 기도할 마음을 주셨다면 소망을 가져라. 말씀이 들리고 있거나 이상하게 말씀의 은혜가 있는 현장으로 나를 이끄신다면 하나님 역사가 시작된 것이다.

오직 하나님께 간구하라

기도의 대상은 오직 하나님이시다. 오직 하나님께 간구하라. 하나님께 구하라. 복과 은혜와 위로를 세상에 구하고 사람에게 구하면 실망과 상처뿐이다. 사람과 세상은 잠시 청량음료처럼 속이 시원한 것 같고 내 갈증을 해결해주는 것 같지만 집에 돌아오면 벌써 목말라 후회된다. 그건 답이 아니라는 얘기다. 오직 하나님만이 만족함을 주신다.

인도의 갠지스강은 힌두교 신자들이 '성스러운 강'으로 숭상하며 축복의 성지라고 여기는 곳이다. 그들은 이곳에서 시체를 장사지내고 빨래를 하고 몸을 씻는다. 그 물을 마시는 것이 복이라고 생각해 분뇨가 떠다니는 그 더러운 강에 들어가 몸을 담그고 물을 마신다.

수질검사를 했을 때 식용이 가능한 물은 대장균 수치가 0이어야 하고, 수영이 가능하려면 대장균 수치가 500 이하여야 한다. 그런데 갠지

스강의 대장균 수치는 무려 8만 3천이다. 이 정도 수치는 장티푸스, 이질 등 병을 일으키고 죽음에 이르게 할 수 있는 위험한 수준인데 어처구니없게도 사람들은 그 더러운 물에 들어가서 복을 빌고 그 물을 마신다.

그런데 어쩌면 우리도 그들처럼, 자기는 복을 빈다고 하면서 죽을 길로 가고 있는 것은 아닐까? 하나님께만 복이 있고, 하나님께만 답이 있고, 하나님께만 위로가 있다. 하나님께 나아가자. 나를 격분시키는 브닌나의 머리끄덩이 놓고 생명과 같은 기도 줄을 잡아라. 기도할 수 있는데 왜 걱정만 하고 있는가. 하나님께 기도하자.

20

감사하라

아무것도 염려하지 말고

오직 모든 일에 기도와 간구로,

너희 구할 것을 감사함으로 하나님께 아뢰라

빌 4:6

구하지도 않은 기적을 누리는 일상

세 자녀의 운동화도 사줄 수 없을 만큼 경제적으로 어려움을 겪는 부부가 있었다. 어느 날 세탁기가 고장이 났는데 새것을 살 능력이 안 되었던 아버지는 중고거래사이트를 검색하여 세탁기를 내놓은 집을 찾아갔다. 고급 가구와 최신식 가전제품이 가득한 크고 멋진 집을 둘러보면서 그는 마음이 무척 울적해졌다. 한숨을 쉬며 세탁기를 내어오던 그는 자기 삶의 어려움을 주인 내외에게 푸념처럼 토로하였다.

경제적인 여유가 없어 이렇게 중고 세탁기를 구입하게 되었으며, 3남매를 키우는데 두 아들은 얼마나 개구쟁이인지 잠시도 가만있지 못해서 신발이 남아나질 않으며 그 신발도 제대로 사줄 형편이 안 돼 걱정이라는 이야기를 하고 있는데 갑자기 주인 내외의 얼굴이 굳어지더니 급기야는 그 아내분이 고개를 숙이고 방으로 뛰쳐 들어가는 거였다. 순간 자신이 무슨 잘못을 했나 몹시 당황한 3남매의 아버지에게 집주인 남자가 말했다.

"우리에게는 딸 하나가 있는데 그 딸은 선천적인 병이 있어서 세상에 태어나 12년이 되도록 지금까지 한 발자국도 걸어본 적이 없답니다. 그러다 보니 당신 아이들에 대한 이야기를 듣고 제 아내가 너무 슬프고 가슴이 아파서 방으로 들어가 버렸네요."

큰 충격을 받은 채 세탁기를 가지고 돌아온 아버지는 현관에 나뒹굴고 있는 아이들의 낡은 운동화를 한참 바라보았다. 평소 같으면 참 슬퍼 보이고 불행하게 느껴지는 모습인데 그날은 달랐다. 그 아버지는 그 자리에 무릎을 꿇고 조용히 눈물 흘리며 그동안 자신이 불평했던 것을 회개하고 아이들이 건강한 것에 대해 감사의 기도를 드렸다.

지금도 누군가는 "걸을 수만 있다면, 설 수만 있다면, 들을 수만 있다면, 말할 수만 있다면, 볼 수만 있다면, 살 수만 있다면 더 큰 복은 바라지 않겠습니다"라고 간절히 기도하는데, 사실 우리는 그들이 그렇게 기적처럼 바라는 그 기도가 단 한 번의 간절함도 없이 이루어져 매일 그 기적의 하루를 살아가고 있다. 그 아버지의 글은 이렇게 마무리된다.

"놀랍게도 누군가의 간절한 소원을 나는 다 이루고 살고 있습니다. 놀랍게도 누군가가 간절히 기다리는 기적이 내게는 날마다 일어나고 있었습니다. 부자 되지 못해도, 빼어난 외모는 아니어도, 지혜롭지 못해도 내 삶에 날마다 감사하겠습니다. 날마다 누군가의 소원을 이루고, 날마다 기적이 일어나는 나의 하루를, 나의 삶을 사랑하겠습니다. 어떻게 해야 행복해지는지 고민하지 않겠습니다. 내가 얼마나 행복한 사람인지 날마다 깨닫겠습니다. 나의 하루는 기적입니다."

감사는 기도의 구동 원리

앞 장에서 기도하면 간단하게 풀린다고 했다. 기도는 그냥 하는 행위가 아니라 정말 우리 삶의 모든 문제를 풀어줄 실재하는 능력이고, 답답하고 견고한 문제의 철문을 여는 해결의 열쇠다. 그렇다면 감사는 무엇일까? 감사는 이 기도의 열쇠가 구동하는 원리이고 이 열쇠를 돌리는 방향이라 하겠다.

아무것도 염려하지 말고 오직 모든 일에 기도와 간구로, 너희 구할 것을 감사함으로 하나님께 아뢰라 **빌 4:6**

너희 구할 것을 '감사함으로' 아뢰라고 한다. 삶의 '어떤' 문제가 아니라 '모든' 문제를 풀어낼 열쇠가 기도다. 그러나 모든 철문을 열 강력한 기도의 열쇠가 있어도 그 열쇠를 돌리는 방향이 잘못되면 그 철문은 열리지 않는다. 마치 맞는 열쇠를 꽂고도 반대 방향으로 돌려서 문이 열리지 않는 것처럼 아무리 기도해도 기도의 능력이 발휘되지 않을 때가 있다. 그럴 때는 기도하는 태도를 살펴보라. 혹시 원망, 불평하고 짜증이 가득한 채 살면서 하나님께 넋두리하듯 화풀이하듯 기도하고 있지는 않은지. 기도의 열쇠를 가지고도 문이 열리지 않는다면 이제 반대로, 감사의 방향으로 돌려보라.

아무것도 염려하지 않고 오직 모든 일에 기도와 간구로 나의 구할 것을 감사함으로 아뢰면 어떤 결과가 벌어질까?

그리하면 모든 지각에 뛰어난 하나님의 평강이 그리스도 예수 안에서 너희 마음과 생각을 지키시리라 **빌 4:7**

그리하면 하나님께서 내 삶의 모든 부족과 어려움을 완벽하게 싹 다 바꿔주시는 것이 아니라, 하나님의 평강이 그리스도 예수 안에서 우리의 '마음'과 '생각'을 지켜주실 것이라 하신다. 이것이 중요하다. 그 가난한 젊은 아버지도 어려운 재정적 상황이나 처지가 변한 것은 아니었지만 마음이 감사로 회복되니 그간 너무도 감사한 기적의 삶을 살고 있었음을 고백하게 되었고 일순간 모든 것이 천국으로 변했다. 우리도 감사함으로 기도하면 내 형편이 갑자기 확 바뀌지는 않더라도 먼저 내 마음과 생각이 화평과 평강으로 지켜져서 같은 상황에서도 감사함으로 살 수 있게 된다.

기독교 신앙은 감사다. 은혜받을 근거나 구원의 가능성이 1퍼센트도 없는 우리를 하나님이 살리셨다. 그러니 아무리 억울하고 답답해도, 아무리 빼앗기고 모함을 당해도 십자가 앞에선 무조건 감사해야 한다. 크리스천은 무조건 감사로 시작해서 감사로 끝나야 한다. 이것이 크리스천의 기본 정신이다.

감사를 잃은 것은 상황이 어려워진 게 아니라 십자가를 잃어버린 것이다. 당신이 감사를 잃었다면 상대방이 몰상식해서가 아니라 당신이 십자가를 놓쳤기 때문이다. 십자가를 붙잡고 있다면 무조건 감사지 절대로 큰소리 못 낸다. 감사는 성향이나 성품, 성격이 아니다. 감사는 신앙이고 기독교의 정신이다. 그러니 다른 것은 몰라도 감사는 1등 하자.

감사의 절기

많은 교회가 1년에 두 번의 감사 절기를 지킨다. 하나는 추수감사절이고 또 하나는 맥추감사절이다. 맥추절은 "맥추절을 지켜라 이는 네가 수고하여 밭에 뿌린 것의 첫 열매를 거둠이니라"(출 23:16)라는 말씀에 따라, 보리를 거두는 봄이 끝나고 여름이 시작되는 7월 첫 주일에 한 해의 절반을 지켜주시고 인도하신 하나님께 감사하는 절기로 지킨다.

추수감사절은 1년의 풍성한 소출을 걷으며 "더도 말고 덜도 말고 한가위만 같아라"라는 기쁨과 풍족함을 주신 하나님께 감사한다면, 맥추절의 감사는 약간 다르다. 간신히 보릿고개가 끝나고 형편이 아직 완전히 만족스럽지 못하지만 부족한 중에 그 첫 열매를 드림으로 한 해의 모든 소득과 더 나아가 내 인생의 모든 축복의 근원이 하나님임을 잊지 않고 기억하며 드리는 감사다.

진정한 감사는 상황의 안락함, 형편의 평안함, 처지의 완벽함에서 오는 것이 아니다. 어떤 상황과 형편과 처지에서도 마음과 생각을 지켜 만족하는 것이다. 아직은 문제가 계속되고 상황이 어려워도, 아직은 광야같은 삶일지라도 1년의 절반을 지켜주신 하나님께 감사드리는, 어찌 보면 진정한 감사의 절기가 이 맥추절이다.

하나님 명령을 따라 우리가 부족하고 어려운 상황에서도 하나님께 감사할 때, 하나님은 내 마음에 똑같은 상황에서도 만족할 수 있는 지혜와 평강을 주실뿐더러 더 나아가 내 모든 막혀있는 문도 열어주시고 그 모든 한계의 담벼락도 여리고처럼 무너뜨리고 그 두려운 홍해도 가르는 회복의 역사를 허락해주신다. 먼저 마음에 믿음의 평강이 돌아오고 그다음에 처지와 환경이 변화되는 그 자리까지 나아가기 위해서 우리가 절대로 잃지 말아야 할 것이 감사다.

> 내가 궁핍하므로 말하는 것이 아니라 어떠한 형편에든지 나는 자족하기를 배웠노니 나는 비천에 처할 줄도 알고 풍부에 처할 줄도 알아 모든 일 곧 배부름과 배고픔과 풍부와 궁핍에도 처할 줄 아는 일체의 비결을 배웠노라 내게 능력 주시는 자 안에서 내가 모든 것을 할 수 있느니라 빌 4:11-13

항상 감사해야 한다. 사도 바울은 어떠한 형편에도 자족하기를 배웠다고 말한다. 궁핍하든 풍부하든, 배고프든 배부르든 어떤 형편에도 지배당하지 않고 어떤 경우에도 감사할 수 있다는 것이다. 처지와 형편 정도가 그의 감사를 빼앗아 갈 수 없었다. 이것이 진정한 신앙의 정신이다. 예배의 정신은 기쁨과 감사다. 어떤 상황에 있다 왔든 어떤 감정으로 왔든 예배 시간, 주님 앞에서 우리는 무조건 기뻐하고 무조건 감사가 먼저 회복되어야 한다.

항상 기뻐한다는 의미

성경에는 항상 감사하는 것이 우리를 향한 하나님의 뜻이라고 분명히 기록되어있다.

> 항상 기뻐하라 쉬지 말고 기도하라 범사에 감사하라 이것이 그리스도 예수 안에서

그리스도 예수 안에 살아가는 우리에게 항상 기뻐하고 쉬지 말고 기도하고 범사에 감사하라고, 이것이 우리를 향하신 하나님의 뜻이라고 말씀하셨다면, 우리는 항상 기뻐해야 한다. 슬픔이 있는 오늘도 기뻐해야 하고 상실한 오늘도 기뻐해야 하고 고난 중에 있는 오늘도 감사해야 한다.

우리는 하나님의 뜻을 지키는 자들 아닌가. 이것이 하나님의 뜻이라면 우리는, 어떤 때는 기뻐해야 하고 어떤 때는 감사해도 되는 게 아니라, 항상 기쁨으로 살고 항상 감사해야 하는 것이다. '항상' 감사한다는 것은 세 가지의 모든 상황에서 감사한다는 의미다.

좋은 일에 감사하라

첫째, 좋은 일 있을 때 그것에 합당한 감사를 하라. 하나님 주신 축복을 하나님 주신 것으로 기억하고 감사하는 것은 기본 중의 기본이다. 좋은 일 있을 때 그 축복에도 감사하지 못하고 그 영광을 도둑질하는 사람은 소망이 없다.

어느 날 다윗은 왕궁에 살게 하신 하나님께 감사하며 영광을 돌린다. 그는 백향목 궁전에 사는 것이 자신이 잘나고 사람을 잘 부리고 좋은 전술과 전략을 써서가 아니라 하나님의 택하심과 기름부으심 때문이라는 것을 기억하며 감사하고 '내가 이렇게 백향목 궁전에 사는데 하나님이 저 천한 장막에 거하시는 것이 말이 되냐' 하며 하나님께 성전건축을 서

원했다.

그럴 때 하나님은 축복과 권위와 영향력 중에 감사하는 다윗에게서 그 감사를 받으시고 그 당대의 축복뿐만 아니라 자손들의 축복까지 약속해 주신다. 오늘 당신도 하나님께서 주신 축복에 감사하면 그 감사는 대를 잇는다. 그다음의 축복을 바로 예약해주시는 것이다. 기억하라. 감사는 다음 축복의 예약이다.

어떤 수준의 삶을 살 것인가는 자신이 결정하는 것이다. 좋은 일 있으면 자기만 좋고 끝나는 사람이 있는데 그러면 거기까지다. 그것만 누리고 끝나든지 그것조차 빼앗긴다. 그러나 하나님께서 주신 것을 잊지 않고 계속 감사하면 하나님은 그 감사를 받으시고 그다음 축복을 예약해주신다.

이것은 아주 중요하다. 힘들고 곤란한 삶으로 매일 빙빙 도는 사람이 어디서 그 축복의 연결고리가 끊겼는지 보면 대개 '감사'다. 좋은 일 있을 때 자기만족과 즐거움으로 끝나고 자기의 유익과 자기 좋은 것에만 투자하면서 하나님과의 관계는 전혀 없다면 항상 거기서 끝나고 맨날 뻔한 인생을 살게 된다.

감사할 때 다음 축복이 또 이루어지고, 더 나아가 다음세대의 축복까지 연결된다. 좋은 것을 받았을 때 절대로 그 감사를 도적질하지 말라. 하나님 받지도 않으시는 형식적인 감사 드리지 말고 그 감사에 합당한 감사를 드리며 자녀에게도 진정한 감사를 가르쳐라.

아무 일 없을 때 감사하라

두 번째, 아무 일 없을 때 감사해야 항상 감사할 수 있다. 좋은 일에 감사하는 건 이해하는데, 왜 아무 일 없는 평범함에도 감사해야 할까? 실은 아무 일 없는 것도 기적이고 축복이다. 앞서 가난한 아빠는 복권이 당첨됐거나 경품으로 새 세탁기가 생긴 것도 아닌데 왜 감사하기 시작했을까? 하나님의 관점과 시선으로 보니 이 평범한 일상이 실은 기적이고 축복이었다는 것을 깨달았기 때문이다.

내가 집회를 다니느라 거의 매주 대한민국을 한 바퀴씩 돌다 보니 차의 주행거리가 30만 킬로미터를 넘어서 작년에 세 번째 차로 바꾸었다. 새 차를 타보니 차가 정말 편안해서 오가는 길의 피로가 훨씬 줄어들어 그것도 너무 감사했지만, 예전에 내가 드렸던 기도가 생각나서 눈물이 났다.

첫 차가 주행거리 10만 킬로미터를 넘어서 두 번째 차로 교체했을 때 나는 "38만 4,400킬로미터만 지켜주세요"라고 기도했었다. 이 384,400킬로미터는 지구에서 달까지의 거리로, 내 꿈이 달나라에 가는 거라서 내게는 참 소중한 숫자였다. 나는 집회 사역을 좋아하지 않아서 딱 이만큼만 하고 그만하고 싶었다. 그래서 내가 하나님의 일을 하면서 다른 건 다 그만두고 복음 전하고 말씀 전하며 교회를 살리고 목회자들을 일으켜 세우는 일에만 달나라 갈 거리를 다니겠으니 이만큼만 지켜달라고 기도했었다.

그런데 정말 사고 한 번 안 나서 내가 살아있는 것이 너무너무 감사하고 눈물이 났다. 정말 아무 일 없어도 감사해야 한다. 진짜 기적은 차가 데굴데굴 굴러 전복되는 사고를 당했는데 거기서 살아난 게 아니라, 이 40만 킬로미터를 타는 동안 한 번도 사고가 없었다는 것이다. 사실 위기의 순간이 얼마나 많았는지 모른다. 경부고속도로를 달리는데 갑자기 앞에 가던 트럭에서 줄이 풀리면서 드럼통 열몇 개가 떨어져 길에 퉁퉁 튀어서 그 통들을 피하며 운전한 적도 있고, 역주행의 위험을 당한 적도 있으며, 터널에서 사고가 나서 우리 차 앞까지 다 박고 우리 차 뒤부터도 다 박았는데 딱 우리 차만 그 가운데서 추돌을 면한 적도 있다.

말이 달나라지 달나라 갈 동안 그 수많은 위기의 순간에 하나님께서 안전하게 지켜주시며 하나님의 일을 하게 해주신 것이 얼마나 감사한지! 그래서 이제 돌아오게 해달라고 기도드렸다. 달나라 갔으니 이제 돌아올 때까지 하나님께서 이 차도 지켜주실 줄 믿는다고.

고난 중에 감사하라

마지막으로 고난과 아픔 중에도 감사하면 이제 항상 감사할 수 있다. 그런데 고난 중에 어떻게 감사할 수 있을까?

뭔가 잃어버렸다는 것은 지금까지 뭔가를 소유했다는 증거이듯 고난이 있다는 것은 그 고난을 고난으로 느낄 만큼 지금까지는 평안함이 이어졌다는 것이다. 그것을 인지할 때 감사할 수 있다.

> 내가 모태에서 알몸으로 나왔사온즉 또한 알몸이 그리로 돌아가올지라 주신 이도 여호와시요 거두신 이도 여호와시오니 여호와의 이름이 찬송을 받으실지니이다
>
> 욥 1:21

욥이 모든 자녀와 재산을 다 잃고 아무것도 남은 게 없다. 세상은 그에게 불평과 원망을 종용하고 아내마저도 "소망이 없으니 불평하고 절망하라" 얘기하지만, 그는 옷을 찢는 처절한 밑바닥에서도 하나님께 입술로 범죄하지 않고 예배하며 "주신 분이 하나님이시니 그분이 다시 가져가신들 내가 뭐라 불평하겠는가? 나는 그저 지금까지 그것을 허락해주심에 감사와 찬양을 드린다"라고 고백한다. 욥의 고백이 우리에게 있기를 바란다.

살다 보면 상실도 아픔도 있다. 그때 많은 사람이 그 상실 때문에 앓아눕고 원망한다. 주시는 것에는 별로 민감하지 못한데 하나님께서 조금만 가져가시면 그걸 못 참고 난리가 나는 사람들이 있다. 이것은 고쳐야 한다. 생각해보라. 그거 지금까지 누가 주셨는지. 우리 중에 태어날 때 통장이나 열쇠라도 하나 갖고 나온 사람 있는가? 주신 분이 하나님이시고, 다 뜻이 있고 더 필요한 데가 있어서 그저 일부를 도로 가져가시는데 왜 원망하는가.

불평하고 세상 온갖 무거운 짐을 혼자 다 진 것처럼 굴면 하나님은 그 수준의 삶을 살게 하신다. 아무것도 없이 나온 당신을 지금까지 잘 먹여주신 하나님께서 앞으로 당신이 죽는 순간까지 계속 책임져주시고 먹여주실 것이다. 그것을 믿는다면 그분께 감사부터 하라. 아직도 더 많은 것이 남았음을 발견하고 행복하고 감사했으면 좋겠다.

하나님의 역사를 보고 헌신하고 순종하는 것이 축복임을 깨닫는 것이 1단계라면, 나아가 하나님께서 걷어 가실 때도 감사하고 그것을 신뢰하는 것이 2단계 축복이며 그때부터는 더 강력한 인생이 된다. 하나님은 일부러 한번 거두고 취하신다. 그때에도 당신의 입에서 하나님을 송축함이 마르지 않기를 주의 이름으로 축복한다.

감사는 믿음이 있는 자가 드리는 고백

하나님께서 나에게 주셔서 지금까지 그것들을 소유하고 평안을 누렸음을 기억할 때 고난 중에 감사할 수 있지만, 또한 더 나아가 미래를 보고 이것이 끝이 아님을 믿으며 감사할 수 있어야 한다. 지금까지 모든 것은 하나님께서 하신 것이고 앞으로도 하나님께서 하실 것이기에 이를 믿고 어떤 상황에서도 하나님을 찬양하며 나아가는 것이다.

지금은 상실하고 아프지만, 하나님은 반드시 해결해주시고 열어주시고 회복시켜주실 분이기에 이것이 나의 끝이 아님을 믿는 것이다. 이것이 신앙이고 감사의 원칙이다.

욥은 그것을 믿었기에 "하나님은 내가 가는 길을 아시니 그가 나를 단련하신 후에 내가 순금처럼 정결해져서 나오게 될 것"이라고 찬양할 수 있었다. 우리 또한 그 최후 승리를 믿는다면, 오늘 좀 궁핍하고 꼬여 있고 억울하고 고독해도, 하나님께 감사드릴 수 있다.

그러나 내가 가는 길을 그가 아시나니 그가 나를 단련하신 후에는 내가 순금같이
되어 나오리라 욥 23:10

여호와는 나의 목자시니 내게 부족함이 없으리로다 시 23:1

욥기서에 이 23장이 있다면 시편에도 이와 같은 23편이 있다. 삶에 부족함이 있지 왜 없겠는가. 그러나 오늘 불편함과 부족함이 있어도 결국 하나님께서 나를 반드시 푸른 초장에 뉘시고 쉴만한 물가로 인도해주실 것을 믿으면 감사할 수 있다. 지금은 내가 사망의 음침한 골짜기를 걸을지라도 반드시 역전시켜주실 하나님을 믿는다면 그 최후 승리를 믿고 감사할 수 있다.

믿음대로 살아가면 손해 입고 왕따 당하고 고난 당한다. 그러나 사방으로 우겨쌈을 당하고 답답한 일을 당하고 박해를 받아도 낙심하지 않을 수 있는 이유는 깨지기 쉬운 연약한 질그릇 같은 우리 안에 하나님께서 보배를 담아주시고, 심히 큰 능력으로 우리를 보호해주시기 때문이다(고후 4:7-9). 그러니 오늘도 하나님께 감사할 수 있는 것이다.

요즘에 귀한 것이 없는 시대를 보며 안타까움을 느낀다. 우리 자녀들도 그렇고 참 귀하게 여기는 모습이 없다. 귀한 것이 없는 인생에는 두 가지의 유형이 있다. 너무 가난해서 귀한 것이 없거나 너무 풍족해서 귀한 것이 없는 사람이다. 너무 풍족해져서 귀한 것이 없어진 것은 가난보다 더 나쁜 악질가난이다.

혹시 당신도 너무 은혜가 많아서 귀한 것이 없어진 것은 아닌가? 그래서 정말 귀하고 가치 있는 것들을 하찮게 여기고 자존심과 감정과 관계 따위에 헐값으로 넘기고 바꿔버리려 하지는 않았는가? 하나님은 결코 그것을 원치 않으신다. 영적인 악질가난에 빠져있지 말고 감사하자. 하나님께서 주신 모든 것을 정말 가치있고 귀하게 여길 때 하나님께서 그 귀한 것들을 계속 우리에게 유지시켜 주시고 맡겨주실 줄 믿는다.

항상 감사하는 것이 하나님의 뜻이고, 기도할 때 감사의 방향으로 열쇠를 돌릴 때 문제는 열리고 해결된다. 우리 이렇게 감사하며 살아가자. 좋은 일이 있을 때도 아무 일 없을 때도 감사하고, 고난 중에도 감사함으로 항상 감사하자. 감사는 삶의 모든 문제를 일순간에 풀리게 하는 비밀이다. 감사가 회복되면 광야의 삶을 살고 지옥을 살던 사람들이 아름다운 푸른 초장을 걷고 천국을 걷는 자들이 될 것이다.

21

사랑하라

누가 우리를 그리스도의 사랑에서 끊으리요 …
내가 확신하노니 사망이나 생명이나 천사들이나 권세자들이나
현재 일이나 장래 일이나 능력이나 높음이나 깊음이나
다른 어떤 피조물이라도 우리를 우리 주 그리스도 예수 안에 있는
하나님의 사랑에서 끊을 수 없으리라
롬 8:35,38,39

엄청난 유산도 포기하게 만든 사랑

2001년, 중국계 말레이시아 재벌가의 넷째 딸 안젤린 프란시스 쿠는 경영수업을 받기 위해 영국 옥스퍼드대로 유학을 떠났다가 제디디아 프란시스라는 남자와 사랑에 빠졌다. 그녀의 아버지 쿠 카이 펑은 다섯 자녀 중 가장 경영에 재능이 있는 안젤린을 일찌감치 자기의 후계자로 낙점해놓았으나 딸이 흑인 남자와 결혼하겠다고 나서자 "이 결혼을 끝까지 고집한다면 경영권은 물론이고 단 한 푼의 유산도 물려주지 않겠다"라고 엄포를 놓으며 선택을 종용했다.

그러나 안젤린은 우리 돈으로 약 5천억 원이 넘는 유산의 상속을 포기하고 사랑을 택했다. 2008년도에 제디디아와 소박한 결혼식을 올리고 서민주택에서 과학자 남편과 행복하게 살고 있으며 자신의 재능을 살려서 의류 브랜드를 창업해 왕성하게 사업을 벌이고 있다.

'선택'은 우리가 겪는 문제 중에서도 참 어려운 부분이다. 뭔가를 선택하는 것은 다른 뭔가를 포기하는 것인데 포기하고 내려놓을 수 있게 하는 원동력이 바로 사랑이다. 우리는 5천만 원을 포기하는 것도 쉽지 않은데 안젤린이 5천억 원을 단호히 포기할 수 있었던 것도 바로 사랑 때문이었다.

화재 현장에서 자녀의 목소리가 들리면 아버지는 간신히 빠져나온 그 불구덩이 속으로 다시 뛰어들 수 있다. 돈을 너무 사랑하는 사람은 돈 가방 때문에 불 속으로 다시 뛰어 들어갈 수도 있다. 어떤 사람은 자기가 아끼는 낚싯대를 물고기가 끌고 들어가자 그거 건지려고 저수지에 뛰어들었다가 목숨을 잃기도 했다. 사람은 자기가 사랑하는 것에 최고의 가치를 두고 거기에 목숨을 건다.

멀리서 보면 이해되지 않는데 '사랑'이라는 단어만 들어가면 갑자기 당연하게 이해되고 풀려버리는 일들이 세상에는 참 많다. 사랑이라는 단어 하나면 어떤 힘든 결정과 갈등도 아무것도 아닌 것이 되기도 한다. 사랑에는 이렇게 포기도 헌신도 내려놓음도 가능케 하고 우리 인생을 이끄는 강력한 힘이 있다. 그래서 사랑하면 간단하게 풀린다.

사랑은 어떤 것도 감당하고 품게 한다

사도 바울의 인생도 그랬다. 고린도후서 11장 23절 이하의 말씀을 보면 그는 사십에 하나 감한 태형을 다섯 번이나 맞고 태장도 세 번이나 맞았다. 감옥에 갇히고 춥고 헐벗고 주리고 강도도 당하고 하나님의 일을 하다가 배가 파선되는 일이 세 번이나 있었고 바다에서 일주일을 표류한 적도 있었다. 이방인도 아니고 동족에게 위험과 고난도 많이 받았다. 누구라도 "이 정도면 됐다. 이제 더는 못한다"라며 내려놔도 될법한 상황에서도 그는 절대로 하나님이 맡기신 사명을 포기하지 않고 교회와 영혼들을 버리지 않았다. 남들이 보면 이해가 안 되는 그 삶의 이유를 다음 구절에서 볼 수 있다.

> 이 외의 일은 고사하고 아직도 날마다 내 속에 눌리는 일이 있으니 곧 모든 교회를 위하여 염려하는 것이라 고후 11:28

교회를 사랑하는 마음이 남들은 이해 못 하는 선택과 결정을 할 수 있도록 그를 이끌었다. 남들은 더 좋은 조건이 있으면 약속도 신의도 필요 없고 의리 없이 그것을 좇아가는데 바울에게는 그런 것이 전혀 선택과 결정에 영향을 미치지 못했다. 교회를 염려하고 사랑하는 그 마음 때문에 어떤 것도 그를 움직일 수 없었다.

> 누가 우리를 그리스도의 사랑에서 끊으리요 환난이나 곤고나 박해나 기근이나 적신이나 위험이나 칼이랴 기록된 바 우리가 종일 주를 위하여 죽임을 당하게 되며 도살 당할 양같이 여김을 받았나이다 함과 같으니라 그러나 이 모든 일에 우리를 사랑하시는 이로 말미암아 우리가 넉넉히 이기느니라 롬 8:35-37

그런 바울의 마음을 생각하며 이 말씀을 읽으면 나는 눈물이 난다. 그에게 어려운 상황을 이길만한 다른 이유와 조건이 있었던 것이 아니다. 자신을 사랑해주신 주님의 그 사랑 하나면 그 어떤 것도 감당하고 품을 수 있다는 것이다.

> 내가 확신하노니. 사망이나 생명이나 천사들이나 권세자들이나 현재 일이나 장래

일이나 능력이나 높음이나 깊음이나 다른 어떤 피조물이라도 우리를 우리 주 그리스도 예수 안에 있는 하나님의 사랑에서 끊을 수 없으리라 **롬 8:38,39**

또한 어떠한 조건과 처지, 어떤 대상일지라도 우리를 우리 주 그리스도 예수 안에 있는 하나님의 사랑에서 끊을 수 없다는 것이다. 이게 신앙이다. 이 선포가 지금 나와 이 글을 읽는 당신에게서도 고백되었으면 좋겠다.

사랑하니 억울할 것도 섭섭할 것도 없었다

사도 바울이 억울하게 누명을 쓰고 옥에 갇히자 이상한 반응이 있었다. "아이고, 우리 목사님이 저렇게 힘드시니 나도 열심히 해야겠다" 하며 선한 의도로 열심히 복음 전하는 사람도 있었지만, 바울에 대한 시기심과 악한 의도로 보란 듯이 더 열심히 하는 사람도 있었다. 그러면 화가 날 텐데 사도 바울은 "아무리 억울한 일을 당해도 그게 복음 전파에 진전이 된다면 나는 오히려 기쁘다"라는 대단한 고백을 한다.

형제들아 내가 당한 일이 도리어 복음 전파에 진전이 된 줄을 너희가 알기를 원하노라 … 그러면 무엇이냐 겉치레로 하나 참으로 하나 무슨 방도로 하든지 전파되는 것은 그리스도니 이로써 나는 기뻐하고 또한 기뻐하리라 **빌 1:12,18**

그리고 그 이유를 앞서 8절에서 먼저 고백했다.

내가 예수 그리스도의 심장으로 너희 무리를 얼마나 사모하는지 하나님이 내 증인 이시니라 빌 1:8

주님을 사랑하니 그는 억울함도 섭섭함도 없었다. 오히려 자신의 고난으로 부흥의 진전을 이룰 수 있다면 행복했다. 그가 예전에 자랑스러워하던 스펙과 모든 배경을 배설물처럼 버릴 수 있었던 용기도, 죽을듯한 고난 중에도 사명을 붙들고 놓지 않는 힘도 사랑에서 근원한다. 하나님께 사랑받은 자로서 하나님을 너무도 사랑하니 차라리 내가 손해보고, 차라리 내가 더 아프고, 차라리 내가 조금 몰상식한 일을 당해도 그분에게 손해되지 않도록 선택하고 결정 내릴 수 있는 이것이 진짜 사랑 아닐까?

하나님 사랑이 더 큰 사람은 하나님께 유익되는 일이라면 '억울하고 욕 좀 먹으면 어때?' 하고 참을 수 있지만 우리는 사실 반대로 할 때가 더 많다. 내 유익을 위해서라면 교회의 유익이건 하나님의 영광이건 주의 일이건 아무 상관 없고, 오히려 없던 일도 얼마든지 더 꾸며내서 얘기할 수 있지 않은가? 입술로는 내가 하나님을 사랑한다고 주장하지만 결국에는 내 뜻대로 내 감정대로 하고, 내가 자존심 상하고 쪽팔리고 손해입을 것 같으면 언제든지 관계를 버릴 수 있지 않은가?

교회 생활을 복잡하게 하는 사람들이 있다. 관계의 문제가 얽혀 상황을 듣기만 해도 참 복잡하다. 늘 억울함을 토로하고 이런 것을 이기지 못한다. 그런데 사실 그것은 상황의 문제가 아니며 상대방이 몰상식해서도 아니다. 그가 하나님을 사랑하는 마음이 작은 것이다. 자신의 질

투심과 분노의 감정들, 인간관계를 중시하는 마음이 하나님에 대한 사랑보다 더 커서 생기는 일이다.

무엇을 사랑하느냐의 차이다. 한 사람이 두 주인을 섬길 수 없어서 한쪽은 중히 여기고 다른 쪽은 경히 여기듯(마 6:24) 우리는 한쪽만 사랑할 수 있으며, 그 사랑이 내 모든 선택과 결정을 주도한다. 그러므로 오늘도 선하고 바른 결정을 하기 위해서는 하나님을 더 사랑하는 것이 중요하다. 그러니 이제 "이런 상황과 관계의 문제가 없게 해달라"라고 기도하지 말고 내가 하나님을 더 사랑하게 해달라고 기도하자.

누가 나를 투기하고 분쟁하고 욕하고 내가 억울할 때도 따지고 시시비비를 가리고 다투기보다는 이것이 하나님께 유익이 되는지를 먼저 생각하자. 바울이 그럴 수 있었던 것은 그가 인내력이 크고 상황과 처지가 견딜만해서가 아니라 주님을 사랑하는 마음이 더 컸기 때문이었음을 기억하라. 남들은 이해할 수 없는 바보 같은 그 진짜 사랑이 우리에게 있기를 소망한다.

사랑은 바보가 되는 것

사랑은 무뚝뚝한 한 사람을 시인으로 만들고, 약삭빠른 한 사람을 바보로 만든다. 누군가 이런 말을 했다.

"바보라는 말을 들으면 그 인생은 성공한 것입니다.
그리고 인생의 승리는 사랑하는 자에게 있습니다."

You have succeeded in life if someone calls you foolish.

And life's victory is awarded to those who love.

이 말을 남긴 분은 장기려(1911-1995) 박사님이다. 공적과 인생에 비해 너무 저평가되어 있는, 나로서는 노벨상을 받아 마땅하다고 생각하는 '바보 의사' 장기려. 그는 1911년 평안북도 용천에서 태어났다. 독실한 기독교인이셨던 할머니와 부모님에게 사회 약자와 세상에 대한 헌신과 희생을 교육받고 자라서 어릴 때부터 의사의 꿈을 품었다. 경성의학전문학교(서울의대 모태)를 지원한 후 그는 이렇게 기도했다고 한다.

"제가 의사가 되면 의사를 한 번도 못 보고 죽어가는 가난한 사람들을 위해 뒷산 바윗돌처럼 항상 서 있는 의사가 되겠습니다."

일제 치하 당시 조선인을 정원의 3분의 1밖에 뽑지 않던 경성의전 합격은 매우 어려웠으나 그는 당당히 합격하여 당대 최고 외과의사 백인제 선생의 제자가 되었고 수석으로 졸업했다. 입학 전 기도했던 대로 주말이면 왕진 가방과 약품을 챙겨 가난한 이웃들을 찾아다니며 진료하였다고 한다.

1950년 한국전쟁이 발발하자 아내와 자녀들을 두고 아들 한 명만 데리고 잠시 부산으로 피난을 떠났는데, 그것이 가족과 영원한 이별이 되고 말았다. 피난 후 부산육군병원에서 진료하였지만, 병원이 부족하여 환자들이 죽어가는 모습을 지켜봐야 했다. 그때 전영창(거창고등학교 설립자)과 한상동 목사를 만나 부산 영도의 창고를 빌려 무료 진료소(현 고신대학교 복음병원)를 세웠다. 천막으로 진료소 3개 동을 짓고 사과 상자를 모아 수술대를 만들었다. 열악한 환경에 전기가 모자라 수술할 때면 촛불을 켜서 집도해야 했다.

매월 선교회에서 받는 500불이 병원 운영비의 전부였고 식구가 둘뿐인 장기려 박사는 월급을 제일 적게 받았지만 그것마저도 어려운 환자의 치료비를 대신 지불하는 데 썼다. 점차 병원이 체계화, 경영화되면서 환자의 진료비를 의사가 결정할 수 없고 운영진과 협의하도록 법이 바뀌자 돈 없는 환자들의 야반도주를 도왔다.

장기려 박사와 40년째 전신마비 환자인 이동기 시인의 일화는 너무나 유명하다. 쓰러져 있던 이씨를 데려다 고쳐주고 7년 동안 무료로 입원시켜주었다. 오갈 데 없는 그에게 집을 마련해주고 30년을 도와주었다. "나의 소명이 의사이듯 당신도 그런 몸일지라도 삶을 포기하지 않고 살아가는 것이 소명이지 않겠는가?"라는 장 박사의 말에 감동한 이동기 시인은 누워서라도 일하기로 마음먹었고, 이후 시인으로 활동하며 이름을 알리게 되었다.

1968년, 당시로는 낯설었지만 "건강할 때 이웃 돕고 병났을 때 도움받자"라는 슬로건 아래 정부보다 10년 앞서 〈청십자 의료 보험 조합〉을 설립하여, 우리나라 의료보험의 선구자가 되었다.

장기려 박사는 북에 남겨두고 온 가족에 대한 그리움과 미안함에 가족에게 해야 할 헌신을 환자에게 쏟아붓는다는 마음으로 희생의 삶을 감당하며 고신대 본관 7층 조그마한 옥탑방에서 단출하게 살다가 1995년 12월 주님 품에 안겼다.

2018년 소천한 필리핀의 故 박누가 선교사도 그런 삶을 살았다. 전도유망한 의사의 삶을 포기하고 필리핀 오지마을에 들어가 죽어가는 사람들을 치료했다. 낡은 버스 하나 사서 평생 환자 진료에 매진하고, 자신은 암으로 죽어가면서도 마지막까지 환자를 돌보다 소천한 '날개 없는 천사' 박누가 선교사. "바보라는 말을 들으면 그 인생은 성공한 것"이라는 장기려 박사의 말처럼, 그들은 사랑 때문에 바보처럼 살아간, 가장 성공하고 가장 승리한 분들이었다.

너무 쉽게 떨어지는 이 시대의 사랑

이 시대의 사랑은 포스트잇 같다. 붙긴 붙는데 너무 잘 떨어진다. 사랑이 너무 쉽게 변질되어버리고 그것이 당연하게 여겨진다. 사랑이 너무 쉽게 시작돼서 쉽게 끝나버리는 세태가 보인다. 현대 사회학의 거장인 앤서니 기든스(Anthony Giddens)는 요즘 젊은이들의 사랑을 각자 흐르던 지류(支流)가 합쳐져서 만들어진 큰 강물, 합류(合流)에 빗댄 '합류적 사랑'(confluent love)이라고 명명했다.

강남대 기독교학과 백소영 교수는 한 칼럼에서 이 사랑을 '각자의 삶을 살아가면서 서로 시간이 맞을 때만, 그러니까 합류 기간 동안만 하는 사랑'이라고 설명하며 그것을 사랑이라고 해야 할지 회의적으로 바라보았다. 나에게 유익이 될 동안만, 내가 너를 향해 감정이나 열정을 가지고 있는 동안만, 내가 시간이 있을 동안만 하는 그 사랑은 지극히 '나' 중심의 연합 행위이기 때문이다.

칼럼을 읽으며 그 사랑이 우리가 교회에서 보이는 신앙생활, 우리가 드리는 "하나님 사랑해요"라는 고백과 너무나 닮았다는 생각이 들었다. 나의 필요에 의거해 지극히 자기중심적으로 하나님을 부르고 찾다가 합류할 이유가 맞지 않게 되면, 시간과 감정과 물질의 유익이 맞지 않으면 얼마든지 내가 더 사랑하는 세상을 향해 떠날 수 있는 '합류적' 사랑을 우린 사랑이라 착각하고 있는 것 같아서.

사도 바울은 사랑 때문에 모든 것을 다 포기하고 하나님과 그 자리를 지켰지만 데마는 같이 하나님의 일을 하다가도 '이 세상을 사랑하여'(딤후 4:10) 바울을 버리고 떠났다. 내 물질, 내 감정, 내 관계, 내 유익 이런 것이 다 '이 세상'이다. 세상을 더 사랑하면 하나님도 버릴 수 있다. 그러나 변함없는 하나님의 사랑에 기인한 사랑의 능력은 합류적 사랑과 다르다.

어떻게 예수님은 가슴에 대못을 세 번이나 박고 신뢰가 무너진 베드로와의 관계를 회복하실 수 있었을까? 사랑하니까. 이 말 한마디로 끝나는 것이다. 요한복음 21장에서 예수님은 포기할 줄 모르는 그 사랑으로 베드로를 다시 찾아오셔서 "너 나 사랑하지? 사랑하지? 사랑하지?" 세 번이나 묻고 그의 대답을 듣고 그를 용서하고 다시 품어주신다. 우리를 향한 하나님의 이 사랑이 그리스도의 심장을 가진 목회자의 성도 사랑이고 또 그런 그리스도의 심장을 가진 성도의 교회 사랑이 되어야 할 줄 믿는다.

아직 죄인이며 연약하고 원수 된 우리가 어떻게 하나님과 화목을 이룰 수 있었을까? 우리가 뭔가 노력하고 애쓴 것도 아니고 아직도 연약하고 아직도 죄인인데 어떻게 단방에 그 막혔던 담이 허물어지며 다시 화목할 수 있었을까? 말이 안 되지만 딱 한 마디로 된다. 사랑하니까. 하나님께서 이 세상을 '이처럼 사랑하사' 독생자를 주셔서 믿는 자마다 멸망하지 않고 다 구원받을 수 있도록 통로와 기회를 열어주신 것이다. 우리의 노력이나 이유가 없다. "사랑하니까!" 이 한마디로 모든 복잡한 신앙의 문제가 다 풀려버렸다.

> 하나님이 세상을 이처럼 사랑하사 독생자를 주셨으니 이는 그를 믿는 자마다 멸망하지 않고 영생을 얻게 하려 하심이라 요 3:16

하나님의 세심한 사랑에 감격한 한 주간

이 장 원고를 쓰기 얼마 전부터 여러 가지 아픔과 어려움이 있다가 이 장을 준비하면서 '나는 여러 가지 이유로 사랑이 흔들릴 수 있고, 또 이 시대는 하나님과 교회가 자기 시간과 상황과 유익에 맞아야 사랑하는데, 하나님은 어찌 그렇게 끝없이 우리를 사랑하실까' 하며 그 사랑에 감동이 되었는데 갑자기 막 몰아치듯 이해할 수 없는 일들이 일어나며 하나님께서 사랑을 표현해주시는 너무 놀라운 한 주를 보내게 되었다.

갑자기 전국에서 알지도 못하는 분들에게서 힘내시라고, 사랑한다고 문자와 편지 등 수백 통의 메시지가 왔다. 어떤 사역자의 편지는 부친 지 두 달 만에 우리 교회에 도착했다. 왜 그렇게 됐는지는 모르겠지만 "목사님의 설교 하나가 우리 교회와 저희 가정과 저를 살렸습니다. 목사님 힘내십시오"라는 이 편지는 너무도 정확한 때에 도착하여, 주님의 사랑에 감격하여 두려운 사명의 자리로 다시 생명 걸고 달려갈 힘을 주었다.

또 하루는 교회에서 한 청년이 울며 기도하는데 우리 교회 다니는 분은 아닌 것 같아서 잠시 불러 이야기를 나누었다. 이 형제는 한 번도 교회를 가본 적이 없었으나 부흥회 설교를 듣고 예수님을 만났고, 그 후로 생방송과 설교 영상을 빠짐없이 시청·취하고 있다고 했다.

아내가 너무 교회를 싫어하기 때문에 주일 출석이 어려워서 매일 오후에 시간 될 때마다 교회에 와서 아내의 마음이 열리게 해달라고 기도한다고 했다(그 청년과 연락처를 나눈 후 계속해서 그 가정을 위해 기도하고 있는데 지금은 아내가 밥상에서 하나님께 기도하는 것까지는 인정해주었다고 한다). 이런 기적과 같은 일들이 계속 이어졌다.

그밖에도 여러 가지 일들을 통해 큰 위로를 경험하면서 '우리 하나님 참 섬세하고 좋으신 분이다!' 하고 감탄했고, 그러는 가운데 지쳐있던 모든 것들이 다 회복될 수 있었다. 나는 이 쓸모없고 추악한 나를 살려 여기까지 오게 하신 주님의 사랑에 감격하여 아침마다 "나는 버러지, 티끌, 쓰레기"라고 고백하며 나를 버리지 말아달라고 기도하는데, 당신도 당신을 살린 하나님의 그 사랑에 감격한다면 이제 이 고백이 우리의 고백 되어야 할 줄로 믿는다.

> 너는 나를 도장같이 마음에 품고 도장같이 팔에 두라 사랑은 죽음같이 강하고 질투는 스올같이 잔인하며 불길같이 일어나니 그 기세가 여호와의 불과 같으니라 많은 물도 이 사랑을 끄지 못하겠고 홍수라도 삼키지 못하나니 사람이 그의 온 가산을 다 주고 사랑과 바꾸려 할지라도 오히려 멸시를 받으리라 아 8:6,7

솔로몬 왕이 사랑한 술람미 여인. 천하고 아무것도 없지만 왕에게 사랑받은 그 여인이 '내가 이 사랑을 받았으니 이제 이 사랑을 떠나 살 수 없다'라는 것을 깨닫고 "절대로 날 버리면 안 돼요! 나를 당신의 마음에 도장같이 새겨주고 그 팔에 나를 새겨줘요. 나를 잊지 말아요!"라고 왕에게 애원하는 것이다.

사랑은 죽음처럼 누구도 막을 수 없고 무엇으로도 제지할 수 없는 강력한 힘이다. 그게 진짜 사랑이다. 내 능력과 인격, 인성으로는 도무지 갈 수 없는 곳까지 성큼성큼 걸어갈 능력이 그 사랑 때문에 생기고, 절망하여 살 기력조차 없는 사람들이 그 사랑 때문에 힘을 낸다. 그 사랑을 찬양하고 노래하자. 그 사랑을 기억하고 그 하나님을 더 사랑하자.

22

초심을 회복하라

그러나 너를 책망할 것이 있나니

너의 처음 사랑을 버렸느니라

그러므로 어디서 떨어졌는지를 생각하고

회개하여 처음 행위를 가지라

계 2:4,5

초심을 잃어버린 백반집

골목상권 망해가는 가게에 가서 문제 케이스를 찾아내고 해결 방안을 제시하는 TV프로그램 〈골목식당〉은 망해가는 가게들을 도와 살려내는 백종원의 역할이 목회와 작은 교회 살리는 나의 사역과도 닮은 데가 많아서 공감하며 보게 된다.

그런데 솔루션을 받은 어느 백반집의 맛이 변질되고 있다는 제보가 계속 들어와 식당들이 처음에 배운 것을 잘 지키며 제대로 운영하고 있는지 불시에 점검했더니 가슴 아픈 일이 생겼다.

〈골목식당〉첫 방송에 나온 집, 첫정을 쏟아 살린 그 집이 배운 레시피대로 하지 않고 자기들 멋대로 조리하고, 재료며 서비스도 엉망이었다. 그 음식을 먹어본 백종원이 뱉어낼 정도로 맛이 아주 형편없어졌다. 더 안타까운 것은 제작진이 미리 가서 찍은 영상을 보니 백반집 주인은 맛이 이상하다는 손님들에게 변명만 늘어놓고 백종원의 레시피는 맵고 짜고 자극적이라며 백종원을 깎아내리는 것이었다.

백종원 덕분에 가게가 살아나고 빚도 다 갚았는데 초심도 감사도 잃고 그러고 있는 것을 보고 백종원이 눈물을 보였다. 그 눈물이 나는 너무나 이해가 가고, 꼭 목회자의 눈물 같다는 생각이 들었다. 사역하다

보면 영적으로 죽어가고 절망해 있던 사람들이 은혜받아 회복된 후 언제 그랬냐는 듯 은혜와 섬김은 다 잊고 자기가 잘나서 된 것처럼 초심을 잃고 교만해지는 일을 참 많이 본다. 또 생기 잃고 문 닫아가는 교회에 가서 막 진액을 쏟아 그 교회를 섬기고 도우면 그렇게 살아난 기쁨은 잠시, 상당히 많은 교회가 그런 식으로 행동한다. 다시 자기들 멋대로 하다가 결국 또 무너지고, 그러면 도와달라고 다시 연락하고….

백종원의 〈골목식당〉이나 이 목회와 선교나 참 많이 닮았다는 것을 느끼며 신앙이란 초심을 회복할 수 있는가 없는가의 싸움이라는 생각을 해보았다. 누구나 주님을 만난 첫사랑과 은혜를 맛본 감격이 있겠지만 점차 초심을 잃고 교만해져서 하나님을 떠나는 잘못을 범하기 쉽다. 신앙의 승리는 초심을 회복할 수 있느냐에 달렸다.

초심을 잃은 다윗의 인구조사

"여호와의 구원하심이 칼과 창에 있지 않고, 전쟁은 여호와께 속한 것"(삼상 17:47)이라며 하나님만을 신뢰했던 다윗도 나라가 안정되고 평강과 풍족을 누리니 초심을 잃고 다른 것을 신뢰하게 되면서 인구조사를 명령한다.

> 그들 무리가 국내를 두루 돌아 아홉 달 스무 날 만에 예루살렘에 이르러 요압이 백
> 성의 수를 왕께 보고하니 곧 이스라엘에서 칼을 빼는 담대한 자가 팔십만 명이요
> 유다 사람이 오십만 명이었더라 **삼하 24:8,9**

인구조사는 내가 지금 당장 동원할 수 있는 군사력이 얼마인지를 조사하는 것이다. 이 구절은 다윗이 자기를 과시하고 있으며 그가 신뢰하고 의지하는 대상과 이유가 바뀌었음을 보여준다. 자기가 동원할 수 있는 군사의 수가 자기의 힘이기 때문이다.

다윗은 오직 하나님밖에 몰랐고 하나님만 의지했기에 어린 나이에도 그 무시무시한 골리앗 앞에서 "너는 칼과 창과 단창으로 내게 나아오거니와 나는 만군의 여호와의 이름 곧 네가 모욕하는 이스라엘 군대의 하나님의 이름으로 네게 나아가노라"(삼상 17:45)라고 외칠 수 있었다. 그는 이토록 하나님이 자신의 무기였고 신뢰의 대상이자 확신의 이유였는데 그 믿음과 의지의 대상이 바뀌고 있었다. 군사력으로, 칼을 빼서 싸울 수 있는 장정 130만 명으로.

그러나 다행스럽게도 그에게는 초심으로 돌아가 회복할 능력도 있었다. 그에게 소망이 있었으니, 다윗이 백성을 조사한 후, 즉 인구조사의 교만을 떤 후에 그에게 어떤 마음이 든 것이다.

그의 마음에 자책하고 다윗이 여호와께 아뢰되 내가 이 일을 행함으로 큰 죄를 범하였나이다 여호와여 이제 간구하옵나니 종의 죄를 사하여 주옵소서 내가 심히 미련하게 행하였나이다 삼하 24:10

우리는 초심을 잃지 않고 있을까? 주님이 나를 만나주시고 은혜를 베풀어 절망의 밑바닥에서 건져 회복시켜주셨는데 이제 먹고살 만해지니 하나님을 잊고 다른 것을 의지하며 살고 있지는 않을까? 나는 이 말씀에 해당하지 않을 사람이 없다고 믿는다.

다윗의 교만한 인구조사로 인해 재앙이 시작되는데, 이 일로 죽어간 이스라엘 백성이 무려 7만 명(15절)에 이르렀다. 이스라엘 전역에 전염병이 퍼지고 죽음의 통곡소리가 온 나라를 덮었다. 그런데 다윗이 뉘우치고 초심으로 돌아가 여호와를 위하여 제단을 쌓고 번제와 화목제를 드렸더니 여호와께서 그 땅을 위한 기도를 들으셔서 그 재앙이 그쳤다(25절). 정말 이런 것이다. 당신의 삶에서 무너지고 잃어버린 초심이 있다면 이 메시지가 자각의 기회가 되어 초심을 되찾고 회복하는 역사가 있기를 간절히 바란다.

초심을 잃어버린 사람들

그런 점에서 사울은 결말이 다윗과 완전히 달랐다. 사울이 얼마나 순수하고 겸손했는가. 하나님께서 그에게 기름 부어 왕으로 세우시려 할 때 자기를 스스로 작게 여겨 도망쳐 짐짝 사이에 숨고, 하나님께서 말씀하시면 즉각 순종하는 자였는데 왕이 된 후 거듭되는 승리로 힘이 커지면서 의지하고 신뢰하는 대상이 바뀌어갔다.

하나님보다 장로들과 백성의 눈치를 보기 시작하고, 상황과 형편에 따라 유불리를 따지기 시작했다. 사울은 자기 권위 높이려고 정치와 군사력에 집착하거나 다윗을 대적으로 여겨 그를 죽이려고 할 것이 아니라 무너진 신앙의 초심으로 돌아가 하나님과의 관계를 회복해야 했다. 그러지 못하여 그는 결국 영원히 망하고 말았다.

이스라엘 백성이 가나안에 못 들어간 것 또한 초심을 잃었기 때문이다. 400년 이상 노예로 살아갔던 이스라엘을 하나님의 전적인 능력으로 구원해주셨다. 애굽에 재앙이 쏟아지고, 바다가 갈라져 길이 열렸다. 광야 한가운데에서 하늘의 만나가 내리고 백성들의 의복과 신발은 낡거나 닳지 않았다. 전갈과 뱀이 그들을 해하지 못했고, 구름기둥과 불기둥은 그늘과 온기가 되며 그들을 인도해주었다. 이것이 보통 기적인가?

물론 그때마다 그들은 감사했고, 은혜에 감격하며 춤을 추었다. 그런데 이내 교만하게 자기가 뭔가 한 줄 알고 자기 원과 뜻대로 살려고 했다. 말씀의 통로인 모세를 불신해 툭하면 그를 돌로 치려 하고 애굽으로 돌아가고 싶어 했다. 초심을 잃어버린 것이다. 그리고 그 초심을 회복할 능력이 없으니 가나안의 축복을 누릴 자격도 없어지고 말았다.

우리도 초심을 잃어버리는 실수를 자주 범한다. 번성하고 살 만해지면 하나님의 능력과 은혜를 잊고 교만 떠는 것이 우리의 죄악된 본성이기에 누구든 초심을 잃을 수 있지만, 결국은 잃어버린 초심을 회복하고 돌아올 수 있는 자가 승리한다. 계산하고 정치질하고 확률을 따지기보다 하나님만 바라보고 의지하는 믿음의 회복력이 더 필요하다. 그 회복력이 바로 믿음의 능력이요 신앙의 강함이다.

〈B.C 603〉의 초심

나는 가수 이승환을 참 좋아한다. 이승환의 많은 노래가 참 멋지고 명작인데 특히 그의 첫 앨범 〈B. C 603〉은 우리나라 가요사에서 걸작 중

하나로 꼽힌다. B.C 603이라니. 기원전 603년에 대체 무슨 일이 있던 건지 처음에는 이 제목의 의미를 도무지 알 수가 없었다.

어느 TV프로그램에서 이승환이 그 얘기를 했는데, 아무도 자기 노래를 인정해주지 않아서 자기가 돈을 빌려 이 앨범을 제작했다고 한다. 그래서 당시 수중에 돈은 하나도 없고 빚만 603만 원 있어서 '빚이 603만 원'이라는 뜻으로 앨범 이름을 'B.C 603'으로 지었다는 것이다. 그래서 그런지 정말 그 1집에는 가난하고 배고픈 시절의 애절한 감성이 살아 있어서 듣는 이들의 심금을 울렸다.

그런데 어느 순간부터 그의 노래와 앨범은 처음과 달라졌다. 그는 음반도 많이 팔렸고 콘서트 쪽에서는 타의 추종을 불허하는 1위여서 엄청난 인기와 부를 얻었다. 그러다 보니 요즘은 콘서트에서 옛날 노래들을 불러도 예전의 그 감성이 느껴지지 않고 현란한 애드립을 해도 그 시절 그 감동에는 못 미치는 듯하다. 팬클럽 등의 커뮤니티에 가보면 대다수가 그런 의견이다.

나는 이승환씨가 빚이 603만 원이었던 그때의 초심을 찾고 내 청춘의 시절, 내 눈물을 터뜨리고 가슴을 울렸던 그 멋진 노래로 돌아와 주면 얼마나 좋을까 생각해본다. 우리도 마찬가지지만, 초심을 회복할 때 진실함이 있고 인생에 감동이 있다.

초심의 자리, 벧엘로 돌아가라

야곱이 그랬다. 형 에서를 피해 도망칠 때 얼마나 두려웠던지. 생사를 보장할 수 없는 광야에서 외롭게 잠을 청하던 그를 하나님이 만나주시고 "내가 너와 함께 있어 네가 어디로 가든지 너를 지키며 너를 이끌어 이 땅으로 돌아오게 할지라"(창 28:15) 하시며 그를 떠나지 않겠다고 약속해주셨다. 야곱은 소망도 살길도 의지할 분도 하나님밖에 없었다.

야곱이 라반의 집에서 부를 이루고 하나님의 분부로 고향에 돌아올 때 형 에서가 자기를 죽이러 온다는 소식이 들렸다. 야곱은 얍복 나루터에서 밤새 하나님과 씨름하며 매달렸고, 하나님은 그를 살려주시고 회복시켜주셨다. 이제 삶의 염려와 근심의 대상이 모두 사라졌으면 그는 어떻게 해야 하는가? 하나님께 드린 약속을 지켜야 했다. 벧엘에서 하나님이 약속을 주신 후 야곱은 그것이 이루어져 자신이 평안히 아버지 집으로 돌아가게 하시면 벧엘에 돌아가 제단을 쌓고 하나님께 십의 일조를 드리겠다고 서원했었다(창 28:20-22).

그런데 이제 살 만해지니까 하나님께 약속한 초심을 잊고 자기 마음대로 세겜으로 갔다. 초심의 자리가 아닌 세상적인 길로 나아갔다가 딸이 강간 당하고 오빠들의 복수로 가족 전체가 위기를 맞게 되었다. 그때 하나님께서 다시 나타나 그에게 주신 솔루션은 처음에 집 떠나서 가장 힘들고 어려울 때 나를 만나 기도했던 그곳으로 가라는 것이다. 초심으로 돌아가 첫 마음을 회복하라는 것이다.

하나님이 야곱에게 이르시되 일어나 벧엘로 올라가서 거기 거주하며 네가 네 형 에서의 낯을 피하여 도망하던 때에 네게 나타났던 하나님께 거기서 제단을 쌓으라 하신지라 창 35:1

야곱이 그 말씀대로 벧엘로 가자 하나님께서 그들을 지키시고 다시 야곱에게 복을 주셨다. 잔꾀 부리고 술수로 사는 야곱이 아니라 처음의 마음을 회복하고 초심으로 돌아올 수 있는 야곱이 진짜 능력자이고 승리자였다.

당신의 선견자가 있는가

넘어지지 않아서 승리하고 축복받는 것이 아니다. 우리는 또 넘어지고 실수한다. 중요한 것은 초심을 회복하는 것이고, 그러기 위해서는 회복하는 방법을 알아야 한다. 다윗은 어떻게 초심으로 돌아올 수 있었을까.

> 다윗이 아침에 일어날 때에 여호와의 말씀이 다윗의 선견자 된 선지자 갓에게 임하여 이르시되 삼하 24:11

하나님은 다윗에게 그의 선견자 된 갓 선지자를 보내셨다. 그냥 '선지자 갓'이 아니라 '다윗의 선견자 된 선지자 갓'이다. 그 갓 선지자에게 하나님의 말씀이 임했다. 회복되는 자는 말씀이 들린다. 이것이 축복이다. 하나님은 회복시킬 자에게 선견자를 보내신다. 선견자(先見者)는 '먼저 보는 사람'이다. 내가 영적 아둔함으로 인해서 보지 못하는 삶의 함정과 영적 시련과 위기를 먼저 보아주는 사람이다. 점치는 무당이 아니라 하나님의 말씀을 통해 나의 앞날을 예측하고 내게 필요한 말씀을 전하고 선포해주는 존재다.

하나님은 회복시킬 자에게 주의 종과 말씀을 주시고 영적인 질서를 세우시는데 이것이 흐트러지면 회복이 안 된다. 사실 사울에게도 사무엘이라는 전대미문의 주의 종이 있었다. 선지자는 똑같이 있었는데 다윗에게는 갓이 선견자가 되었지만 사울은 사무엘이 선견자가 되지 못했다. 오늘 우리의 시공간에 목회자도 있고 말씀도 똑같이 전해지는데 당신은 '나의 선견자'가 있고 '내 말씀'이 들리는가?

좋은 말씀이 있고 좋은 설교는 있는데 나의 선견자는 없고 말씀이 들리지 않으면 불행한 인생이다. 나는 우리 성도들의 가정에 선견자가 되어 권면하고 책망하기도 하며 그들은 그 말을 따른다. 당신도 선견자에게 그런 권면이나 책망을 듣거든 그 말을 따르기 바란다. 목사가 뭐 좋은 것 있다고 굳이 그 어려운 이야기를 하겠는가.

그런데 방임하고 그냥 내버려두시는 안타까운 가정도 있다. 혼나지 않고 마냥 자유롭다고 축복인 것은 아니다. 아닌 것을 아니라고 얘기해 줘도 듣지 않으면 결국 하나님이 그냥 내버려두게 하신다. 그래서 주일도 안 지켜, 맡기신 사역과 헌신도 외면해, 죄악 된 삶을 살면서 "어, 나 너무 편해" 하는데 그것은 평안이 아니라 편하게 죽어가는 것뿐이다.

하나님은 벌 줄 사람에게는 말씀으로 개입하지 않으시고, 그가 망하는 길로 달려가도 그것을 방임하신다는 것을 잊지 말고 주 앞에서 겸손하라. 징계받고 돌아올 수도 있지만 맞기 전, 무너지기 전에 초심을 회복할 수 있다면 그것이 가장 좋은 것이다.

교회의 초심, 목회자의 초심

개척을 해본 목회자로서 나는 개척 목회자의 가장 큰 유익을 '분명한 초심의 기억이 있다는 것'으로 생각한다. 혼자 개척한 사람들은 누구보다도 뜨겁고 열정적이고 헌신적이었고, 누구보다도 한 영혼, 한 사람에게 간절했던 때가 있다. 그래서 생개척을 하고 이렇게 돌아갈 초심의 기억이 있다는 것은 목회의 원동력이고 가장 큰 자산이다. 그 첫마음을 회복하면 안 될 것도 이기지 못할 것도 없기 때문이다.

나는 지금도 내가 처음에 등짐 져서 건축하고 개척했던 첫 성전에 가곤 한다. 시시때때로 몰래 가서 거기서 엎드려 엉엉 울며 기도하고 돌아온다. 물론 우리 교회도 좋지만, 의자에 난 흠집도 다 알 만큼 애정이 있고 건축하다 피 흘린 자리, 쓰러졌던 자리 다 생각나는 그곳에 가면 내 첫 마음이 기억나며 얼마나 눈물이 나는지 모른다. 나만 가는 것이 아니라 가족들을 다 데리고 갈 때도 있다. 우리 가족이 너무 많은 것을 누리며 살다 보니 감사가 없는 것 같아서 함께 가서 무릎 꿇고 엎드려 울며 기도하고 온다.

> 그러나 너를 책망할 것이 있나니 너의 처음 사랑을 버렸느니라 그러므로 어디서 떨어졌는지를 생각하고 회개하여 처음 행위를 가지라 만일 그리하지 아니하고 회개하지 아니하면 내가 네게 가서 네 촛대를 그 자리에서 옮기리라 계 2:4,5

에베소교회는 참 괜찮은 교회였다. 열심도 있었고 분별력도 있었다. 그런데 처음 사랑을 버렸기 때문에 하나님께 크게 책망받았다. 우리 또

한 같은 경고로 듣기 원한다. 은혜받았던 첫 마음을 회복하고 그 처음 행위를 회복하자. 그러지 않으면 하나님께서 은혜의 촛대를 옮겨버리실 것이다. 말씀 앞에 엎드리던 그 간절함, 말씀으로 살아났던 겸손함, 그 은혜에 감격했던 첫 마음을 회복하기를 주님의 이름으로 축복한다.

——— 23 ———

사명을 붙들라

보라 이제 나는 성령에 매여 예루살렘으로 가는데

거기서 무슨 일을 당할는지 알지 못하노라 오직 성령이 각 성에서 내게 증언하여

결박과 환난이 나를 기다린다 하시나 내가 달려갈 길과 주 예수께 받은 사명

곧 하나님의 은혜의 복음을 증언하는 일을 마치려 함에는

나의 생명조차 조금도 귀한 것으로 여기지 아니하노라

행 20:22-24

사명의 인생은 하나님의 순풍으로 달린다

초심을 회복하면 간단하게 풀린다고 했는데 '처음 마음'은 주님의 크신 은혜를 받았을 때 품었던 그 마음이고 하나님께서 허락하신 어떤 사역에 대한 '사명'일 것이다. 특히 목회자는 목회를 처음 시작할 때의 마음이다. 처음에는 주님 앞에서 은혜에 감격하며 내가 여기 있어도 되나 싶을 정도였는데 혹시 이제는 여기가 당연히 내 자리인 것 같고 다른 것들이 보이기 시작하지는 않았는가? 이럴 때 초심을 회복하여 다시 하나님께서 나에게 원하시고 기뻐하시는 주님의 뜻을 발견하고 그 뜻을 붙잡아야 한다. 그 회복이 일어나지 않으면 엉키고 인생의 풍파를 만날 수밖에 없다.

무엇을 처음 시작할 때의 마음이 초심이라면, 우리 인생이 가져야 할 초심은 '사명'이라 할 수 있다. 사명이란 무엇인가. 하나님께서 우리를 택하신 목적이며 먼저 구원하여 이토록 큰 은혜를 베풀고 축복을 허락하신 이유다. 더 나아가서는 우리를 창조하신 이유다. 사명은 우리 인생의 많은 문제, 혹은 심각한 문제들을 간단하게 끊고 풀어내는 능력의 검일 수 있다. 이 뜻과 목적대로 살아갈 때 하나님께서 열어주시는 가장 멋지고 능력 있는 인생이 될 수 있다.

사명의 인생을 산다는 것은 바람을 타는 것이다. 하나님께서 행하시는 역사의 바람, 승리의 바람을 타고 그때부터는 내가 별로 힘들이거나 애간장 녹지 않아도 자연스럽게 나아가는 멋진 인생을 살 수 있다. 인생의 지혜는 하나님과 맞서지 않는 것이다. 내 힘과 의지로 노를 저어서 '하나님의 계획과 역사'라는 바람과 맞서 역행하려고 할 때는 뭔가 열심히는 하는데도 전진하지 못하고 답답한 인생을 살게 된다.

니느웨로 가라는 하나님의 말씀에 역행하여 다시스로 가려다가 꼬여 버린 요나의 경우가 그러했다. 신앙은 하나님께서 끊으라 하시면 나의 감정, 경험, 지식, 관계 등에 얽매이지 않고 끊을 줄 아는 것인데 요나는 자기의 감정을 앞세웠다. 하나님의 명령보다 민족 감정을 우선시하여 니느웨를 거절하고, 즉 사명을 붙들지 않고 다시스로 가려 했다. 그때 풍파가 그에게 몰아쳤고, 그가 다시 사명을 붙들자 순풍에 돛을 단 것 같은 풀림을 경험하게 되었다.

내 인생도 그랬다. 얼마나 꼬이고 엉키고 아팠는지. 열심히 사는데도 막히는 것뿐이고 뭔가 될듯하면서도 되지 않는 시련이 반복되니 처음에는 단순히 재수가 없다고 생각했는데 그게 아니었다. 하나님께서 나를 부르신 이유, 그 목적과 사명을 붙들고 그 길로 들어서자 마치 순풍에 돛 단 듯 내가 생각하거나 꿈꾸지도 못했던 수준의 삶으로 나를 이끌어 주셨다.

이 메시지를 통해 당신도 초심의 사명을 회복하여, 주님의 바람과 맞서는 것이 아니라 주님의 바람에 의지하여 순풍에 돛 단 듯 다시 인생의 멋진 항해를 시작하는 전환점을 얻기를 바란다.

사명 붙들면 문제는 더 이상 문제 되지 않는다

사명을 붙들면 인생의 풀기 어려운 문제와 갈등들이 때로는 간단하게 풀린다. 사명의 인생을 사는 동안 이제 꼬이고 엉키는 일들이 절대로 일어나지 않는 것이 아니라 전에는 내게 큰 문제로 다가왔던 잡스러운 문제들이 더는 문제로 보이지 않는다는 말이다.

사명자의 인생은 마치 KTX를 타고 전진하는 인생과 같다. 골목을 어슬렁거리는 사람은 동네 개가 짖으면 그 개와 막 싸우지만 KTX를 타고 가는 사람은 개가 짖든 말든 상관하지 않는다. 개 짖는 소리가 없는 게 아니라 들리지 않는 것이다.

살다 보면 싸울 일, 감정 부릴 일이 많은데 그런 일이 별로 없어 보이는 사람들이 있다. 실은 진짜 없는 게 아니라 그런 것들이 신경 쓰이지도 보이지도 않는 것이다. 하나님께서 주신 큰 목적지가 있어 그것을 향해서 달려가는 사람은 그런 잡다한 일들이 별로 신경 쓰이지 않는다.

인생의 목적이 없이 그저 먹고사는 문제에만 집중하는 사람은 그저 몇 푼 안 되는 유익만 있으면 그것을 좇아 이리 갔다 저리 갔다 하고, 별 것도 아닌 일에 맨날 붉으락푸르락하기 쉽다. 그런 사람들 중에 자기가 일을 엉키고 꼬이게 만드는 것은 모르고 자신은 매우 숭고한데 사람들에게 억울하게 시련을 당한다고 착각하는 경우가 많은데, 사실 그는 마실 다니다가 동네 개와 싸우는 사람이나 마찬가지다.

진짜 위대한 인생들은 지금 입 다물고 KTX 타고 사명의 현장으로 달려가고 있다. 내게만 유독 나쁜 일이 일어나고 이상한 사람 때문에 꼬이는 게 많은 것 같다면 내 안에 분명한 인생의 목적과 사명지가 없어서 그런 것은 아닌지 생각해보라. 사명 붙들고 그 사명에 인생을 건 사람들은 잡스러운 관계의 정이나 물질의 유익, 이전에 신뢰했던 경험과 지식, 사상과 이념 따위에 흔들리지 않는다.

사도 바울의 인생을 보라. 큰 문제들이 얼마나 많은가. 무고한 시련과 투옥도 많이 당하고 매도 많이 맞았다. 배신도 당하고 강도도 만나고 파선으로 물에도 빠졌다. 이러면 우리는 '내 인생 참 엄청나게 재수 없고 풍파가 많다' 생각하지만, 사명을 붙든 사도 바울은 그런 것들을 문제나 걸림돌로 여기지 않았다.

끊임없이 전진할 수 있는 동력은 사명이다. 레드카펫 깔린 평탄한 길이 열려서가 아니라 사명이라는 강력한 엔진이 끌고 가기 때문에 그는 걸려 넘어지거나 한탄하지 않는다.

사도행전 20장 24,25절은 이제 예루살렘으로 떠나는 바울이 에베소 장로들에게 나누는 송별의 인사다. 죽을 줄 아는데도 그 길을 사자처럼 당당하고 결연하게 택하여 걸어가는 그 모습이 얼마나 멋지고 위풍당당한가?

> 내가 달려갈 길과 주 예수께 받은 사명 곧 하나님의 은혜의 복음을 증언하는 일을 마치려 함에는 나의 생명조차 조금도 귀한 것으로 여기지 아니하노라 행 20:24

바울은 내가 달려갈 길만 보고 달려가며, 주 예수께 받은 사명 곧 하나님의 은혜의 복음을 전하는 그 일을 마칠 때까지 나는 생명조차 아끼지 않겠다고 고백한다. 그는 목숨을 바쳐도 좋을 만한 인생의 사명을 붙들었다. 그랬더니 어떤 문제도 그 누구도 그의 발걸음을 멈출 수 없었다. 문제가 없는 게 아니라 문제가 문제 되지 않는 것이다.

사명을 붙들면 성령의 능력으로 살게 된다

두 번째로, 사명을 따르는 것은 곧 내 삶에 성령이 개입하심을 의미한다. 사명을 붙드는 사람은 하나님께서 그를 붙드셔서 성령의 강한 능력을 받아 살게 되고, 그러면 자기 수준으로는 감당치 못할 일과 시련들을 이겨낼 수 있게 된다. 지금까지는 내가 주도했으나 하나님의 붙드심으로 성령의 권능을 받아 내 수준 이상의, 차원이 다른 인생을 살게 된다는 뜻이다.

2004년 1월 1일, 목회를 시작하면서 하나님께 서약했다.

"이제 저는 당신의 종입니다. 이제 저는 당신 것이오니 주님이 먹이고 살리고 이끌어주세요. 이제 주님이 보내시는 양의 젖(성도들의 공궤와 섬김) 외에는 그 어떤 것으로도 제 배를 채우지 않겠습니다."

하나님께서 주신 것만 먹겠다고 선포한 후 스스로 먹고살 수 있는 길과 가족들의 도움을 다 포기하고 우리 교인 아닌 사람의 동정과 같은 도움도 거절했다. 그런데 그렇게 사명을 붙들 때 하나님께서 기가 막히게 인도하고 공급하셨다. 망하고 쓰러져야 마땅한 이 교회가 더 풍성해지고 더 커졌지 한 번도 모자란 적이 없었다.

사명 없이 연명하는 인생은 내가 경영해야 한다. 내가 준비하고 내가 이끌어야 하니 얼마나 번잡하고 바쁘겠는가. 그런 사람들에게 하나님 일 좀 맡기려 하면 파르르 하며 내가 지금 얼마나 바쁜지 아냐고 난리가 난다. 자기 인생을 스스로 경영하고 있었다면 빨리 하나님께서 주도하시는 인생으로 돌아오라. 그렇지 않으면 곧 모든 것이 허무하게 다 쏟아진다. 물질과 시간을 들여 물고기를 잡았지만 하루 아침에 그물이 찢어져 다 쏟아지고 놓친 경험을 해보지 않았는가. 내가 경영하는 인생의 끝은 반드시 그렇게 된다.

하나님께 맡겨라. 내 마음대로 살다가 힘들 때만 '하나님, 이제 하나님께 맡깁니다' 하는 것이 아니라, 사명 붙들고 하나님 본위로 하나님 중심으로 먼저 살아보라. 내가 쓸 거 다 쓰고 남는 것으로 하나님께 드리지 말고 하나님께 먼저 드리고 하나님의 일을 먼저 하라. 하나님께서 원하시는 대로 자신의 물질과 시간과 재능을 사용하겠다고 중심으로 결단하면 성령님이 임하신다. 그래서 당신의 인생을 스스로 이끌어가는 것이 아니라 성령 하나님의 역사하심과 주도하심, 도우심과 공급하심으로 살게 된다. 하나님을 섬기고 그후에 하나님께서 주시는 것으로 살아보면 인생이 완전히 달라진다.

나는 우리 교회 개척부터 17년째인 지금도 힘들고 무섭고 도망치고 싶다. 아직도 주일 예배 때 강대상 오르는 것이 두렵고 긴장돼서 밥을 못 먹고 매 시간 예배 끝날 때마다 설사를 할 정도다. 집회도 마찬가지다. 밀려오는 긴장감에 너무 두려워서 눈물까지 보일 정도인 것을 내 곁에 있어본 사람은 안다. 그런데 강대상 올라가 보면 내가 하는 게 아님을 알게 된다. 물론 열심히 준비는 하지만, 나를 주장하시는 이가 내가 아님을 내가 분명히 느낀다. 나는 오늘도 자신 없지만 하루하루 버텨낼 힘을 달라고 간청하고, 성령께서 주신 힘을 받아 버텨내는 것이다.

거꾸로, 사명을 받았던 자가 사명을 놓치거나 놓아버리면 어떻게 될까? 임하셨던 성령의 역사가 떠나간다. 자기 마음대로 자기 뜻대로 살아가니 도와주실 이유가 없는 것이다.

예수님은 승천하시기 전 제자들에게 "가서 모든 민족을 제자로 삼아 아버지와 아들과 성령의 이름으로 세례를 베풀고 내가 너희에게 분부한 모든 것을 가르쳐 지키게 하라"라고 사명을 주셨다. 그리고 그 사명으로 살아가는 자에게는 세상 끝날까지 함께해주겠다고 약속하셨다. 아무나가 아니다. 하나님의 분부대로, 그 말씀에 순종하여 그 뜻을 좇아 사는 사람들을 주님은 떠나가지 않으신다.

> 그러므로 너희는 가서 모든 민족을 제자로 삼아 아버지와 아들과 성령의 이름으로 세례를 베풀고 내가 너희에게 분부한 모든 것을 가르쳐 지키게 하라 볼지어다 내가 세상 끝날까지 너희와 항상 함께 있으리라 하시니라 마 28:19,20

> 오직 성령이 너희에게 임하시면 너희가 권능을 받고 예루살렘과 온 유대와 사마리아와 땅 끝까지 이르러 내 증인이 되리라 하시니라 행 1:8

하나님은 일을 시키시면 절대로 그냥 혼자 두지 않으신다. 사명을 붙든 자에게는 성령의 권능이 임하고, 그들은 그 권능으로 하나님의 명령과 사명을 수행할 힘이 생기는 것이다. 부담스러운 하나님의 명령을 받은 적이 있는가? 내 처지와 형편을 뛰어넘는 수준의 헌신에 마음이 감동된 적은 없는가? 그때 상황을 넘어서서 내 감정을 거스르고 내 실력과 재능을 뛰어넘는 그 부담스러운 것을 받아들여 보았다면 하나님께서 어떻게 당신을 도우시고 공급하셔서 가능케 하셨는지 그 간증이 있을 것이다. 그러나 자기 처지와 형편 때문에 거절하거나 순종하지 못했다면 그 이후의 답은 알 수 없다.

나는 대추나무인가 벽조목인가

귀한 도장(圖章)의 재료 중에 벽조목이라는 것이 있다. 벽조목은 벼락 맞은 대추나무를 가리킨다. 대추나무가 벼락을 맞는 순간 수억 볼트의 전류가 나무 속 수맥을 따라 흐르면서 엄청난 열기가 발생하고, 짧은 순간 수천 도까지 올라간 그 열기로 나무는 순식간에 수분이 증발되어 폭발하듯 갈라지며 불에 타 아주 단단하고 견고한 재질로 변화된다.

대추나무는 본래 무르고 약한 나무인데 벼락을 맞은 벽조목은 얼마나 단단한지 톱으로도 켤 수 없고 도끼로도 잘리지 않을 정도다. 성분 분석을 해보면 85퍼센트가 탄소다. 탄소로만 결합, 구성된 다이아몬드가 단단한 것과 같다. 원래 대추나무는 물에 뜨지만 이렇게 변화된 벽조목은 무겁고 단단해서 물에 가라앉는다.

그런 벽조목을 보며 나는 이것이 꼭 사명자의 인생 같다는 생각이 든다. 사명을 붙드는 자에게 성령이 임하시면 그 안의 탐욕과 인본주의적 감정 같은 불순물들이 순식간에 싹 타버려서, 전에는 약하고 가볍던 인생이 세상의 어떤 환난과 핍박의 칼로도 자를 수 없는 단단하고 묵직한 인생이 되는 것이다. 대추나무는 나무 한 그루에 만 원 정도지만 벽조목은 손가락만큼만 잘라 팔아도 몇십만 원을 호가하듯 변화된 사명자도 귀하고 값진 인생이 된다.

요즘에는 벼락 맞은 나무를 보기 힘들다. 옛날에는 거의 단층 건물들이어서 나무가 제일 높으니 나무로 벼락이 떨어지는 경우가 많았지만, 요즘에는 높은 건물과 피뢰침이 많아져 나무가 벼락을 맞는 경우가 별로 없다. 영적으로도 오늘 이 시대가 그런 것 같다. 다들 세상적인 촉이 발달해서 자기 뜻대로 경영하고 살아가니까 성령의 벼락을 맞은 벽조목 같은 인생을 만나기가 힘들다.

사명자는 묵직함으로 판단한다. 연명하는 인생은 가볍지만 사명자들은 가볍지 않다. 묵직하고, 자를 수 없는 단단한 인생이다. 사명 붙들면 이런 멋진 인생이 된다. 당신도 이런 벽조목 같은 인생이 되었으면 좋겠다. 하나님 뜻을 붙잡고 사명 붙들고 갔더니 벼락처럼 하나님의 능력이 임해서 "옛날 그 사람 맞아?" 싶을 정도로 단단하고 가치 있어진 인생. 하나님께서 품격을 높여주시고 누구도 흔들 수 없는 강력한 보호막으로 지켜주시는 인생이….

사명을 붙들면 흔들리지 않는다

세 번째, 사명을 붙들면 더는 흔들리거나 불안하지 않고 안정된 인생을 살 수 있다. 흔들리지 않는다고 해서 평탄하다는 의미가 아니다. 오히려 사명자의 인생은 어찌 보면 굴곡진 인생이다. 그런데 평탄이 아니라 평안과 평강이 있는 인생이다.

사명이 없고 목적이 없는 인생은 이리 가다가도 저리 가고, 이것도 해봤다가 솔깃하면 저것도 한다. 그러나 사명이 있는 인생은 별로 흔들림이 없다. 벽조목처럼 묵직한 안정감이 있어서 웬만한 어떤 유혹에도 별로 흔들리지 않는다.

나에게 큰 교회에서 담임 청빙이 들어온 적이 몇 번 있다. 갈등할 만한 큰 제의였으나 나는 분명한 사명이 있었기 때문에 흔들리지 않았고 가족회의는커녕 부모님께 상의 전화 한 통 드리지 않았다. 그런 것이 나를 흔들 수 없고 갈등의 요인도 되지 않았다.

불안해하면서 기회가 있으면 막 옮겨다니는 분들을 보면 좀 안타깝다. 좀 더 큰 데로 가면 성공했다고 축하하고 부러워하는 것도 잘 이해가 안 된다. 그게 사명이면 축복해줘야 하지만 그것이 꼭 인생의 성공인 것은 아니잖은가. 분명한 목적과 사명이 있으면 옆에서 누가 흔들어도 흔들리지 않는 평안함이 있다. 나는 이것이 목적이 분명한 인생의 장점이라 생각한다.

연명하는 인생은 주어진 상황에 지배당하고 형편에 맞추어 살다 보니 시시로 변하고 움직이는 상황 때문에 미래가 불안해서 갈팡질팡하게 된다. 그러나 사명을 붙들고 살아가는 인생은 확실한 인생의 푯대와 방향성이 있어서 그가 꿈꾸고 늘 말하던 삶을 살아가게 된다. 그에게는 그가 늘 꿈꾸고 선포하던 것이 그의 삶에 진짜로 이루어지는 일이 많다.

나는 개척했을 때부터 우리 교인들에게 이 교회의 모습을 이야기하고, 내 인생이 어떻게 될 것이며 우리는 이런 사역을 할 거라고 이야기해왔는데 다 맞았다. 나의 예지력이 좋은 것일까? 아니다. 내가 미래를 보는 게 아니라(나도 좀 봤으면 좋겠다) 사명 붙들고 하나님께서 원하시는 그 일을 목숨 걸고 해낸 것이다. 나는 예지력은 없지만 하나님 주신 일에 목숨 거는 실천력은 있다.

이런 사람이 또 한 명 있다. 스티브 잡스(Steve Jobs)다. 그가 사망했을 때 그에 대한 평가가 이것으로 모아졌다. '예측의 천재'. 미래의 과학 기술과 비즈니스의 패턴 변화를 예측한 것이 무려 90퍼센트가 맞았다고 누군가는 말했다. 대단한 것이다. 그가 예언한 대로 다 된 셈이다. 그런데 이 또한 그의 예지력이 좋은 게 아니라 실행력이 좋은 것이었다.

미국의 경영학자이자 미래학자인 피터 드러커(Peter Ferdinand Drucker)가 이런 말을 했다.

"The best way to predict the future is to creat it."
미래를 예측하는 가장 좋은 방법은 미래를 창조하는 것이다.

자신이 선포하고 분명한 목적지로 삼은 그것을 실행하고 추진해내는 능력이 있는 사람이 곧 리더이고 그런 사람이 예측력 좋다는 이야기를 듣는 것이다. 스티브 잡스는 미래를 잘 맞춘 게 아니라 자기가 그린 꿈, 설정해놓은 미래의 목적을 선포한 대로 만들고 이루어낸 것이다. 그러니까 맞을 수밖에 없는 것이다. 신앙적 사명은 아니었지만, 그가 꿈꾸는 세상을 목적으로 삼아, 자기가 세운 비전을 실현하고자 노력해서 그것을 반드시 만들어낸 사람이었다.

미래를 예측하면 안정이 되고 예측 불가능하면 불안하다. 우리는 미래를 몰라 불안해한다. 그러나 사명을 붙들고 가면 안정되고 평안하다. 사명을 붙들면 잡스러운 문제들이 사라지고, 성령이 도우셔서 "너희는 먼저 그의 나라와 의를 구하라 그리하면 그 모든 것을 너희에게 더하시리라" 하신 하나님의 공급하심이 일어난다.

또한 사명은 우리를 창조하시고 택하신 목적이며 하나님의 뜻이기에 오늘도 그것을 이루어드리고자 실행하며 나아갈 때 환경에 요동치지 않는 인생, 미래가 불안정한 게 아니라 충분히 예측 가능한 멋진 인생이 될 것이다.

끝까지 포기하지 말라

우리가 선을 행하되 낙심하지 말지니

포기하지 아니하면 때가 이르매 거두리라

갈 6:9

억울하고 답답해도 포기하지 말라

그랄 땅에 머물라는 하나님의 명령에 순종한 이삭이 복을 받아 거부(巨富)가 되자 그 땅 주민들이 그를 시기해서 쫓아내고 우물을 메워버렸다. 이삭이 뭘 잘못하거나 빼앗은 것도 아니고 하나님의 은혜로 잘 되는데 그것이 배 아팠던 사람들이 와서 못 먹는 감 찔러나 보듯이 남의 우물을 막아버린 것이다.

당시에 우물은 생존이고 생명이었다. 우리가 집 수도꼭지에는 이름을 붙이지 않아도 자녀들은 이름을 지어주는 이유는 귀하게 여기고 존재가치를 인정하기 때문이다. 우물은 나의 육축이 많아졌음을 보여주는 부의 상징이고 이름을 불러줄 만큼 귀한 존재였다.

무조건 땅 판다고 바로 물이 나오지 않는다. 사막 지역에서 그 물 하나 얻기 위해서 얼마나 힘들고 고된 도전을 많이 했겠는가. 어렵게 우물이 터졌더니 그랄 목자들이 와서 자기 것이라고 우겼다. 그래서 막 싸우고 그 이름을 다툰다는 뜻의 '에섹'으로 지었다. 쫓겨나서 다른 우물을 파고 물을 얻었더니 또 쫓아와서 빼앗았다. 그래서 지은 이름인 '싯나'(히, 시트나)는 '공격하다, 대적하다'라는 뜻으로, 하나님을 대적하는 '사탄'과 어근이 같다. 그 후 또다시 옮겨서 판 우물이 '광활하다, 넓다'

라는 뜻의 '르호봇'이다. 그제야 그들이 거기까지 쫓아와 다투지 않았다는 것이다.

사탄의 공격은 항상 이런 식이다. 참 답답하고 억울하다. 논리도 없고 비이성적이고 참 말도 안 되는데 비진리와 진리가 싸울 때는 원래 그렇다. 논리와 논리가 다툴 수 있는 거지, 비논리와 논리는 다툴 수 없다. 그냥 이해하고 피할 뿐이다.

이삭의 답답하고 억울한 삶 속에 당신의 모습이 보이는가? 우리 인생도 말도 안 되는 비상식과 비논리로 무고하게 공격당해 억울하고 아플 때가 있다(반대로 그랄 목자처럼 누군가를 그렇게 공격하고 있을 수도 있다). 그렇게 외로운 터널을 만나면 '우물 파면 뭐해. 또 뺏길 거 무슨 의미가 있나' 싶어 다 그만두고 싶어진다.

계속 끝나지 않을 것 같은 싸움이지만 포기하지 않으면 그 상황에는 반드시 끝이 있다. 끝날 것 같지 않은 물질 문제, 그 음해와 공격, 무고한 일들도 반드시 끝이 있다. 특별히 가족구원 문제로 애달파 하는 분들, 해도 해도 안 되고 벽창호 같은 가슴에 도무지 복음이 전해지지 않을 것 같아서 이제는 포기하고 싶은 분들에게 간곡히 전한다. 포기하지만 않으면, 간단하게는 아닐지라도 반드시 끝나고 풀릴 것이다.

자녀 문제도 당신이 포기하지 않고 그 기도의 눈물 마르지만 않으면 반드시 해결된다. 나도 내 부모님께 정말 누구 못지않은 아픔을 드렸지만 지금은 기쁨을 드리고 있다. 당신의 자녀도 반드시 그리 될 줄 믿는다. 오늘 이 말씀을 읽게 된 것도 하나님의 뜻이며 하나님의 약속인 줄 믿으라.

동굴이 아니라 터널이다

우리 문제가 반드시 해결되는 것은 끝을 보는 것이기에 사탄의 작전은 끝을 못 보게 하는 것이다. 중간에 절망해서 끝을 못 보고 돌아서거나 주저앉게 만들면 마귀가 승리하는 것이다. 사탄은 끝이 없다고, 이 고통과 고난이 끝없이 반복될 거라고 늘 우리를 속여 절망하고 포기하게 만든다. 이 소리를 들으면 안 된다.

"네 꼴을 봐라. 무슨 소망이 있다고 버티고 있냐? 옛날에 안 해봤어? 몇 번을 해봐도 결과는 똑같잖아! 그러니 이제 그만둬. 이렇게 구질구질하게 버티는 거, 하나님께 영광이 아닐 수도 있어. 차라리 다 내려놓고 깨끗하게 포기하는 게 하나님께 영광일 수도 있어."

혹시라도 이런 음성이 마음속에 들린다면 이건 백 퍼센트 사탄의 음성이다. 진짜 절망은 상황의 열악함과 처지의 곤란함이 아니라 포기하고 싶은 마음이다. 환경이 주는 소리를 듣지 말고 하나님의 음성만을 들어라. 죄가 들어와 하나님의 형상을 따라 지으신 인간들이 하나님을 배신한 그날부터 지금까지 하나님의 이 음성은 단 한 번도 멈춰진 적이 없고 변한 적이 없다.

"포기하지 마라, 내 딸아. 절대 그만두지 마라, 내 아들아! 오늘도 견디고 버텨다오. 내 자녀들아, 오늘을 살아내다오."

하나님은 조금만 더 나와라, 조금만 더 견뎌라 하시는데 그러기엔 상황이 너무 어둡고 깜깜해서 두려운 분들도 있을 것이다. 하지만 기억하라. 지금 사망의 음침한 골짜기 같은 당신의 그 삶은 결단코 동굴이 아니라 터널이다.

동굴과 터널은 상황도 과정도 똑같아 보인다. 앞이 캄캄하고 아무것도 보이지 않는, 어둡고 두렵고 외로운 곳이다. 그런데 끝이 다르다. 동굴은 끝까지 가도 막혀 있지만 터널은 반드시 열려 있다. 반드시 끝이 있고, 그 끝은 반드시 열려 있다.

끝이 보이지 않는 어둠 같은 이 사망의 음침한 골짜기는 중도에 어떻게 탈출하거나 건너뛸 수 없다. 유일한 방법은 끝을 보는 것이다. 마귀는 당신이 당신의 상황을 동굴로 착각하도록 속여서 그 끝을 못 보게하려 하지만 하나님이 돌보시는 우리는 그 끝은 반드시 뚫려있음을 믿고 기대해야 한다.

초라한 몸부림이라도 멈추지 말라

어려운 문제가 있으면 더 하나님을 바라보고 더 기도하고 더 말씀 붙들고 더 예배해야 하는데 대부분은 그럴수록 기도 자리 떠나고 말씀 떠나고 예배 대충 드리고 포기해버린다. 사실은 그럴 때가 사탄에게는 나를 무너뜨릴 절호의 기회다. 그래서 사탄은 적극적으로 내가 포기하게 만들려 한다.

내가 힘든 중에도 그래도 열심히 일하고 전도해보려고 힘을 내고 상황이 도와주지 않을 때가 많다. "예수 믿고 복 받으세요" 하면 사람들이 "너나 복 받으세요" 하고 비웃는다. 당신이나 집 월세 잘 내고 나 복 줄거 있으면 당신 남편이나 복 받으라는 식의 비아냥이 돌아온다. 가만 보면 사탄은 틀린 말은 안 한다. 듣다 보면 다 맞는 말이니까 스스로 인정하고 부끄러워하며 '내가 이것을 그만두는 게 하나님께 영광이겠다' 착각하며 포기하고 내려놓게 된다.

그런데 아니다! 구질구질하고 너덜너덜하더라도 끝까지 하나님 붙들고, 가던 길 포기하지 말아야 한다. 그래야 오늘을 버틸 수 있고 그래야 회복된다. 오늘 버티고 살아내야 한다. 낙심될수록 더 하나님 붙들고 더 의지하라.

개척할 때 나도 그랬다. 복음을 전하고 전도해도 새 신자가 왔다가 개척교회라고 떠나는 일이 반복되니까 낙심이 되었다. 아무리 복음을 전하고 말씀을 전해도 결국 도돌이표처럼 이 일이 반복되니 점점 해도 안 될 것 같고 한숨만 나오며 '내가 이걸 평생 견딜 수 있을까' 싶고 자신이 없어졌다. 내가 목회를 못 할 위기는 밥을 굶고 보일러를 못 틀 때가 아니라 이렇게 낙심이 될 때였다.

몸부림을 멈추면 그때는 진짜 끝이다. 그러나 미약하고 초라해 보여도 주어진 삶에 최선을 다하며 포기하지 않고 가면 분명 달라진다. 보이지 않아도 당신은 강해지고 있다. 계속 힘들었던 것 같은데 어느 순간 보면 달라져 있다. 이것을 누려야 한다.

무모하고 초라해 보여도 "내가 이거 한들⋯"이라며 멈추지 말라. 믿음의 눈 들어 주님을 바라보고 주님이 주실 그 승리에 대한 확신을 품고 오늘 걸어야 할 한 걸음 한 걸음을 내디뎌라. 포기하지 않으면 반드시 이루어주신다는 말씀을 꼭 기억하고, 이제 주변의 소리는 듣지 말고 하나님 말씀에만 집중하라. 그 말씀은 변함이 없다.

"그래도 견디고 버텨라!"

우리가 선을 행하되 낙심하지 말지니 포기하지 아니하면 때가 이르매 거두리라

갈 6:9

작은 일들이 모여 큰 결과물을 이룬다

배우 차승원씨는 언제 나이 든 것을 느끼냐는 질문을 받자 한숨을 쉬면서 체중이 안 빠진다고 얘기했다. 전에는 촬영을 앞두고 조금만 운동하고 관리하면 금방 체중조절이 됐는데 나이가 들수록 기초대사량이 줄어서 이제는 1킬로그램 빼기가 너무 어렵다는 것이다.

그 말이 공감됐는데 나도 작년에 건강상 한 달 안에 3킬로그램을 빼야 했던 적이 있다. 집회를 다니니까 모르는 동네를 돌아다니기 어려워서 숙소에 스텝퍼(stepper 걷기 운동기구)를 두고 매일 3, 4시간씩 부지런히 걸었다. 처음에는 변화도 없고 뱃살을 잡으면 칼로 딱 떼어내고 싶은 심정이었다. 하지만 절대 그렇게는 안 된다.

우리는 뚝 떼어내고 싶어 하고 당장 뭔가 확 바뀌기를 바라고 그게 안 되니 좌절한다. 그러나 그런 방법은 없다. 하나님의 역사는 절대 과정을 훅 뛰어넘지 않는다. 끝까지 꾸준히 포기하지 않고 한 걸음 한 걸음 걸어가야 그 끝을 만날 수 있다.

간단히 빠지지는 않지만 그래도 꾸준히 걷고 식사 조절을 했더니 점차 잡히는 뱃살의 두께가 줄기 시작했고, 결국 한 달 만에 3킬로그램을 빼서 의사와의 약속을 지킬 수 있었다.

그 후로도 하루에 4킬로미터는 무조건 걷는데 보통 걸음으로 한 시

간, 빠른 걸음으로 40분 정도면 걸을 수 있다. 누구나 다 할 수 있고 아무것도 아닌 것 같지만 1주일에 세 번만 이렇게 걸어도 치매 걸릴 확률은 75퍼센트, 심장질환으로 사망할 확률은 50퍼센트나 줄어들며, 매일 이렇게 30년만 걸으면 지구를 한 바퀴 돌게 된다.

작은 꿀벌 한 마리가 꿀을 따러 하루에 20회 이상 출역(出役)을 나간다고 한다. 한 번 나가면 자기 몸무게의 절반에 가까운 30-50밀리그램의 당분을 채취하는데, 이 당분을 입에 저장해 돌아오는 동안 침이 섞이면서 꿀이 만들어진다. 그거 뱉어봤자 얼마나 나오겠는가. 미량이고 보이지도 않는다.

그렇게 해서 벌 한 마리가 1그램의 꿀을 모으려면 무려 8천 송이의 꽃을 찾아다녀야 한다. 우리가 보통 2.4킬로그램짜리 병으로 꿀을 사는데 그러면 1킬로그램짜리 작은 병에 담긴(약 7부 정도 차 있다) 꿀만 해도 무려 꽃 560만 송이를 찾아다녀야 나오고 그 거리는 지구를 한 바퀴 도는 것과 같은 약 4만 킬로미터나 된다. 말이 560만 송이고 지구 한 바퀴지, 그 작은 벌이 이렇게 했다는 것이 놀랍지 않은가.

처음에는 미비하다. 이래서 뭐가 될까 싶다. 하지만 그렇게 조금씩 물어다 나르니 어느새 560만 송이를 만나고 지구 한 바퀴를 돌아 이렇게 어마어마하고 달콤한 결과물을 냈다. 아무것도 아닌듯한 일들이 모여 거대한 결과를 만들고 작은 자들이 세상을 변화시킨다.

그러니 당신도 멈추지 말라. 당장은 변화가 없어 보여도 매일의 작은 기도가 모이고 채워지면 반드시 이루어질 날이 올 것이다. 티가 안 나서 그렇지, 당신은 지금 변하고 있고 강해지고 있음을 믿어라. 엄청나 보이는 것도 오늘 작은 몸부림에서 시작됨을 알고 절망하지 않고 중단 없이 계속해나가면 반드시 풀릴 것이다.

영적 시선이 달라야 인내할 수 있다

끝까지 견딜 수 있는 사람은 곰처럼 참을성이 많은 사람이 아니라 시선이 좋은 사람이다. 그도 우리와 성정이 같은 연약한 사람인데 담대할 수 있는 것은 시선 처리가 달라서 멀리 보기 때문이다. 오늘이 아니라 내일을 보고, 멀리 보고 최종 승리를 보니 견디는 것이다. 영적인 시선이 필요하다.

못 견디는 사람은 발밑만 본다. 상황만 보고 형편과 처지만 보고 오늘만 본다. 당신도 이제 눈앞만 보고 훌쩍이는 것이 아니라 영적 시선이 확장되어 멀리 보고 기대하며 웃을 수 있게 되기를, 영의 귀가 활짝 열려 상황과 형편이 외치는 소리 대신 하나님이 사랑하는 아들딸에게 주시는 음성만 듣는 인생이 되기를 간절히 바란다.

욥에게 너무나 힘들고 끝이 보이지 않는 고난이 계속되었지만 우리가 알듯 끝이 있었다. 하나님께서 해결해주시는 놀라운 축복을 경험하고 신약시대에도 복된 자로 거론되었다.

보라 인내하는 자를 우리가 복되다 하나니 너희가 욥의 인내를 들었고 주께서 주신 결말을 보았거니와 주는 가장 자비하시고 긍휼히 여기시는 이시니라 **약 5:11**

성경은 인내하는 자가 복되다고 말씀한다. 우리는 욥이 어떻게 인내했는지를 듣고, 하나님께서 그에게 주신 결말도 보았다. 욥의 하나님은 또한 당신의 하나님이시다. 그분은 자비로우시며 인내하시고 포기와 절망이 없으신 분임을 믿고 끝까지 포기하지 말고 인내하여 당신도 욥처럼 역전하라.

내 기도수첩에는 우리 교회 성도들의 간절한 기도제목들이 적혀 있다. 그들을 위해 금식하며 정말 간절히 기도했다. 어떤 문제는 얼마나 울었는지 수첩이 눈물에 젖어서 부풀어 오르고 눈물에 번져서 적어놨던 내용이 보이지 않는다. 눈물을 그 정도 쏟았으면 엄청난 문제였을 텐데 무슨 일로 그렇게 울었는지 지금은 기억도 안 난다.

10년 전 이맘때 당신은 무엇 때문에 울었는가? 아마 5년 전에도 가슴아프고 답답한 문제로 울었을지 모른다. 그때는 이것 때문에 죽을 것 같이 고통스러웠지만 해결된 지금은 생각도 안 난다. 그것이다. 반드시 끝이 있으며 이 또한 지나간다. 내가 예언하는데, 앞으로 5년 뒤에 오늘 일, 오늘 눈물은 기억도 안 날 것이다.

끝까지 포기하지 않는 의인

대저 의인은 일곱 번 넘어질지라도 다시 일어나려니와 악인은 재앙으로 말미암아 엎드러지느니라 잠 24:16

이 말씀은 의인의 최후 승리를 말하는 것이기도 하지만 의인은 일곱 번 넘어져도 다시 일어나는 사람이라는 의미도 담고 있다. 일곱 번 다시 일어난다는 것은 결국 일곱 번이나 넘어졌다는 얘기다. 그러니 의인은 끝내 포기하지 않는 끈질김과 간절함을 소유한 사람이라는 것이다.

환경과 관계, 물질, 건강의 어려움 등으로 우리는 여러 번 넘어진다. 그런데 의인은 하나님을 신뢰하고 신앙의 가치를 소중히 여기기 때문에, 아무리 어려운 처지에 놓이고 여러 번 넘어져도 포기하지 않고 다시 일어나려고 노력한다. 반면 악인은 간절함이 없고 한 번의 재앙에도 엎드러지는 사람이다. 하나님을 향한 갈망도 없고 영적인 가치에 대한 간절함도 없어서 작은 시련과 실패에도 포기하고 뒤돌아 떠나버린다.

7은 완전 숫자다. 그러므로 일곱 번 일어난다는 것은 결국 승리한다는 말도 되지만, 하나님께서 회복시켜주실 때까지, 응답해주실 때까지, 열릴 때까지 끝까지 포기하지 않는다는 뜻이기도 하다. 그래서 아브라함처럼 사도 바울처럼 실패하고 넘어져도 끝까지 포기하지 않고 또 도전하고 하나님의 은혜를 기다리고 갈망하는 간절함을 소유한 자가 의인이다.

하나님과의 관계를 소중히 여기고 신앙의 가치, 영적 가치를 소중히 여겨라. 아무리 세상 사람들이 끝났다고 단정 짓고 포기하라고 종용해도, 세상이 단정해놓은 그 결말 앞에서 끝까지 포기하지 않고 인내로 승리하기를 주의 이름으로 축복한다.

풀림

초판 1쇄 발행　2020년 12월 30일
초판 7쇄 발행　2024년 10월 31일

지은이　안호성

펴낸이　여진구
책임편집　최현수
편집　이영주 박소영 구주은 안수경 김도연 김아진 정아혜
책임디자인　마영애 | 노지현 조은혜
홍보 · 외서　진효지
마케팅　김상순 강성민　　　　마케팅지원　최영배 정나영
제작　조영석 허병용　　　　경영지원　김혜경 김경희

303비전성경암송학교 유니게 과정
이슬비전도학교 / 303비전성경암송학교 / 303비전꿈나무장학회

펴낸곳　규장

주소　06770 서울시 서초구 매헌로 16길 20(양재2동) 규장선교센터
전화　02)578-0003　팩스　02)578-7332
이메일 kyujang0691@gmail.com　　홈페이지 www.kyujang.com
페이스북 facebook.com/kyujangbook　　인스타그램 instagram.com/kyujang_com
카카오스토리 story.kakao.com/kyujangbook
등록일 1978.8.14. 제1-22

책값　뒤표지에 있습니다.
ISBN 979-11-6504-169-4 03230

규 | 장 | 수 | 칙

1. 기도로 기획하고 기도로 제작한다.
2. 오직 그리스도의 성품을 사모하는 독자가 원하고 필요로 하는 책만을 출판한다.
3. 한 활자 한 문장에 온 정성을 쏟는다.
4. 성실과 정확을 생명으로 삼고 일한다.
5. 긍정적이며 적극적인 신앙과 신행일치에의 안내자의 사명을 다한다.
6. 충고와 조언을 항상 감사로 경청한다.
7. 지상목표는 문서선교에 있다.

하나님을 사랑하는 자 곧 그의 뜻대로 부르심을 입은 자들에게는 모든 것이 合力하여 善을 이루느니라(롬 8:28)

규장은 문서를 통해 복음전파와 신앙교육에 주력하는 국제적 출판사들의
협의체인 복음주의출판협회(E.C.P.A:Evangelical Christian Publishers
Association)의 출판정신에 동참하는 회원(Associate Member)입니다.